임동석중국사상100

안씨가훈

顔氏家訓

顔之推 撰 / 林東錫 譯註

象犀珠玉珍怪之物有悦於人之耳目而不適於用。金石草木絲麻五穀六材有適於用而用之則弊取之則竭。悦於人之耳目而適於用，用之而不弊，取之而不竭，賢不肖之所得各因其才，仁智之所見各隨其分，而無不獲者惟書乎。

丁亥菊秋錄東坡李氏山房藏書記 丘堂呂元九

　"상아, 물소 뿔, 진주, 옥. 진괴한 이런 물건들은 사람의 이목은 즐겁게 하지만 쓰임에는 적절하지 않다. 그런가 하면 금석이나 초목, 실, 삼베, 오곡, 육재는 쓰임에는 적절하나 이를 사용하면 닳아지고 취하면 고갈된다. 그렇다면 사람의 이목을 즐겁게 하면서 이를 사용하기에도 적절하며, 써도 닳지 아니하고 취하여도 고갈되지 않고, 똑똑한 자나 불초한 자라도 그를 통해 얻는 바가 각기 그 자신의 재능에 따라주고, 어진 사람이나 지혜로운 사람이나 그를 통해 보는 바가 각기 그 자신의 분수에 따라주되 무엇이든지 구하여 얻지 못할 것이 없는 것은 오직 책뿐이로다!'

《소동파전집》(34) 〈이씨산방장서기〉에서 구당(丘堂) 여원구(呂元九) 선생의 글씨

책 머리에

"천지가 생긴 이래 땅이 있고 농토라는 재산이 있었으며, 이를 팔고 사고 주인이 바뀌기를 몇천 번에 몇 사람이나 되는지 모른다. 그 땅이 돌고 돌아 지금 나의 소유가 되었다. 게다가 자식이 똑똑하여 이를 능히 지켜낼 수도 있을 것 같다. 그러나 그것이 집안 세세토록 천 년 만 년 잃지 않고 지켜 낼 수 있을까? 역시 팔고 사고 하여 정해진 주인은 없을 것이다. 옛말이 맞도다. '천년전지 800번 주인이 바뀌니, 토지가 주인이요 사람은 객이로다'(千年田地八百主, 田是主人人是客)라 한 말이!"

청대 두문란杜文蘭이라는 사람의 수필 한 토막이다.

천하 누구에겐들 늙음이 오지 않는다는 보장이 있겠는가? '세상에 가장 공정한 게임은 백발이다. 귀하고 돈 있는 사람이라고 해서 용서해준 적이 없다'(世間公道唯白髮, 貴人頭上不曾饒)라고 두목杜牧은 노래하였다.

이렇게 세상을 살아온 다음 그래도 삶을 어느 정도 터득하고 나서 과연 후손에게 우리는 무엇을 남겨 줄 것이며 무슨 말로 '이렇게 살아라'라고 해 줄 수 있을까? 여기에 그 해답이 있다. 빈부貧富, 귀천貴賤, 현우賢愚, 미추美醜를 다 떠나 그 어떤 경우라도 '인생난득人生難得'(세상 만물 중에 인간으로 태어나기가 참으로 어렵다)이라는 대전제 아래에서는, '이토록 귀하게 태어난 생명이니 어찌 허투루 살겠는가?' 그러니 '아무리 어렵고 힘겹더라도 정도로 살아라. 그것이 이치에도 맞고 자연 섭리에도 합당하다'라고 안지추顔之推는 이 책에서 일러 주고 있다.

가끔 '댁의 가훈은?'이라는 질문을 만나면 우선 당황하게 되고 혹은 생각에 잠기게 된다. '그래, 우리 집은 과연 무엇을 목표로, 무엇을 가치로 삼아 살고 있는가?' 그렇다고 꼭 글로 써서 벽에 걸고 말로 끊임없이 자식들에게 일러 주는 것만이 곧 가훈은 아니다.

진晉나라 때 사안謝安이라는 이는 아내가 '어떻게 당신은 자식 교육에 애쓰는 꼴을 한 번도 볼 수 없소?'라고 불만을 토로하자 '나는 항상 자식을 가르치고 있는데?'라고 대답하였다는 고사가 있다. 당연히 부모의 바른 행동만큼 훌륭한 가훈이 없는 셈이다.

그러나 글로 남기고 기록으로 보존하는 것은 그 이상의 가치가 있음은 부인할 수 없다.

역대 이래 이《안씨가훈》만큼 핍절하고 진실하며 풍부하고 자상한 가훈은 없었다. 작자 안지추는 남북조의 북조(북주)와 남조의 혼란기, 그리고 수나라 통일까지의 전란기를 몸으로 겪으며 살아온 인물이다. 게다가 수천 리 먼 고향을 등지고 풍속과 삶의 방법이 다른 북방, 남방을 유랑하면서 강요된 시대적 고통을 세밀하게 기록하여, 자식을 마주 앉혀놓고 말하듯이 눈물겹도록 풀어 쓴 사랑의 글귀가 바로 이 책이다.

모두 20편으로 되어 있으며 총 256가지의 이야기가 실려 있다. 더러는 훈계의 말로, 혹은 세상의 예화를 들어 스스로 깨닫도록 하기도 하였으며, 나아가 '내가 살아온 과정은 이러하였다'는 회상도 실려 있다.

자식 교육과 형제의 우애, 집안 다스림, 사람으로서 가져야 할 풍모와 절조, 학문에 힘써야 하는 이유, 실질에 힘쓰고 일상에 충실할 것, 욕심은 줄여야 하며 양생養生은 이치에 맞도록 하여 자신의 건강을 다질 것, 불교에 대한 자신의 견해, 학문을 하는 방법과 고증, 잡기와 예술까지 아주 피부에 닿도록 자상하다.

특히 마지막 편에서 자신이 죽고 나서의 장례와 분묘에 대하여 '내 죽거든 칠성판 정도면 된다'는 부탁은 지금 우리에게 가슴 저미며 읽지 않을 수 없는 내용을 담고 있다.

그 외에도 '자식의 후환은 부모가 만든다', '형제애는 처자로 인해 소원해진다', '혼인은 엇비슷한 상대와 하라', '성공한 자는 나름대로의 이유가 있다', '벼슬은 이 정도로 제한하라', '도박과 놀이는 구분하라' 등의 훈계는 구절구절이 지금에도 가슴에 와 닿는다.

나아가 '남의 재산을 훔치면 형벌을 받듯이 남의 미덕을 훔치면 귀신의 책망을 받는다'라거나 '군자란 사귐을 끊을 때 험담을 늘어놓지 않는 법이다. 어느 날 아침에 섬기겠다고 무릎을 꿇어놓고 어찌 이해를 이유로 변심을 할 수 있겠는가?', '재산을 천만금 쌓아 놓았다고 해도 자기 몸에 지니고 있는 하찮은 기능 하나만 못하다'(薄技隨身), '어려서 배우는 것은 햇빛 아래 큰길을 가는 것 같지만 늙어 배우는 것은 촛불을 잡고 밤길을 걷는 것과 같다. 그래도 그나마 포기하면 까막눈에 아무것도 볼 수 없는 것이 되고 만다', '높은 선비는 명성을 잊고 살고, 중간 선비는 명성을 세우며, 낮은 선비는 명성을 훔친다'라는 등의 말들은 안지추가 바로 나를 앞에 세워놓고 일러 주는 것과 같은 느낌을 주고 있다.

그렇다면 이제 우리는 이 시대를, 나 자신의 삶을 어떻게 살아갈 것이며, 우리 자식들은 어떻게 가르칠 것인가?

옛날에는 '곡식을 쌓아 굶주림을 방비하고, 자식을 길러 늙음을 대비한다'(積穀防饑, 養兒代老)라 하였다. 그러나 오늘날 그들에게 구시대 유물로 변할 '효도'라는 추상명사抽象名詞를 동사화動詞化하라고 요구할 수는 없다. 효도는 의무이며 자식 사랑은 본능일 뿐이다. 안지추는 자식에게 '효도하라'는 말은 한 마디도 하지 않았다. 우리 후손들이 이룰 사회적 핵가족으로 보아 '병은 조금 낫는데서 더 도지고, 효는 아내와 자식 때문에 엷어지게 마련'(病加於小愈, 孝衰於妻子)인 때가 될 수밖에 없다. 게다가 자식을 더욱 총명하게 길러 놓았고, 그들이 성공했으니 만년에 도움이 될 것이라는 것은 매우 일방적인 기대치이다. 그들이 도덕적으로 나빠서가 아니라 사회구조상 어쩔 수 없는 경우가 더 큰 이유일 것임은 명약관화하다. '굽은 소나무 선산 지킨다'라 하였다. 똑똑할수록 제 할 일이 많아 부모 모실 겨를이 없는 경우가 더 흔해질 것이다. 소동파는 '어느 부모, 자식 총명하기를 바라지 않으리요. 그러나 그 총명함이 도리어 서운함만 남겼네'라고 한탄하기도 하였다. 이는 똑똑하게 키우지 말라는 뜻이 아니라, 그것에 목매지 말라는 뜻이리라.

그렇다. '정성을 다해 꽃을 심었건만 그 꽃은 피지 않을 수도 있고, 무심코 꽂은 버드나무가 쉴 그늘을 이루기도 한다'(有意栽花花不開, 無心挿柳柳成蔭)라 하였으니, 뒤집어 보면 억지는 고통을 낳고 집착은 번뇌를 낳는다. 따라서 자식을 기르면서 사랑과 지혜로 키워 주되 그의 당연한 고통을 대신하겠다는 생각만 지우면 된다. '그를 그토록 사랑한다면서 어찌 그에게 노고로운 일은 하지 말라고 할 수 있겠는가?'(愛之, 能勿勞乎)라고 논어에는 갈파하였다. 고통을 대신해 주겠다는 본능이야 아름다운 것이지만 그것이 지나쳐 잘못된다면 둘 다 모두 불행해진다. '자식은 자식대로 타고난 복이 있으니, 자식을 위해 말이나 소가 되지는 말라'(兒孫自有兒孫福, 莫爲兒孫作馬牛)라는 속담이 어찌 자식 교육을 포기하라는 뜻이겠는가?

이제 그들에게 바른 삶의 방법만 일러주자. "이삭을 줍는 것이 비록 이롭다 하나 스스로 농사짓는 것만은 못하다"(拾穗雖利, 不如躬耕)라 하였다. 이처럼 부모나 조상의 이삭이나 주워 먹는 자식으로 기르기보다는 스스로 농사지어 수확하는 기쁨을 맛보도록 하는 것이 부모로서도 행복하지 않겠는가? 재물은 천만금 남겨 주어도 이를 지켜내기 어렵지만 바른 삶의 방법을 일러 주면 제 자신으로서는 이 난득難得의 인생을 나름대로 터득하고 행복을 맛보며 주위와 위아래 사람에게 제 구실을 할 것이요, 나아가 사회와 인류를 위해 바른 가치를 실행할 것이 아닌가? 그것이 진정 부모가 바라는 것이 아니겠는가? 이것이 모든 집집마다의 '가훈家訓'일 때 세상은 더욱 아름답고 다툼 없는 화평을 누릴 수 있지 않겠는가? 이를 위해 이 책은 충분한 지침서가 되고도 남으리라 확신한다.

줄포茁浦 임동석林東錫이 부곽재負郭齋에서

일러두기

1. 이 책은 왕리기王利器의 《안씨가훈집해顏氏家訓集解》(新編諸子集成 第一輯, 增補本, 中華書局, 1993)를 저본으로 하여 완역상주完譯詳注한 것이다.
2. 현대 교주본校注本으로 정소명程小銘 역주의 《안씨가훈전역顏氏家訓全譯》 (貴州人民出版社, 1993, 貴陽)과 이진흥李振興, 황패영黃沛榮, 뇌명덕賴明德의 《신역안씨가훈新譯顏氏家訓》(三民書局, 1993, 臺北)이 있으니 아주 훌륭한 자료로 참고하였다.
3. 그 외에 백화본白話本으로는 평석본評析本 백화白話 《안씨가훈顏氏家訓》 (王寧 主編, 北京廣播學院出版社, 1993, 北京)이 있다.
4. 분장分章은 본문 총 20편 256장으로 하여 이에 일련번호를 부여하고, 다시 괄호 속에 편장의 번호를 넣어 찾기 쉽도록 하였다.
5. 주는 인명, 지명, 사건명, 연대 등과 역문의 부가설명 추가내용 등을 위주로 하였으며, 장이 바뀌는 곳에 반복하여 실은 것도 있다.
6. 해제解題와 참고參考 및 기왕의 《안씨가훈顏氏家訓》 관련 연구기록의 원문은 뒤로 실어 학술적인 연구에 도움이 되도록 하였다.
7. 원의原義의 충실을 기하기 위해 직역으로 하였다. 문장이 순통하지 못하거나 오류가 발견되면 질정叱正과 편달鞭撻을 내려주기 바란다.
8. 본 《안씨가훈顏氏家訓》에 대한 완역完譯 상주詳注의 작업에 참고로 쓰인 문헌은 대략 다음과 같다.

● 참고문헌
1. 王利器 撰 《顏氏家訓集解》 新編諸子集成(增補本) 中華書局 1993 北京
2. 《顏氏家訓》 宋, 沈揆考證 新編諸子集成 世界書局 1978 臺北
3. 《顏氏家訓》 四庫全書(文淵閣) 子部十, 雜家類, 雜學之屬 臺灣商務印書館 影印本

4. 《顔氏家訓》 百子叢書本 雜家類 岳麓書社 1993 長沙

5. 《顔氏家訓》 四部叢刊 初編 子部「書同文」電子版 北京

6. 李振興, 黃沛榮, 賴明德 譯註《新譯顔氏家訓》三民書局 1993 臺北

7. 程小銘 譯註《顔氏家訓全譯》貴州人民出版社 1993 貴陽

8. 評析本 白話《顔氏家訓》王寧 主編, 中國廣播學院出版社 1993 北京

9. 《顔氏家訓》中國古典文學大系(9), 森三樹三郎(외) 平凡社 1979 日本 東京

10. 《顔氏家訓》 유동환 옮김, 홍익출판사 1999 서울

11. 《說文解字註》許慎(찬) 段玉裁(주) 漢京文化事業公司 1980 臺北.

12. 《說文解字》(4책) 九州出版社 2006 北京

13. 《說文通訓定聲》朱駿聲 武漢市古籍書店(影印) 1983 武漢

14. 《釋名》劉熙 育民出版社(印本) 1975 臺北

15. 《方言》揚雄 國民出版社(印本) 1963 臺北

16. 《急就篇》漢, 史游(찬) 岳麓書社(印本) 1989 湖南 長沙

17. 《玉篇》梁, 顧野王(찬) 國字整理小組(潘重規) 1980 臺北

18. 《廣韻》陳彭年, 林尹(校正) 黎明文化事業公司 1976 臺北

19. 《孔子家語》王肅(주) 上海古籍 印本 1995 上海

20. 《列女傳》劉向(찬) 中華書局(인본) 1978 臺北

21. 《博物志校釋》唐久寵 臺灣學生書局 1980 臺北

22. 《穆天子傳》郭璞(주) 上海古籍出版社 1995 上海

23. 《神異經》東方朔(찬) 上海古籍出版社 1995 上海

24. 《十洲記》東方朔(찬) 上海古籍出版社 1995 上海

25. 《世說新語校箋》楊勇 正文書局 1992 臺北

26. 《山海經箋疏》郝懿行(교) 藝文印書館(인본) 1974 臺北

27. 《四書讀本》廣東出版社(인본) 1973 臺北

28. 《說苑》 中華書局(인본) 1969 臺北

29. 《神仙傳》 四庫全書(文淵閣)본 商務印書館 인본

30. 《國語》 四庫全書(文淵閣)본 商務印書館 인본

31. 《孔子家語》 四庫全書(文淵閣)본 商務印書館 인본

32. 《四書集注》 四部備要본 漢京文化事業公司 1978 臺北

33. 《呂氏春秋》 四庫全書(文淵閣)본 商務印書館 인본

34. 《戰國策》 高誘(주) 中華書局 인본 1978 臺北

35. 《淮南子》 四庫全書(文淵閣)본 商務印書館 인본

36. 《抱朴子》 四庫全書(文淵閣)본 商務印書館 인본

37. 《詩經》 十三經注疏본 藝文印書館 인본

38. 《書經》 十三經注疏본 藝文印書館 인본

39. 《易經》 十三經注疏본 藝文印書館 인본

40. 《爾雅》 十三經注疏본 藝文印書館 인본

41. 《儀禮》 十三經注疏본 藝文印書館 인본

42. 《周禮》 十三經注疏본 藝文印書館 인본

43. 《禮記》 十三經注疏본 藝文印書館 인본

44. 《史記》 鼎文書局 活字本 1976 臺北

45. 《漢書》 鼎文書局 活字本 1976 臺北

46. 《後漢書》 鼎文書局 活字本 1976 臺北

47. 《三國志》 鼎文書局 活字本 1976 臺北

48. 《晉書》 鼎文書局 活字本 1976 臺北

49. 《宋書》 鼎文書局 活字本 1976 臺北

50. 《南齊書》 鼎文書局 活字本 1976 臺北

51. 《北齊書》 鼎文書局 活字本 1976 臺北

52. 《梁書》鼎文書局 活字本 1976 臺北

53. 《陳書》鼎文書局 活字本 1976 臺北

54. 《南史》鼎文書局 活字本 1976 臺北

55. 《北史》鼎文書局 活字本 1976 臺北

56. 《隋書》鼎文書局 活字本 1976 臺北

57. 《本草綱目》李時珍 中國書店 1994 北京

58. 《毛詩品物圖攷》日, 岡元鳳(輯) 1779, 新世紀出版社印本 1975 臺南

59. 《詩經植物圖鑑》潘富俊 貓頭鷹出版社 2001 臺北

60. 《文選》(增補六臣注文選) 華正書局(인본) 1977 臺北

61. 《太平御覽》(인본) 中華書局 1986 北京

62. 《初學記》鼎文書局 活字本 1976 臺北

63. 《藝文類聚》華正書局 1978 臺北

64. 《郡齋讀書志校證》晁公武(찬) 孫猛(교증) 上海古籍 1990 上海

기타 공구서 및 관련 서적 일부는 기재를 생략함.

해 제

(1) 저자 안지추(顏之推, 531~591?)

　　남조南朝 양梁나라 때부터 수대隋代까지 걸쳐 살았던 학자로 자는 개介, 낭야瑯邪 임기(臨沂, 지금의 山東 臨沂市) 사람이다. 아버지 안협顏勰은 양나라 상동왕湘東王 소역蕭繹의 진서부자의참군鎭西府諮議參軍을 지냈으며 대대로 《주관周官》(周禮), 《좌전左傳》 등에 학문이 깊었다. 이에 따라 안지추 역시 일찍부터 가학家學의 훈도薰陶를 받아 《예기禮記》, 《좌전》을 익혔다.

　　안지추는 처음 양나라(502~557)에 벼슬하여 소역의 좌국상시左國常侍를 시작으로, 진서묵조참군鎭西墨曹參軍을 역임하였으며, 관직이 산기상시散騎常侍에 이르렀다. 그 뒤에 북제(北齊, 550~577)로 들어가 중서사인中書舍人, 황문시랑黃門侍郎, 평원태수平原太守 등을 역임하기도 하였다. 북제가 망하자 북주(北周, 557~581)에서는 어사상사御史上士를 지내기도 하였다. 결국 수隋나라(581~618)가 천하를 통일하자 개황(開皇, 隋文帝 楊堅의 연호, 581~600) 연간에 태자가 그를 불러 학사學士로 삼았으며, 그 뒤 얼마 후(591?)에 생을 마쳤다. 그의 아들로는 사로思魯와 민초敏楚가 있어 《가훈家訓》의 여러 부분에 그 이름이 등장하고 있다.

　　그는 《문집》 30권을 남겼으나 지금은 전하지 않으며, 세상에 널리 알려진 《안씨가훈》 20편이 전하고 있다. 그 외에 《환원지還冤志》 3권이 있으며, 그에 대한 전傳은 《북제서北齊書》와 《북사北史》 문원전文苑傳에 실려 있다. (부록 〈顏之推傳〉 참조)

　　안지추는 학식이 광박廣博하고 육경六經과 사서史書는 물론 음운과 문자, 훈고 등에도 통달한 학자였다. 그의 《안씨가훈》에는 치가治家, 수신修身, 정치, 교육, 종교, 문학과 예술 등은 물론, 음운과 훈고, 심지어 자신의 죽음과 장례에 대한 유언까지 다루고 있어, 실로 중국 역대 가훈의 전범典範으로 널리 알려져 있다.

그는 학술면에서 기본적으로 유가儒家를 숭상하여, 효제로써 치가와 사회 생활의 근본으로 삼을 것을 주장하였다. 그리고 불교에 대하여 긍정적인 시각과 옹호의 입장을 취하고 있으며, 도가의 양생설養生說에 대하여도 현실적인 적응을 요구하고 있다.

그의 학술 관점은 당시 사회의 사치 풍조를 비판함과 아울러『謙虛沖損, 寡慾知足』을 내세워, 이를 삶의 기본 잣대로 할 것을 훈계하고 있다. 그리고 유가의 "爲己之學"을 중시, 수신과 경세의 틀을 여기에서 찾으려 하였으며, 당시 유행하던 현담玄談과『空守章句, 但誦師言』의 학문 태도에 반대하였다.

한편, 그의 예술과 잡기에 대한 인식은 매우 현실적이며, 자녀들에게 실증적, 실용적 접근을 권하기도 하였다. 특히 종교의 입장에서 불교에 대하여는 내교內敎라 불러 이를 유학外敎과 병행하되, 유학은 현실적 사회생활과 처세에 응용하며, 불교는 인과응보因果應報의 대원칙을 믿고, 이를 통해 바른 삶을 영위해 나갈 것을 주장하였다. 그밖에 무속巫俗의 폐해, 금기禁忌에 대한 잘못된 인식을 바로잡아 과학적으로 판단할 것을 요구하였고, 자신의 죽음과 그 뒤에 이어질 장례와 묘지, 제사 등에 대해서는 절용을 내세워 간곡한 유언을 남기는 등 비교적 긍정적이고 세심한 배려의 말로 끝을 맺고 있다.

(2) 서명 《안씨가훈顔氏家訓》

송본宋本은 모두 7권 20편으로 되어 있으며, 명대明代 판본은 대체로 2권으로 되어 있다. 역대 관사官私의 서목書目에는 모두 유가儒家에 열입시켰으나, 〈사고전서총목제요四庫全書總目提要〉에서는 그 내용이 잡박하게 갖가지를 다루었고, 특히 '귀심편歸心篇'의 경우 불교만을 다룬 부분이 있다 하여 잡가雜家에 소속시켰다. 이에 따라 〈사고전서四庫全書〉본은 「子部十, 雜家類一, 雜學之屬」으로 분류하였다. 그리고 대개의 판본이 「北齊 顔之推撰」으로 되어 있으나, 〈사고전서〉에는 「隋 顔之推撰」이라 하여 성서成書 시기를 맞추어 조대朝代 이름을 삼고 있다.

여가석余嘉錫은 〈사고전서총목제요〉에서 이에 대하여 이 책은 수나라 개황開皇 9년(589), 진陳을 평정한 후에 완성된 것이라 고증하였다. 물론 안지추 자신이 양梁, 진陳, 북제北齊, 북주北周, 수隋 등 남북의 조대를 거쳐 생존하였던 인물이라 어느 한 조대를 고집하여 소속시키기 어렵기 때문에 생긴 기록들이다.

이 책의 최초 판본은 송나라 순희(淳熙, 1174~1189) 연간의 〈태주공고본台州公庫本〉이며, 지금 남아 있는 것은 염태전廉台田이 보수補修한 〈중인본重印本〉이다. 그 외에 대표적인 판본으로는 명 가정嘉靖 갑신(甲申, 1524)의 〈부태평각본傅太平刻本〉과 청 강희康熙 때의 〈주식주문단공장서십삼종본朱軾朱文端公藏書十三種本〉, 그리고 청 옹정雍正 황숙림黃叔琳의 〈안씨가훈절초본顔氏家訓節抄本〉, 청 건륭乾隆 연간 노문초盧文弨의 〈포경당총서본抱經堂叢書本〉, 청 〈문진각사고전서본文津閣四庫全書本〉과 〈지부족재본知不足齋本〉 등이 있다. 그 외에 〈사부총간四部叢刊〉과 〈사부비요四部備要〉, 〈제자집성諸子集成〉 등에 고루 수록되었으며, 〈제자백가총서본諸子百家叢書本〉(上海古籍出版社, 〈雙鑑樓藏書明刊本〉)

이 있고, 이어서 1980년 상해고적출판사上海古籍出版社에서 왕리기王利器의 〈표점교주본標點校注本〉인 《안씨가훈집해顔氏家訓集解》가 출간되어 현대적 연구에 중요한 자료로 이용되고 있다. (이는 1993년 中華書局에서 재출간되었음.)

한편, 우리나라에는 『《안씨가훈顔氏家訓》: 北齊 顔之推撰』의 중국 목판본 木版本 7권 1책이 국립도서관(古: 1573-11)에 소장되어 있으며, 그 제題에 「淳熙 七年(1180) ……宋 沈揆」로 표기되어 있다.

그리고 현대 역주 및 번역본으로는 1993년 대만 삼민서국三民書局의 《신역 안씨가훈新譯顔氏家訓》(李振興, 黃沛榮, 賴明德)이 있고, 중국 귀주인민출판사貴州 人民出版社의 《안씨가훈전역顔氏家訓全譯》(程小銘 譯註, 1993)과 북경광파학원 출판사北京廣播學院出版社 간행의 평석본評析本 백화白話 《안씨가훈顔氏家訓》이 있다. 일본에서는 1969년 출간된 중국고전문학대계 제 9권의 《안씨가훈顔氏 家訓》(森三樹三郎, 平凡社) 번역본이 있으며, 국내는 《안씨가훈》(유동환 옮김, 홍익 출판사, 1999)이 있으나 이는 〈서증편書證篇〉과 〈음사편音辭篇〉을 싣지 않았으며 원문 없이 번역한 평역본이다.

顏氏家訓卷上

隋　顏之推　撰

序致篇第一

夫聖賢之書教人誠孝慎言檢迹立身揚名亦已備矣
魏晉以來所著諸子理重事複遞相模斅猶屋下架屋
牀上施牀耳吾今所以復為此者非敢軌物範世也業
以整齊門內提撕子孫夫同言而信信其所親同命而
行行其所服禁童子之暴謔則師友之誡不如傅婢之
指揮止凡人之鬬鬩則堯舜之道不如寡妻之誨諭吾
望此書為汝曹之所信猶賢於傅婢寡妻耳　吾家風
教素為整密昔在齠齔便蒙誘誨每從兩兄曉夕溫凊
規行矩步安辭定色鏘鏘翼翼若朝嚴君焉賜以優言
問所好尚勵短引長莫不懇篤年始九歲便丁荼蓼家
徒離散百口索然慈兄鞠養苦辛備至有仁無威導示
不切雖讀禮傳微愛屬文頗為凡人之所陶染肆欲輕

言不備邊幅年十八九少知砥礪習若自然卒難洗盪
二十以後大過稀焉每常心共口敵性與情競夜覺曉
非今昨失無常以至於斯追思平昔之指銘肌
鏤骨非徒古書之誡經目過耳故留此二十篇以為汝
曹後範耳

教子篇第二

上智不教而成下愚雖教無益中庸之人不教不知也
古者聖王有胎教之法懷子三月出居別宮目不邪視
耳不妄聽音聲滋味以禮節之書之玉版藏諸金匱子
生咳嗁師保固明仁智禮義導習之矣凡庶縱不能爾
當及嬰稚識人顏色知人喜怒便加教誨使為則為使
止則止比及數歲可省笞罰父母威嚴而有慈則子女
畏慎而生孝矣吾見世間無教而有愛每不能然飲食
運為恣其所慾宜誡翻獎應訶反笑至有識知謂法當
爾驕慢已習方復制之捶撻至死而無威忿日隆而
增怨逮于成長終為敗德孔子云少成若天性習慣如

《顏氏家訓》四庫全書(文淵閣)　子部(10)　雜家類(1)　雜學之屬

顏氏家訓卷上

北齊黃門侍郎顏之推 撰
明蜀榮昌後學冷宗元 校

序致篇一

夫聖賢之書教人誠孝慎言檢迹立身揚名亦已備矣魏晉以來所著諸子理重事複遞相模斆猶屋下架屋牀上施牀耳吾今所以復為此者非敢軌物範世也業以整齊門内提撕子孫夫同言而信信其所親同命而行行其所服禁童子之暴謔則師友之誡不如傅婢之指揮止凡人之鬥鬩則堯舜之道不如寡妻之誨諭譬此書為汝曹之所信猶賢於傅婢寡妻耳

吾家風教素為整密昔在齠齔便蒙誘誨每從兩兄曉夕溫凊規行矩步安辭定色鏘鏘翼翼若朝嚴君焉賜以優言問所好尚勵短引長莫不懇篤年始九歲便丁荼蓼家塗離散百口索然慈兄鞠養苦辛備至有仁無威導示不切雖讀禮傳微愛屬文頗為凡人之所陶染肆欲輕言不脩邊幅年十八九少知砥礪習若自然卒難洗盪二十已後大過稀焉每常心共口敵性與情競夜覺曉非今悔昨失自憐無教以至於斯追思平昔之指銘肌鏤骨非徒古

教子篇二

書之誡經目過耳故留此二十篇以為汝曹後範耳

上智不教而成下愚雖教無益中庸之人不教不知也古者聖王有胎教之法懷子三月出居別宮目不邪視耳不妄聽音聲滋味以禮節之書之玉版藏諸金匱子生咳䍐師保固明仁孝禮義導習之矣凡庶縱不能爾當及嬰稚識人顏色知人喜怒便加教誨使為則為使止則止比及數歲可省笞罰父母威嚴而有慈則子女畏慎而生孝矣吾見世間無教而有愛每不能然飲食運為恣其所欲宜誡翻獎應訶反笑至有識知謂法當爾凡驕慢已習方複製之捶撻至死而無威忿怒日隆而增怨逮於成長終為敗德孔子云少成若天性習慣如自然是也俗諺曰教婦初來教兒嬰孩誠哉斯語

凡人不能教子女者亦非欲陷其罪惡但重於訶怒傷其顏色不忍楚撻慘其肌膚耳當以疾病為諭安得不用湯藥針艾救之哉又宜思勤督訓者可願苛虐於骨肉乎誠不得已也

王大司馬母魏夫人性甚嚴正王在湓城時為三千人將年踰四十少不如意猶捶撻之故能成其勳業梁元帝時有一學士聰敏有才為父所寵失於教義

《顏氏家訓》諸子百家叢書本(明 蜀 榮昌 後學 冷宗元 校訂本)

안씨 가훈

四部叢刊子部

顔氏家訓

上海涵芬樓借江安
傅氏雙鑑樓藏明遂
陽傅氏刊本景印原
書版匡高營造尺五
寸九分寬四寸二分

顔氏家訓卷上

北齊黃門侍郎顔 之推 撰
明蜀榮昌後學冷宗元 校

序致篇一

夫聖賢之書教人誠孝慎言檢迹立身揚名亦已備
矣魏晉以來所著諸子理重事複遞相模斅猶屋下
架屋牀上施牀耳吾今所以復為此者非敢軌物範
世也業以整齊門內提撕子孫夫同言而信信其所
親同命而行行其所服禁童子之暴謔則師友之誡
不如傅婢之指揮止凡人之鬭鬩則堯舜之道不如

寡妻之誨諭吾望此書為汝曹之所信猶賢於傅婢
耳　吾家風教素為整密昔在齠齔便蒙誘誘
每從兩兄曉夕溫清規行矩步安辭定色鏘鏘翼翼
若朝嚴君焉賜以優言問所好尚勵短引長莫不懇
篤年始九歲便丁荼蓼家塗離散百口索然慈兄鞠
養苦辛備至有仁無威導示不切雖讀禮傳微愛屬
文顔為凡人之所陶染肆欲輕言不備邊幅年十八
九少知砥礪習若自然卒難洗盪二十以後大過稀
焉每常心共口敵性與情競夜覺曉非今悔昨非自
憐無教以至於斯追思平昔之指銘肌鏤骨非徒古

四部叢刊
顔氏家訓

顏氏家訓

北齊黃門侍郎顏之推撰

序致第一

夫聖賢之書，教人誠孝，慎言檢迹，立身揚名，亦已備矣。魏晉已來，所著諸子，理重事複，遞相模斆，猶屋下架屋，牀上施牀爾。吾今（一本無今字）所以復為此者，非敢軌物範世也，業以整齊門內，提撕子孫。夫同言而信，信其所親；同命而行，行其所服。禁童子之暴謔，則師友之誡，不如傅婢之指揮；止凡人之鬭鬩，則堯舜之道，不如寡妻之誨諭。吾望此書為汝曹之所信，猶賢於傅婢寡妻耳。

吾家風教，素為整密。昔在齠齔，便蒙誘誨；每從兩兄，曉夕溫凊，規行矩步，安辭定色，鏘鏘翼翼，若朝嚴君焉。賜以優言，問所好尚，勵短引長，莫不懇篤。年始九歲，便丁荼蓼，家塗離散，百口索然。慈兄鞠養，苦辛備至；有仁無威，導示不切。雖讀禮傳，微愛屬文，頗為凡人之所陶染，肆欲輕言，不脩邊幅。年十八九，少知砥礪，習若自然，卒難洗盪。二十（一本作三十）已後，大過稀焉；每常心共口敵，性與情競，夜覺曉非，今悔昨失，自憐無教，以至於斯。追思平昔之指，銘肌鏤骨，非徒古書之誡，經目過耳也（一本有也字）。故留此二十篇，以為汝曹後車（一本作範）爾。

教子第二

上智不教而成，下愚雖教無益，中庸之人，不教不知也。古者聖王，有胎教之法，懷子三月，出居別宮，目不邪視，耳不妄（一本作傾）聽，音聲滋味，以禮節之。書之玉版，藏諸金匱。子生咳㖷（說文咳小兒笑也，㖷或作孩也，一本作提），師保固明孝仁禮義（一本作孝禮仁義），導習之矣。凡庶縱不能爾，當及嬰稚，識人顏色，知人喜怒，便加教誨，使為則為，使止則止。比及數歲，可省笞罰。父母威嚴而有慈，則子女畏慎而生孝矣。吾見世間，無教而有愛，每不能然；飲食運為，恣其所欲，宜誡翻獎，應訶反笑（一本作哂），至有識知，謂法當爾，驕慢已習（一本作憍），方復（一本作乃）制之，捶撻至死而無威（一本云而無改悔），忿怒日隆而增怨（一本云增怨復），

《顏氏家訓》(宋, 沈揆 考證) 新編諸子集成 活字 標點本, 世界書局 1978 臺北

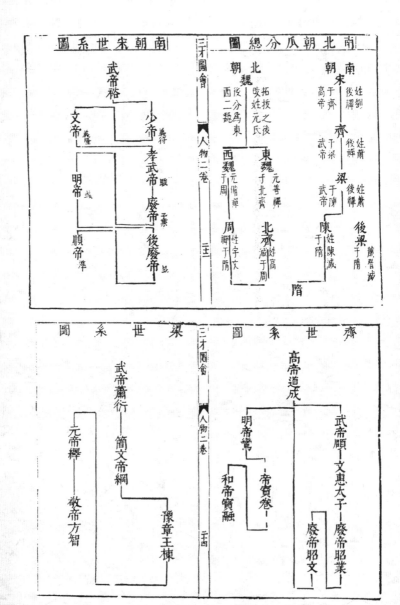

남북조 분화표와 남조(송, 제, 량, 진)와 수대까지의 세계도 《三才圖會》

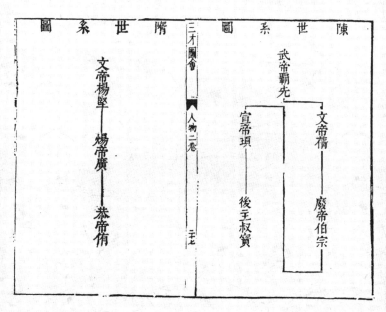

남북조 분화표와 남조(송, 제, 량, 진)와 수대까지의 세계도《三才圖會》

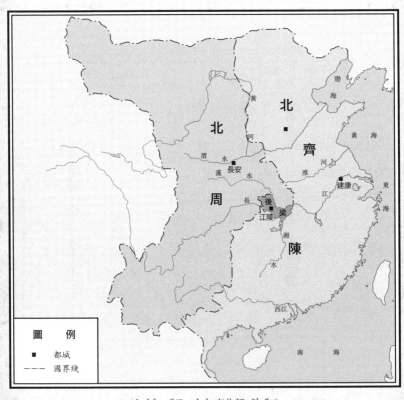

안지추 생존 시기 南北朝 형세도

차 례

❖ 책머리에
❖ 일러두기
❖ 해제

顏氏家訓 을

卷四

11. 섭무涉務

卷五

12. 성사省事

13. 지족止足

14. 계병誡兵

15. 양생養生

16. 귀심歸心

卷六

17. 서증書證

卷七

18. 음석音釋

19. 잡예雜藝

20. 종제終制

◉ 부록

顏氏家訓 上

卷一

1. 서치序致

2. 교자教子

卷二

6. 풍조風操

7. 모현慕賢

卷三

8. 면학勉學

卷四

9. 문장文章

10. 명실名實

11. 섭무涉務

　본편은 자녀와 후손들로 하여금 실제와 실질을 충실히 하여 사회와 국가에 유용한 인물이 될 것을 가르치고 있다.

　당시 사대부들의 허세를 비판하였고, 지위에 관계없이 능력을 가진 자가 우대받아야 함을 강조하였다. 시대와 역사의 격변 속에서도 그러한 실질적인 능력이 있어야 살아남음을 예화로 설명하고 있다.

〈魚紋彩陶盆〉 1995 서안 반파 출토

143
(11-1) 나라에 쓰이는 재목 여섯 가지

군자로서 세상에 처함에, 능히 사물에 유익함을 귀하게 여길 뿐이다. 한갓 고담허론高談虛論만 일삼으며 왼쪽엔 거문고, 오른쪽엔 책을 두고 임금의 녹위祿位만 축내서는 안 된다.

나라에 쓰이는 재목은 크게 보아 여섯 가지에 불과하다.

첫째는 조정지신朝廷之臣으로 그의 치체治體를 감달鑒達하여 경륜이 박아博雅함을 취하면 된다.

둘째, 문사지신文士之臣으로 그의 저술著述과 헌장憲章이 옛 것을 잊지 않음을 취하면 된다.

셋째, 군려지신軍旅之臣으로 그 결단력과 모책이 있음과 군사의 일에 강하며 능력 있음을 취하면 된다.

넷째, 번병지신藩屛之臣으로 풍속에 명련明練하여 청백淸白하며 백성을 사랑하는 점을 취하면 된다.

다섯째, 사령지신使令之臣으로 그의 변화를 감식하여 그에 맞게 따라 임금의 명령에 욕됨이 없이하는 능력을 취하면 된다.

여섯째, 흥조지신興造之臣으로 그의 공사의 차례를 맞게 하여 경비를 절감하며, 개척의 책략에 기술이 있는 점을 취하면 된다.

이 여섯 가지는 부지런히 공부하여 행동을 지킬 줄 아는 자라면 누구나 능히 해낼 수 있는 일이다.

사람의 천성은 장단이 있다. 그러니 어찌 이 여섯 가지에 훌륭함을 모두 함께 갖추도록 요구할 수 있겠는가? 다만 의당 모두가 그 지취指趣

를 밝히 알아, 능히 한 직분만이라도 지켜낸다면 곧 부끄러움은 없게
될 것이다.

士君子之處世, 貴能有益於物耳, 不徒高談虛論, 左琴右書,
以費人君祿位也. 國之用材, 大較不過六事: 一則朝廷之臣, 取其
鑒達治體, 經綸博雅; 二則文史之臣, 取其著述憲章, 勿忘前古;
三則軍旅之臣, 取其斷決有謀, 強幹習事; 四則藩屛之臣, 取其
明練風俗, 淸白愛民; 五則使令之臣, 取其識變從宜, 不辱君命;
六則興造之臣, 取其程功節費, 開略有術, 此則皆勤學守行者
所能辨也. 人性有長短, 豈責具美於六塗哉? 但當皆曉指趣, 能守
一職, 便無媿耳.

【涉務】 어떤 한 가지 일에 집중함.
【憲章】 법으로 삼아 빛나게 함을 뜻함. 《中庸》에「仲尼祖述堯舜, 憲章文武」라
　하였고, 正義에「憲, 法也; 章, 明也. 言夫子法明文武之德」이라 함.
【藩屛】 울타리와 병풍이 되어 줌. 保衛의 뜻.
【興造】 토목건축의 사업.

144
(11-2) 이름만 있고 실천 능력이 없는 선비

내가 세상의 문학지사文學之士를 보건대 고금을 품평하여 이런 것을 마치 손바닥에 놓고 가리키는 듯하면서, 막상 그를 시용試用해 보면 무엇하나 감당하지 못하는 경우가 있다. 그들은 승평承平시대에 살았기 때문에 전쟁의 참혹함을 알지 못하고, 조정의 보존아래 벼슬하고 있기 때문에 전쟁의 위급함을 알지 못하며, 봉록俸祿을 바탕으로 하고 있어 농사짓는 고통을 알지 못하며, 백성을 다스리는 윗자리에 있기 때문에 노역勞役의 고통스러움을 알지 못한다. 그러므로 그런 사람은 세상에 맞게 임무를 경영토록 하기가 어려운 것이다.

진晉나라가 남도南渡하여 사족士族을 우대하였다. 그 때문에 강남의 귀족들로서 주와 능력이 있는 자는 영복令僕 이하 상서랑尚書郎·중서사인中書舍人 이상으로 발탁되어, 그 기요機要한 대사를 관장하게 되었다. 그 나머지의 문의지사文義之士들은 대부분 우탄부화迂誕浮華하여 세무世務의 실제 일에는 참여시키지 않았다. 그리고 그들의 미세한 과실에 대해서는 처벌 내리기를 자제하였다. 그래서 청고淸高한 자리에 처해 있으면서 그 단점을 보호받을 수 있었던 것이다.

그러나 대각臺閣의 영사令史나 주서主書·감수監帥, 그리고 여러 왕족의 첨수籤帥나 성사省事 등은 모두가 관리로서의 직무를 밝게 익혀 때마다 필요한 일을 처리하였다. 이들은 비록 소인의 태도를 벗지는 못하였지만, 모두가 채찍을 맞으며 엄격히 감독당하는 대상이었다. 그 때문에 대다수가 관리로 임용되었으니 대체로 그들의 장점을 쓴 것이다.

사람들은 매번 스스로의 능력은 헤아리지 못한 채, 온 세상이 모두 양梁 무제武帝 부자는 소인을 가까이하면서 사대부는 멀리한다고 원망을 한다. 그러나 이 역시 눈이 그 속눈썹은 보지 못하는 것일 뿐이다.

吾見世中文學之士, 品藻古今, 若指諸掌, 及有試用, 多無所堪. 居承平之世, 不知有喪亂之禍; 處廟堂之下, 不知有戰陳之急; 保俸祿之資, 不知有耕稼之苦; 肆吏民之上, 不知有勞役之勤, 故難可以應世經務也. 晉朝南渡, 優借士族; 故江南冠帶, 有才幹者, 擢爲令僕已下尙書郞中書舍人已上, 典掌機要. 其餘文義之士, 多迂誕浮華, 不涉世務; 纖微過失, 又惜行捶楚, 所以處於淸高, 蓋護其短也. 至於臺閣令史, 主書監帥, 諸王籤省, 並曉習吏用, 濟辨時須, 縱有小人之態, 皆可鞭杖肅督, 故多見委使, 蓋用其長也. 人每不自量, 擧世怨梁武帝父子愛小人而疏士大夫, 此亦眼不能見其睫耳.

【品藻】 등급을 품평함.
【承平】 升平, 昇平과 같음. 난세와 상대되는 말.
【令僕】 관직 이름. 尙書令과 尙書僕射.
【臺閣】 尙書省과 같음, 令史는 그의 속관.
【主書】 관직 이름. 文書를 관장하는 직책.
【籤省】 관직 이름. 籤帥라고도 함.

145
(11-3) 말을 보고 호랑이라고 소리지른 고관

양梁나라 때 사대부士大夫들은 모두가 품이 넓은 옷에 넓적한 띠에 높은 모자, 굽 높은 신발 차림을 숭상하였다. 외출 시에는 수레를 타고, 들어와서는 부축을 받아, 교곽郊郭 안에서는 말 타는 사람을 볼 수가 없었다. 그런데 주홍정周弘正은 선성왕宣城王의 총애를 입었다. 과하마果下馬 한 필을 주자 항상 이를 타고 다녀 온 조정이 그를 두고 방달放達한 사람이라 여길 정도였다. 게다가 상서랑尚書郎 정도의 벼슬이 말을 타고 다닌다고 이를 탄핵하기도 하였다.

그러다가 후경侯景의 난이 일어나자, 이들은 피부가 약해지고 뼈가 유약하여 걸을 수조차 없었다. 몸은 파리하고 기운이 약해 춥고 더움도 견뎌내지 못하여 앉은 채, 갑자기 죽는 사대부가 왕왕 나타나게 되었다.

건강령建康令 왕복王復은 성품이 유아儒雅한 데다가 말을 타본 적이 없었다. 말이 울며 내닫는 모습만 보아도 놀라 겁을 먹지 않은 적이 없었고, 게다가 그러한 말을 보고는 "이는 바로 호랑이인데 어찌 이름을 말이라 하였을까?"라 할 정도였다. 그 풍속이 이러한 지경에 이르고 말았던 것이다.

梁世士大夫, 皆尚褒衣博帶, 大冠高履, 出則車輿, 入則扶侍,
郊郭之內, 無乘馬者. 周弘正爲宣城王所愛, 給一果下馬, 常服
御之, 擧朝以爲放達. 至乃尚書郎乘馬, 則糺劾之. 及侯景之亂,

膚脆骨柔, 不堪行步, 體羸氣弱, 不耐寒暑, 坐死倉猝者, 往往而然.
建康令王復性旣儒雅, 未嘗乘騎, 見馬嘶欻陸梁, 莫不震懾, 乃謂
人曰:「正是虎, 何故名爲馬乎?」其風俗至此.

【襃衣博帶】 느슨하게 입는 복장. 고대 儒生의 복장을 뜻함.
【周弘正】 알려진 기록이 없어 자세히 알 수 없음.
【宣城王】 梁나라 簡文齊(蕭綱)의 장자. 이름은 大器. 자는 仁宗. 선성왕에 봉해
  졌음.《梁書》哀太子傳 참조.
【果下馬】 고대 濊國에서 나던 왜소한 말.《三國志》魏志 東夷傳 濊國 참조.
【糺劾】 탄핵과 같은 말. 糺는 糾와 같음.
【倉猝】 갑작스러움. 雙聲連綿語.

146
(11-4) 농사란 힘겨운 일이다

　옛 사람들이 농사의 힘겨움을 알고자 한 것은, 대체로 귀곡무본貴穀務本의 도를 위해서였다. 무릇 식량은 백성에게 있어서 하늘이며, 백성은 식량 없이는 살아갈 수가 없다. 사흘을 먹지 못한다면 부자父子 사이라도 능히 존속될 수 없다. 밭 갈아 파종하고 김매어 호미질하고, 낫으로 베어 거두어, 이를 실어다 쌓은 다음, 타작하여 털고, 키질로 골라내며 무릇 몇 번의 손질을 거쳐 창고에 들어가니, 어찌 농사를 가벼이 여기고 말업末業을 귀하게 여길 수 있겠는가? 강남의 조정 관리들은 진晉나라 중흥中興으로 인해 남으로 강을 건너온 후, 끝내 기려羈旅가 되어 지금까지 8, 9세대가 되도록 힘써 농사지어 본 적이 없이, 모두가 봉록에 의지하여 살아왔다. 설령 농토가 있다 해도 모두가 동복僮僕이 하는 대로 믿고 일찍이 직접 흙을 파는 모습을 한 번이라도 보거나 싹 하나 가꾸어 본적이 없다. 어느 달에 파종해야 하며, 무슨 달에 거두어야 하는지를 알지 못한다. 그러니 어찌 세상의 나머지 업무인들 제대로 알겠는가? 그러므로 관직을 다스리면 제대로 완료하지 못하고, 집안을 다스려도 제대로 처리하지 못한다. 모두가 우대하여 한가히 살도록 하였던 데에서 생긴 잘못이다.

　古人欲知稼穡之艱難, 斯蓋貴穀務本之道也. 夫食爲民天, 民非食不生矣, 三日不粒, 父子不能相存. 耕種之, 莜鉬之, 刈穫之,

〈牛耕〉 畫像石(부분) 1952 江蘇 睢寧縣 東漢墓 출토

載積之, 打拂之, 簸揚之, 凡幾涉手, 而入倉廩, 安可輕農事而貴
末業哉? 江南朝士, 因晉中興, 南渡江, 卒爲羈旅, 至今八九世,
未有力田, 悉資俸祿而食耳. 假令有者, 皆信僮僕爲之, 未嘗目
觀起一墢土, 耘一株苗; 不知幾月當下, 幾月當收, 安識世間餘
務乎? 故治官則不了, 營家則不辦, 皆優閑之過也.

【務本】 여기서의 本은 農業을 가리킴. 이에 상대된 末은 상업을 뜻함.
【羈旅】 나그네. 말을 임시로 매어두고 벼슬하는 상태를 뜻함.《戰國策》등 참조.

12. 성사省事

  본편은 작자의 일상 경험에서 나온 일종의 처세철학이다. 어떤 일이건 바른 표준을 세워 이를 살펴야 하며, 그에 따라 한 분야의 전문적인 일가를 이루어야 한다고 주장하였다.

  한편 능력이 없음에도 봉록에 연연하는 당시 풍조를 비판하면서, 난세에 자신을 보호하기 위한 규범을 세워 세상을 바르게 볼 것을 훈계하였다.

〈馬踏飛燕〉 1969 甘肅 武威 雷臺 출토

147
(12-1) 말을 많이 하지 말라

　금인金人에 "말을 많이 하지 말라. 말이 많으면 실패도 많다. 많은
일을 벌이지 말라. 일이 많으면 근심도 많다"라는 명문銘文이 있다.
지극하도다. 이 계율이여! 내닫기에 능한 자에게는 그 날개를 주지
않았고, 날기에 능한 자에게는 앞발이 없고, 뿔 있는 자는 윗니가
없으며, 뒷다리가 발달한 자는 앞다리가 없다. 대체로 천도天道란 사물
로 하여금 모든 것을 겸비하도록 하
지는 않았다.

〈西域人騎駝陶俑〉(부분) 唐 明器
1954 山西 長治 王琛 묘 출토

　옛 사람이 이렇게 말하였다.
　"많이 하면서 한두 가지 잘하는 것
이 없는 것은, 한 가지만 잘하느니만
못하다. 석서鼫鼠란 놈은 다섯 가지
재능이 있으나 어느 한 가지 옳은
기술을 가지고 있지 못하다."
　근래 두 사람이 있었다. 모두가 청
랑하고 똑똑한 선비였다. 그런데 성
품이 여러 가지 일을 벌이기를 즐기
면서 이름을 이루지는 못하였다. 경
經을 화제로 삼으면 질문에 응할 수
없고, 사史를 얘기하면 토론 상대도
되지 못한다. 문장文章은 집록集錄에

실어 전할 만한 것이 없고, 글씨는 남겨두고 감상할 만한 것이 없다. 복서卜筮도 여섯 가지에서 셋을 맞추지 못하며, 의약에도 열을 치료하면 다섯 정도 치료하며, 음악은 수십 명 아래 수준이요, 궁시弓矢는 천 명, 백 명 아래 수준이다. 그리고 천문, 회화, 기박碁博은 물론 선비어鮮卑語, 이민족 문자, 호도기름 만들기, 주석을 제련하여 은銀 만들기 등 이와 같은 류들도 대략 그 경개만 터득하였을 뿐, 어느 것 하나 능통하거나 익숙하지 못하였다. 아깝도다. 그들의 그 신통하고 명석한 머리로 만약 다른 한 쪽을 살폈더라면 의당 정밀하고 신묘하였을 것이다.

　　銘金人云:「無多言, 多言多敗; 無多事, 多事多患.」至哉斯戒也! 能走者奪其翼, 善飛者減其指, 有角者無上齒, 豊後者無前足, 蓋天道不使物有兼焉也. 古人云:「多爲少善, 不如執一; 鼫鼠五能, 不成伎術.」近世有兩人, 朗悟士也, 性多營綜, 略無成名, 經不足以待問, 史不足以討論, 文章無可傳於集錄, 書迹未堪以留愛翫, 卜筮射六得三, 醫藥治十差五, 音樂在數十人下, 弓矢在千百人中, 天文·繪畫·碁博, 鮮卑語·胡書, 煎胡桃油, 鍊錫爲銀, 如此之類, 略得梗槪, 皆不通熟. 惜乎, 以彼神明, 若省其異端, 當精妙也.

【金人】銅人. 그 등에 銘文이 있었음《說苑》敬愼篇에『孔子之周, 觀於太廟右陛之前, 有金人焉, 三緘其口而銘其背曰:「古之愼言人也, 戒之哉! 戒之哉! 無多言, 多言多敗; 無多事, 多事多患. 安樂必戒, 無行所悔. 勿謂何傷, 其禍將長; 勿謂何害, 其禍將大; 勿謂何殘, 其禍將然; 勿謂莫聞, 天妖伺人; 熒熒不滅, 炎炎奈何; 涓涓不壅, 將成江河; 緜緜不絶, 將成網羅; 靑靑不伐, 將尋斧柯; 誠不能愼之, 禍之根也; 曰是何傷? 禍之門也. 强梁者不得其死, 好勝者必遇其敵; 盜怨主人, 民害其貴. 君子知天下之不可蓋也, 故後之下之, 使人慕之; 執雌持下, 莫能與之爭者. 人皆

趨彼, 我獨守此; 衆人惑惑, 我獨不從; 內藏我知, 不與人論技; 我雖尊高, 人莫害我.
夫江河長百谷者, 以其卑下也; 天道無親, 常與善人; 戒之哉! 戒之哉!」孔子顧謂
弟子曰:「記之, 此言雖鄙, 而中事情. 詩曰:『戰戰兢兢, 如臨深淵, 如履薄冰.』
行身如此, 豈以口遇禍哉!」라 하였으며,《孔子家語》觀周篇에도『孔子觀周,
遂入太祖后稷之廟, 堂右階之前, 有金人焉. 三緘其口, 而銘其背曰:「古之愼言人也,
戒之哉! 無多言. 多言多敗; 無多事, 多事多患. 安樂必戒, 無所行悔. 勿謂何傷,
其禍將長. 勿謂何患, 其禍將大, 勿謂不聞, 神將伺人. 燄燄不滅, 炎炎若何. 涓涓不壅,
終爲江河. 緜緜不絕, 或成網羅. 毫末不扎, 將尋斧柯. 誠能愼之, 禍之根也. 曰是何傷,
禍之門也. 强梁者不得其死, 好勝者必遇其敵. 盜憎主人, 民怨其上. 君子知天下之
不可上也, 故下之; 知衆人之不可先也, 故後之. 溫恭愼德, 使人慕之. 執雌持下,
人莫踰之. 人皆趨彼, 我獨守此. 人皆或之, 我獨不徙. 內藏我智, 不示人技. 我雖
尊高, 人弗我害. 誰能於此? 江海雖左, 長於百川, 以其卑也. 天道無親, 而能下人.
戒之哉!」孔子旣讀斯文, 顧謂弟子曰:「小子識之, 此言實而中, 情而信. 詩曰:
『戰戰兢兢, 如臨深淵, 如履薄冰.』行身如此, 豈以口過患哉!」」라 함.

【有角者無上齒】고대인이 만물의 특징을 논할 때 흔히 인용하는 말.《大戴禮記》
易本命.《大戴禮記》力本命篇에『萬物之性各異類. 故蠶食而不飲, 蟬飲而不食,
蜉蝣不飲不食, 介鱗夏食冬蟄. 齕呑者八竅而卵生. 咀嚼者九竅而胎生. 四足者無
羽翼, 戴角者無上齒. 無角者膏而無前齒, 有角者脂而無後齒. 晝生者類父, 夜生者
類母』라 하였으며,《漢書》董仲舒傳에「夫天亦有所分予, 予之齒者去其角, 傅其
翼者兩其足. 是所受大者不得取小也」라 하고, 顏師古 注에「謂牛無上齒則
有角, 其餘無角者則有上齒」라 함.
【胡書】鮮卑文字를 뜻함.

148
(12-2) 상서上書의 네 가지 유형

　글을 올려 의견을 진술하는 것은 전국戰國시대부터 시작되어 양한兩漢에 이르러 그 풍조가 넓어졌다. 그 체도體度를 궁구해 보면 임금의 장단점을 공격하는 간쟁의 무리가 있고, 여러 신하들의 득실을 헐뜯는 송소訟訴의 유형이 있으며, 국가의 이해를 진술하는 대책對策의 무리가 있고, 사정私情에 얽힌 여탈與奪의 성격을 띤 유세의 무리가 있다.

　그런데 이 네 가지 길은 모두가 충성을 팔아 지위를 구하고, 말솜씨를 팔아 봉록을 구하는 자들이다. 간혹 털끝만 한 이익도 얻지 못하면서 도리어 거들떠보아 주지도 않는 곤욕을 치르기도 하지만, 다행히 임금의 마음에 감동을 주어 때맞추어 채택되는 경우도 있다. 그러나 처음에는 헤아릴 수 없는 큰 상을 받지만 끝내 측량할 수 없는 죽음에 빠지게 된다. 바로 엄조嚴助·주매신朱買臣·오구수왕吾丘壽王·주보언主父偃 등의 무리로써 그 예가 심히 많다.

　훌륭한 사관이 그나마 책에 기록해 주는 것은, 대개 그들 중에 광견狂狷함이 한결같이 굳세다는 점을 취하여, 정치의 득실에 평론을 받은 자들일 뿐이다. 선비나 군자로서, 법도를 지키는 자들이 할 일이 아니다.

　지금 세상을 보아도 근유瑾瑜를 품고 난계蘭桂를 잡은 자들이라면 누구나 이러한 일을 부끄럽게 여기고 있다. 임금이 드나드는 문을 지켜 기다리며, 궁궐을 직접 찾아가 글을 올리고 계책을 토로하지만 거의가 공박空薄한 것이요, 스스로 자랑하기 위한 것이며, 경략經略의 대체大體도 없이 모두 등거 같은 미천한 사건들로써 열 가지 조항 중에

단 하나도 채택할 만한 것이 없다. 비록 시무^{時務}에 합당한 것이 있다 해도 이미 남들이 깨달았던 것조차 빠뜨린 것으로, 남이 모르고 있던 것이 아니요, 다만 알고 있으나 실행하지 못해 근심하던 일들이었다. 그들 중에 간혹 간사하고 사사로운 의도가 숨어 있음이 발각되어, 대면하여 서로 증거를 대면 일이 더욱 꼬이고, 복잡하여 도리어 허물에 근심을 뒤집어쓰는 일로 반전되기도 한다. 임금이 밖으로 위엄과 교화를 위하느라 혹시 포용을 입어 용서를 받는다 해도 이는 요행히 면한 무리일 뿐, 그들과 더불어 어깨를 같이하여 동행하기에는 부족한 자들이다.

上書陳事, 起自戰國, 逮於兩漢, 風流彌廣. 原其體度: 攻人主之長短, 諫諍之徒也; 訐羣臣之得失, 訟訴之類也; 陳國家之利害, 對策之伍也; 帶私情之與奪, 遊說之儔也. 總此四塗, 賈誠以求位, 鬻言以干祿. 或無絲毫之益, 而有不省之困, 幸而感悟人主, 爲時所納, 初獲不貲之賞, 終陷不測之誅, 則嚴助·朱買臣·吾丘壽王·主父偃之類甚衆. 良史所書, 蓋取其狂狷一介, 論政得失耳, 非士君子守法度者所爲也. 今世所觀, 懷瑾瑜而握蘭桂者, 悉恥爲之. 守門詣闕, 獻書言計, 率多空薄, 高自矜夸, 無經略之大體, 咸粃糠之微事, 十條之中, 一不足採, 縱合時務, 已漏先覺, 非謂不知, 但患知而不行耳. 或被發姦私, 面相酬證, 事途迴穴, 翻懼懇尤; 人主外護聲教, 脫加含養, 此乃僥倖之徒, 不足與比肩也.

【上書】 전국시대부터 이러한 上書의 제도가 있었다 함.《文心雕龍》章表篇에 「降及七國, 末變古式, 言事於王. 皆稱上書」라 함.

【嚴助】西漢 때의 인물. 嚴忌의 아들로 정사에 대한 변론이 뛰어났으며 東方朔·司馬相如 등과 함께 武帝의 총애를 입었으나 淮南王 劉安의 모반사건에 연루되어 피살됨. 《漢書》嚴助傳 참조.

【朱買臣】자는 翁子. 서한 때의 인물로 丞相長史를 지낼 때, 승상 張湯의 비리를 밝혀 자살토록 하자, 무제가 노하여 주매신을 주살함. 《史記》朱買臣傳 참조.

【吾丘壽王】자는 자공(子贛). 서한 때 인물로 董仲舒에게 《春秋》를 배웠으며, 승상 公孫弘과 백성의 弓弩 소지 금지 문제를 토론하기도 함. 뒤에 사건에 연루되어 피살됨. 《漢書》吾丘壽王傳 참조.

【主父偃】《易》·《春秋》와 백가 학문에 밝았으며 中大夫 등의 관직을 지냄. 뒤에 너무 횡포를 부리다가 피살됨. 《漢書》主父偃傳 참조.

【狂狷】진취적이며 절의를 지키는 선비. 《論語》公冶長篇에『子在陳, 曰:「歸與! 歸與! 吾黨之小子狂簡, 斐然成章, 不知所以裁之.」』라 하였고, 子路篇에는『子曰: 「不得中行而與之, 必也狂狷乎! 狂者進取, 狷者有所不爲也.」』라 하였으며, 《孟子》盡心(下)에『萬章問曰:「孔子在陳曰:『盍歸乎來! 吾黨之士狂簡, 進取, 不忘 其初.』孔子在陳, 何思魯之狂士?」孟子曰:「孔子『不得中道而與之, 必也狂獧乎! 狂者進取, 獧者有所不爲也』. 孔子豈不欲中道哉? 不可必得, 故思其次也.」「敢問 何如, 斯可謂狂矣?」曰:「如琴張·曾皙·牧皮者, 孔子之所謂狂矣.」「何以謂之 狂也?」曰:「其志嘐嘐然, 曰:『古之人, 古之人』. 夷考其行而不掩焉者也. 狂者又 不可得, 欲得不屑不潔之士而與之, 是獧也, 是又其次也. 孔子曰:『過我門而不入 我室, 我不憾焉者, 其惟鄕原乎! 鄕原, 德之賊也.』」曰:「何如, 斯可謂之鄕原矣?」曰:「『何以是嘐嘐也? 言不顧行, 行不顧言, 則曰:‘古之人, 古之人’. 行何爲踽踽 涼涼? 生斯世也, 爲斯世也, 善斯可矣.』閹然媚於世也者, 是鄕原也.」萬章曰: 「一鄕皆稱原人焉, 無所往而不爲原人, 孔子以爲德之賊, 何哉?」曰:「非之無擧也, 刺之無刺也; 同乎流俗, 合乎汙世; 居之似忠信, 行之似廉潔; 衆皆悅之, 自以爲是, 而不可與入堯舜之道, 故曰『德之賊也』. 孔子曰:『惡似而非者, 惡莠, 恐其亂苗也; 惡佞, 恐其亂義也; 惡利口, 恐其亂信也; 惡鄭聲, 恐其亂樂也; 惡紫, 恐其亂朱也; 惡鄕原, 恐其亂德也.』君子反經而已矣. 經正, 則庶民興; 庶民興, 斯無邪慝矣.」』라 함.

【聲敎】聲威와 敎化.

【瑾瑜】아름다운 옥. 학문과 품격이 전아함을 뜻함.

【蘭桂】난초 꽃과 계수나무 꽃. 인격의 향기를 뜻함.

149
(12-3) 간쟁諫爭의 방법

　간쟁諫諍하는 사람들은 임금의 과실을 바로잡기 위해 있는 것이다.
반드시 그러한 말을 할 수 있는 지위에 있어야 하고, 의당 바로잡아
돕는 법규를 다해야 한다. 구차스럽게 면하거나 편안함만을 위해 머리
를 떨어뜨리고 귀를 막는 행위는 용납되지 않는다. 임금을 위해 복무함
에는 방법이 있다. 생각이 자신의 직위를 넘어서는 안 되며, 간섭이
자신의 임무를 넘어서서도 안 된다. 넘어서면 곧 이는 죄인이 되는
것이다. 그 때문에 〈표기表記〉에는 이렇게 말하였다.

　"임금을 섬기되 가까이 있는 자가 아니면서 간언하는 것은 아첨이
된다. 그리고 가까이 있으면서도 간언을 하지 않는다면 이는 이익만
구하는 것이 된다."

　그리고 《논어論語》에는 이렇게 말하였다.

　"믿음이 없으면서 간언하면, 남들이 자신을 비방하는 자라 여기게
된다."

　諫諍之徒, 以正人君之失爾, 必在得言之地, 當盡匡贊之規,
不容苟免偸安, 垂頭塞耳; 至於就養有方, 思不出位, 干非其任,
斯則罪人. 故〈表記〉云:「事君, 遠而諫, 則諂也; 近而不諫, 則尸
利也.」《論語》曰:「未信而諫, 人以爲謗己也.」

【思不出位】 자신의 직무 이외의 것에 관여하지 않음. 《論語》 憲問篇에 『曾子曰:
「君子思不出其位..」』라 함.

【表記】 《禮記》의 편명. 본문에 인용된 문장에 대해 孫希旦의 《禮記》集解에
呂大臨의 설을 인용하여 「旣無言責, 又遠於君. 非其職而諫之. 凌節犯分以求
自達. 故曰諂. 有言責之臣, 不諫則曠厥官, 懷祿固寵, 主於利, 故曰尸利」라 함.

【論語】 《論語》 子張篇에 『子夏曰:「君子信而後勞其民; 未信, 則以爲厲己也. 信而
後諫; 未信, 則以爲謗己也..」』라 함.

150
(12-4) 값을 축적하여 때를 기다려라

    군자라면 마땅히 도를 지키고 덕을 숭상하여, 값을 축적하여 때를 기다려야 한다. 작위나 봉록이 오르지 못하는 것은 진실로 천명天命에 달린 것이다. 벼슬 구하겠다고 경쟁하여 내달으면서 수치를 돌아보지 않거나, 재능을 비교하고 공벌功伐을 헤아려 짐작하며, 상기된 얼굴로 소리를 높이고, 동쪽에서 원망하고 서쪽에서 화를 내기도 하며, 혹은 재상의 흠을 꼬투리 잡아 협박하여 그에 상응한 사례를 받기도 하고, 혹은 당시 사람들은 시청視聽을 근거로 떠들고 다니며 선발되거나 파견 되기를 요구하기도 한다.

    그런데 이렇게 하여 관직을 얻고 나서는 재주와 역량이 있어서 그렇게 되었다고 하니, 이것이 음식을 훔쳐 먹어 배부르고, 옷을 훔쳐 입어 따뜻함을 취하는 것과 무엇이 다르겠는가? 세상에 조급하게 다투어 관직을 얻은 자는 문득 "찾지 않고 어찌 얻겠는가?"라 한다. 이는 시운時運 이 오면 요구하지 않아도 다가온다는 것을 모르는 것이다. 그리고 조용히 물러나 아직 등용되지 않은 사람을 보게 되면 곧 "하지 않고 어찌 이루 리오?"라 하니, 이는 풍운風雲이 함께 해주지 않으면 한갓 구해도 이익이 없음을 모르는 것이다. 무릇 구하지 않았는데도 저절로 얻게 되는 것과, 구해도 얻지 못하는 경우를 어찌 가히 다 헤아릴 수 있겠는가!

君子當守道崇德, 蓄價待時, 爵祿不登, 信由天命. 須求趨競, 不顧羞慚, 比較才能, 斟量功伐, 屬色揚聲, 東怨西怒; 或有劫持宰相瑕疵, 而獲酬謝, 或有諠聒時人視聽, 求見發遣; 以此得官, 謂爲才力, 何異盜食致飽, 竊衣取溫哉! 世見躁競得官者, 便謂「弗索何獲?」; 不知時運之來, 不求亦至也. 見靜退未遇者, 便謂「弗爲胡成?」; 不知風雲不與, 徒求無益也. 凡不求而自得, 求而不得者, 焉可勝算乎!

【弗爲胡成】《尙書》太甲篇(下)의 구절.

151
(12-5) 이득이 있는 곳에 위험이 함께 있다

제齊나라 말기에 흔히 재물을 귀족의 외척에게 갖다 주고 그 여인들을
선동하여 알현토록 하는 일이 많았다. 이리하여 수재守宰 정도의 관직이
라도 얻은 자는 그 도장 끈에 빛이 나고, 타는 수레와 말이 번쩍이며,
그 영화가 구족九族에게 미쳐, 한 때의 부귀를 거머
쥐었다. 이러한 풍조는 집정자執政者의 근심거리가 되었고, 그에 따라
사찰伺察의 대상이 되었다.

이득이 있으면 반드시 그 이득 때문에 위태로워지는 법이다. 조금만
풍진風塵에 물들어도 곧바로 엄숙한 정법을 어그러뜨리는 것이 되고,
그 구덩이는 유달리 깊고 상처는 회복할 수 없게 된다. 비록 죽음은
면하였다 해도 집안이 망하지 않음이 없으니, 그런 뒤에 후회한들
어찌 다시 미칠 수 있겠는가? 나는 남에서 북으로 오면서 당시 사람들과
신분身分에 대해서는 단 한 마디도 나눈 적이 없다. 비록 나를 알아주지
못한다 해도 역시 탓할 이유는 없다.

齊之季世, 多以財貨託附外家, 諂動女謁. 拜守宰者, 印組光華,
車騎輝赫, 榮兼九族, 取貴一時. 而爲執政所患, 隨而伺察, 旣以
利得, 必以利殆, 微染風塵, 便乖肅正, 坑穽殊深, 瘡痏未復,
縱得免死, 莫不破家, 然後噬臍, 亦復何及? 吾自南及北, 未嘗
一言與時人論身分也, 不能通達, 亦無尤焉.

【女謁】 궁중 여자를 통하여 청탁을 하는 것.
【印組】 관인을 꿴 끈. 인신하여 관직을 뜻함.

152
(12-6) 밥 짓는 자를 도와주면 밥맛이라도 본다

　왕자진王子晉은 "밥 짓는 자를 도와주면 맛이라도 보지만 싸움을 도왔다가 는 상처만 입는다"라 하였다. 이 말은 좋은 일이면 관여하고 나쁜 일이면 그만두어, 남의 의롭지 못한 일에 당을 짓지 않도록 하라는 뜻이다.

　무릇 사물에 손해를 입히는 일은 무엇이든지 관여하지 말아야 한다는 것이기는 하나, 궁한 새가 내 품으로 들어오면 어진 사람은 불쌍히 여기게 마련이다. 하물며 죽음에 처한 선비가 나에게 의탁해 오면 어찌 이를 나 몰라라 할 수 있겠는가? 오원伍員은 어부의 배에 의탁하였고, 계포季布는 광류廣柳의 수레에 숨어들었으며, 공융孔融은 장검張儉을 숨겨 주었고, 손숭孫嵩은 조기趙岐를 숨겨 주었다. 이는 전대前代에 귀히 여겼던 바의 사건이다. 내가 이러한 행동을 하다가 이로써 죄를 얻는다면 달게 여겨 눈을 감으리라. 그러나 곽해郭解가 남을 대신하여 원수를 갚은 일이나, 관부灌夫가 땅을 차지하려는 적복籍福에게 마구 화를 낸 사건 같은 경우라 면, 이는 유협遊俠의 무리가 할 짓이지 군자가 할 바는 아니다. 만약 역란逆亂의 행위로 임금에게 죄를 얻는 경우라면 역시 불쌍히 여길 것이 못된다. 그리고 친구가 위난危難에 쫓긴다면, 집안 재물과 자신의 힘을 다해 돕되 인색해서는 안 된다. 그러나 수단을 가리지 않고 마구 계략을 도모하고자 무리하게 청탁을 해올 경우, 이는 내가 본받을 바가 아니다.

　묵적墨翟의 무리들에 대해 세상 사람은 열복熱腹이라 하고, 양주楊朱의 무리에 대해서는 냉장冷腸이라 한다. 창자는 차게 해서는 안 되고 배는 뜨겁게 해서는 안 된다. 의당 인仁과 의義로써 이를 조절하고 다듬을 따름이다.

王子晉云:「佐饔得嘗, 佐鬪得傷.」此言爲善則預, 爲惡則去, 不欲黨人非義之事也. 凡損於物, 皆無與焉. 然而窮鳥入懷, 仁人所憫; 況死士歸我, 當棄之乎? 伍員之託漁舟, 季布之入

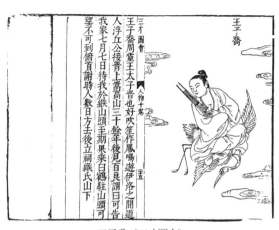

王子喬《三才圖會》

廣柳, 孔融之藏張儉, 孫嵩之匿趙岐, 前代之所貴, 而吾之所行也, 以此得罪, 甘心瞑目. 至如郭解之代人報讎, 灌夫之橫怒求地, 游俠之徒, 非君子之所爲也. 如有逆亂之行, 得罪於君親者, 又不足卹焉. 親友之迫危難也, 家財己力, 當無所吝; 若橫生圖計, 無理請謁, 非吾敎也. 墨翟之徒, 世謂熱腹, 楊朱之侶, 世謂冷腸, 腸不可冷, 腹不可熱, 當以仁義爲節文爾.

【王子晉】王子喬. 周靈王의 太子로 神仙術에 빠져 학을 타고 신선이 되었다고 함.《列仙傳》王子喬 참조. 본문의 왕자진이 말한 부분은《國語》周語(下)에 실려 있음.《國語》周語(下)에 『「人有言曰:『無過亂人之門.』又曰:『佐饔者嘗焉, 佐鬪者傷焉.』又曰:『禍不好, 不能爲禍.』《詩》曰:『四牡騤騤, 旟旐有翩, 亂生不夷, 靡國不泯.』又曰:『民之貪亂, 寧爲荼毒.』夫見亂而不惕, 所殘必多, 其釁彌章. 民有怨亂, 猶不可遏, 而況神乎? 王將防鬪川以飾宮, 是飾亂而佐鬪也, 其無乃章禍且遇傷乎? 自我先王厲·宣·幽·平而貪天禍, 至於今未弭. 我又章之, 懼長及子孫, 王室其愈卑乎? 其若之何?』라 함.
【窮鳥入懷】《三國志》魏書 邴原傳에 실려 있는 말.

【伍員】伍子胥를 뜻함. 고사는 《史記》伍子胥列傳의 『江上漁夫』와의 있었던
이야기임. 《史記》伍子胥列傳에 『伍胥既至宋, 宋有華氏之亂, 乃與太子建俱奔
於鄭. 鄭人甚善之. 太子建又適晉, 晉頃公曰: 「太子既善鄭, 鄭信太子. 太子能爲我
內應, 而我攻其外, 滅鄭必矣. 滅鄭而封太子.」 太子乃還鄭. 事未會, 會自私欲殺其
從者, 從者知其謀, 乃告之於鄭. 鄭定公與子產誅殺太子建. 建有子名勝. 伍胥懼,
乃與勝俱奔吳. 到昭關, 昭關欲執之. 伍胥遂與勝獨身步走, 幾不得脫. 追者在後.
至江, 江上有一漁父乘船, 知伍胥之急, 乃渡伍胥. 伍胥既渡, 解其劍曰: 「此劍直
百金, 以與父.」 父曰: 「楚國之法, 得伍胥者賜粟五萬石, 爵執珪, 豈徒百金劍邪!」
不受. 伍胥未至吳而疾, 止中道, 乞食. 至於吳, 吳王僚方用事, 公子光爲將. 伍胥乃
因公子光以求見吳王』라 하였다.

【季布】계포가 급한 일을 당하여 濮陽의 朱氏 집 안에 숨어들자, 주씨가 그를
廣柳車에 숨겨 주었음. 《史記》季布傳 참조.

【張儉】後漢 때 인물로 侯覽의 원한을 입어 孔融의 형인 孔褒의 집으로 숨어들었
으나 공포를 만나지 못함. 공융은 어렸으나 이를 알아차리고 그를 숨겨 주어
화를 면하게 하였다 함. 《後漢書》孔融傳 참조.

【趙岐】자는 邠卿. 《孟子注》를 쓴 인물. 그가 한 때 핍박을 받아 孫嵩의 집에
숨어 화를 면한 적이 있음. 《後漢書》趙岐傳 참조.

【郭解】자는 伯翁. 《史記》遊俠列傳 참조.

【灌夫】자는 仲儒. 漢武帝 때 인물. 《史記》魏其武安侯列傳 참조.

【墨翟】전국시대 사상가인 墨子. 兼愛를 주창함. 남의 곤궁함을 보면 자신의
희생을 무릅쓰고 나선 이야기가 널리 알려짐.

【楊朱】이기적인 爲我學派의 대표 인물. 孟子는 이상 두 사람의 학설을 심하게
배척하였음. 孟子 滕文公(下)에 『世衰道微, 邪說暴行有作, 臣弑其君者有之,
子弑其父者有之. 孔子懼, 作春秋. 春秋, 天子之事也. 是故孔子曰: 『知我者其惟春
秋乎! 罪我者其惟春秋乎!』聖王不作, 諸侯放恣, 處士橫議, 楊朱·墨翟之言盈
天下. 天下之言, 不歸楊, 則歸墨. 楊氏爲我, 是無君也; 墨氏兼愛, 是無父也. 無父
無君, 是禽獸也. 公明儀曰: 『庖有肥肉, 廐有肥馬, 民有飢色, 野有餓莩, 此率獸而
食人也.』楊墨之道不息, 孔子之道不著, 是邪說誣民, 充塞仁義也. 仁義充塞, 則率
獸食人, 人將相食. 吾爲此懼, 閑先聖之道, 距楊墨, 放淫辭, 邪說者不得作. 作於
其心, 害於其事; 作於其事, 害於其政. 聖人復起, 不易吾言矣.』라 함.

153
(12-7)

역법曆法 논쟁

　　내가 전에 수문영조修文令曹로 있을 때, 산동山東의 어떤 학사와 관중關中의 태사太史 사이에 역법曆法을 두고 논쟁이 벌어진 일이 있었다. 무릇 10여 명이 해를 거듭하여 의견이 분운하였다. 뒤에 내사內史가 할 수 없이 이 문제를 의관議官에게 이첩하여 평의平議토록 하였다. 이때 나는 이렇게 주장하였다.

　　"무릇 여러 학자들의 쟁점은 사분四分과 감분減分의 두 가지 주장일 뿐이오. 역상曆象의 요체는 일구日晷의 그림자를 가지고 측정할 수 있는 것이오. 지금 그 분지分至와 일식월식으로 측험測驗해 보면 사분(춘분, 하지, 추분, 동지)은 너무 소략하고 감분은 너무 세밀합니다. 소략하다고 주장하는 자는 정령政令에 느슨함과 지나침이 있듯이 세성歲星의 운행도 차고 기울게 되는 것이지, 계산상의 착오가 있는 것이 아니라는 것입니다. 세밀하다고 주장하는 자는 해와 달의 운행에 빠름과 느림이 있어 이를 정확히 계산하여 그 각도를 미리 알 수 있다고 말하는 것이지, 재앙이나 상서가 있다는 것은 아닙니다. 소략하다는 사분법을 쓰면 간사함을 감추어 믿음을 잃는 것이요, 세밀하다는 감분법을 쓰면 임의로 계산하여 경經을 위배하는 것입니다. 게다가 의관으로써는 그 문제를 직접 쟁송하는 천문관보다 정밀히 알 수 있는 것이 아닙니다. 얕은 지식으로 깊은 지식을 가진 자를 결정한다면 어찌 수긍하여 복종하겠습니까? 이왕 이는 법률을 맡는 부서에 맞지 않는다고 하는 한, 이를 우리가 결정하지는 않기로 하기 바랍니다."

그러자 지위의 고하를 막론하고 모두들 그렇다고 찬동하였다. 그런데 한 예관禮官이 이러한 양보를 치욕이라 여기고, 그대로 권리를 행사하겠다고 나서서, 억지로 고핵考覈을 가하였다. 그러나 그의 지식[機杼]은 미치지 못하여 혼자서는 측량해 낼 수가 없었다. 이에 다시 쟁송의 당사자들을 찾아다니며 그들의 장단점을 엿보며 아침저녁으로 모여 의논해 보았지만 시간이 갈수록 번거롭고 노고롭기만 할 뿐, 봄이 가고 겨울이 오도록 끝내 결정을 내릴 수가 없었다. 그에 대한 원망과 비난이 점점 커지자, 그는 얼굴을 붉히며 물러서고 말았으며 끝내, 내사의 핍박까지 받게 되었다. 이는 명분을 좋아하다가 얻은 치욕이다.

前在修文令曹, 有山東學士與關中太史競歷, 凡十餘人, 紛紜累歲, 內史牒付議官平之. 吾執論曰:「大抵諸儒所爭, 四分幷減分兩家爾. 歷象之要, 可以晷景測之; 今驗其分至薄蝕, 則四分疏而減分密. 疏者則稱政令有寬猛, 運行致盈縮, 非算之失也; 密者則云日月有遲速, 以術求之, 預知其度, 無災祥也. 用疏則藏姦而不信, 用密則任數而違經. 且議官所知, 不能精於訟者, 以淺裁深, 安有肯服? 旣非格令所司, 幸勿當也.」擧曹貴賤, 咸以爲然. 有一禮官, 恥爲此讓, 苦欲留連, 强加考覈. 機杼旣薄, 無以測量, 還復採訪訟人, 窺望長短, 朝夕聚議, 寒暑煩勞, 背春涉冬, 竟無予奪, 怨誚滋生, 赧然而退, 終爲內史所迫: 此好名之辱也.

【修文令曹】 이는 顏之推가 北齊 後主(高緯) 武平 3年(572) 修文殿에서 직무를 담당할 때를 가리키는 것으로 봄.

【四分·減分】 이는 四分曆과 減分曆으로 하되 減損의 방법을 병행해야 한다는

쟁론임.《後漢書》律曆志(中)에「章帝元化二年, 太初曆失天益遠, 故召治曆
編訴, 李梵等, 綜校其狀. 改行四分, 以遵於堯. 靈帝熹平四年, 蒙人公乘(爵名)宗
紺孫誠上書, 言受紺法術, 當復改. 誠術: 以百三十五月二十三食爲法, 乘除成月,
從建康(順帝年號)以上減四十一, 建康以來減三十五, 以其俱不食」이라 함.

【分至】分은 春分과 秋分.

【薄蝕】日月相掩을 뜻함.

【盈縮】歲星의 운행을 뜻함.《漢書》天文志에「歲星超舍而前爲嬴, 退舍爲縮」
이라 하였음. 盈縮은 嬴縮과 같음. 한편 王先謙은 補注에서「舍, 所止宿也.
超舍而前, 過其所當舍之宿以上一舍二舍三舍, 謂之嬴, 退舍以下一舍二舍三舍,
謂之縮」이라 함.

【機杼】천문을 관찰하고 관측할 수 있는 능력과 지식을 뜻함.

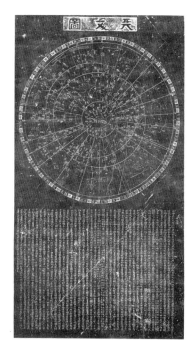
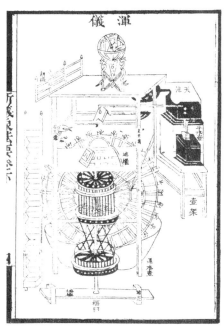

좌: 〈天文圖〉(碑) 우: 〈水動儀象臺圖〉(渾儀)《新儀象法要》

13. 지족止足

　본편은 정신수양과 물질욕구의 갈등을 어떻게 해소할 것인가를 다루고 있다.

　이에 족함을 알아 그칠 수 있어야 하며, 행복의 척도를 『겸허충손謙虛冲損』에 둘 것과, 실제로 집의 크기와 노비의 숫자, 벼슬의 정도까지 구체적으로 거론하는 등 자세한 훈계로 가르치고 있다.

〈漁人圖〉

154
(13-1) 욕심은 우주도 삼킨다

《예禮》에 "욕심은 마구 풀어놓아서는 안 된다. 그리고 뜻은 가득 채워서는 안 된다"라 하였다. 우주宇宙는 그 끝까지 다다를 수 있지만 정성情性은 그 끝을 알 수가 없으니, 오직 욕심을 줄여 만족을 알아 이를 한계로 세워야 할 뿐이다. 선조이신 정후靖侯께서 자질子姪들에게 이러한 계명을 내리셨다.

"너희들 집안은 서생書生의 가문으로 대대로 부귀를 누려 본적이 없다. 이제부터 벼슬은 그 천 석이 넘는 것은 하지 말도록 하며, 혼인도 권세 있는 가문을 탐내지 말도록 하라."

나는 이를 종신토록 복응服膺하며 명언名言으로 삼아 왔다.

《禮》云:「欲不可縱, 志不可滿.」宇宙可臻其極, 情性不知其窮, 唯在少欲知足, 爲立涯限爾. 先祖靖侯戒子姪曰:「汝家書生門戶, 世無富貴; 自今仕宦不可過二千石, 婚姻勿貪勢家.」吾終身服膺, 以爲名言也.

【禮】 인용된 구절은 《禮記》曲禮(上)에 실려 있음.
【宇宙】 시간과 공간의 총칭으로 上下四方을 宇, 古往來今을 宙라 한다 함. 그러나 고대 疊韻連綿語로 보기도 함.

【靖侯】顔之推의 九世祖인 顔含.
【服膺】마음 속에 깊이 간직함.

155
(13-2) 가득 채운 것은 귀신도 싫어한다

　천지와 귀신의 이치란 모두가 가득 찬 것을 싫어한다. 겸허히 하고 덜어 낼 줄 안다면 가히 해를 면할 수 있다. 사람이 살아가는 데에 옷이란 추위와 노출을 덮어주는 것으로 족하고, 음식이란 배고픔을 메워 주는 것으로 족할 뿐이다. 형체의 내부가 오히려 사치와 지나침을 원치 않거늘, 몸 밖에서는 어찌 교만과 지나침을 끝까지 해 보고자 하는가? 주周 목왕穆王・진秦 시황始皇・한漢 무제武帝는 부유하기는 사해四海를 다 가졌고, 귀하기로는 천자의 신분이었지만, 기극紀極을 알지 못하여 오히려 패루敗累를 자초하였는데 하물며 서인들임에랴? 보통 20식구 정도 집안이라면 노비도 많아야 20인을 넘어서는 안 되며, 좋은 농토가 10경이라면 집은 겨우 비바람 막을 정도면 되고, 거마는 겨우 지팡이를 대신할 정도면 된다. 재물 저축은 몇 만금 정도로 길흉사 등 급한 일에 맞을 양이면 된다. 여기에 그치지 않고 많아졌다면 이를 의롭게 흩어 나누고, 이 정도에 이르지 않았다 해도 그릇된 방도로 이를 추구하려 들지 말 것이니라.

　天地鬼神之道, 皆惡滿盈. 謙虛沖損, 可以免害. 人生衣趣以覆寒露, 食趣以塞飢乏耳. 形骸之內, 尙不得奢靡, 己身之外, 而欲窮驕泰邪? 周穆王・秦始皇・漢武帝, 富有四海, 貴爲天子,

不知紀極, 猶自敗累, 況士庶乎? 常以二十口家, 奴婢盛多, 不可
出二十人, 良田十頃, 堂室纔蔽風雨, 車馬僅代杖策, 蓄財數萬,
以擬吉凶急速, 不嬴此者, 以義散之; 不至此者, 勿非道求之.

【天地鬼神】《周易》謙卦 象傳에 「天道虧盈而益謙, 地道變盈而流謙. 鬼神害盈而
  福謙, 人道惡盈而好謙」이라 함.
【趣】取와 같음. 盧文弨 注에 「趣者, 僅足之意, 與孟子『楊朱取爲我』之取同」이라 함.
【不嬴】不翅와 같음. 過多·超過의 뜻.

156
(13-3) 벼슬은 이 정도로 제한하라

　벼슬을 하되 대단하다 칭할 정도라 해도 중품中品 정도를 넘어서지 않도록 하라. 앞에 50명, 뒤에 50정도를 거느리는 직위라면 족히 치욕은 면할 수 있으며, 경위傾危한 일은 당하지 않을 수 있다. 이보다 높은 직위라면 즉시 그만두고 사양하여 집에서 한가히 살도록 하라. 내가 최근에 황문랑黃門郎이 되어 곧 물러날 수 있었으나, 당시 기려羈旅의 신분으로 비방에 걸려들지나 않을까 걱정이 되었다. 비록 이러한 계책을 떠올리기는 하였으나 그럴 겨를이 없었다. 상란喪亂 이래로 풍운風雲에 의탁하여 요행히 부귀한 자를 보건대, 그들은 아침에 실권을 잡았다가 밤이면 구렁텅이에 쳐 박히고, 초하루에 탁손卓孫이나 정정程鄭같은 부귀를 즐거워하다가, 그믐에 안회顏回나 원헌原憲처럼 가난을 슬퍼하는 자가 열이나 다섯에 그치는 것이 아니다. 삼갈지니라! 삼갈지니라!

　仕宦稱泰, 不過處在中品, 前望五十人, 後顧五十人, 足以免恥辱, 無傾危也. 高此者, 便當罷謝, 偃仰私庭. 吾近爲黃門郎, 已可收退; 當時羈旅, 懼罹謗讟, 思爲此計, 僅未暇爾. 自喪亂已來, 見因託風雲, 徼倖富貴, 旦執機權, 夜塡坑谷, 朔歡卓・鄭, 晦泣顏・原者, 非十人五人也. 愼之哉! 愼之哉!

【黃門郞】 관직 이름. 黃門侍郞.

【卓·鄭】 卓氏와 程鄭. 鐵을 다루어 부자가 된 집안들.《史記》貨殖傳에「蜀,
　卓氏之先, 趙人也, 用鐵冶富 ……程鄭, 山東遷虜也. 亦冶鑄, 俱均卓氏, 俱居臨邛」
　이라 함.

【顔·原】 顔回(淵)과 原憲(思). 모두 공자의 제자로 가난하게 살았음.

14. 계병誠兵

본편은『습무종융習武從戎』, 즉 자신을 보호하기 위한 무예습득과
국가적으로 잦은 병화에 대처하기 위한 방위 문제를 다루고 있다.
이는 작자가 난세를 살아오면서 느낀 전신자보全身自保의 생각
이기도 하다.

〈兵車圖〉

157
(14-1)
우리 안씨의 내력과 무사武士

　　우리 안씨顏氏의 선조는 본래 추鄒·로魯에서 나와, 혹 제齊로 분파되어 들어와 살았다. 대대로 유학儒學을 가업으로 이어왔으며, 이러한 사실들이 책마다 두루 기록되어 있다. 중니仲尼의 문도門徒 중에 경지에 오른 자가 72명인데 그 중 안씨가 8명이나 된다. 그러나 진秦·한漢·위魏·진晉으로부터 제齊·량梁에 이르도록 병법으로써 현달한 자는 없었다. 춘추春秋시대에 안고顏高·안명顏鳴·안식顏息·안우顏羽같은 분들이 있었지만 모두가 하나의 투부鬪夫일 뿐이다. 제齊나라에 안탁취顏涿聚가 있었고, 조趙나라에는 안최顏㝡, 그리고 한말漢末에 안량顏良, 송宋나라 때 안연지顏延之가 있어 모두가 장군의 임무를 맡았지만 끝내 패망하고 말았다.

　　한나라 때 낭관郞官 벼슬의 안사顏駟는 자칭 무武를 좋아한다고 하였으나, 더는 그 사적을 찾아볼 수 없다. 안충顏忠은 당을 지어 초왕楚王에게 아부하였다가 죽음을 당하였고, 안준顏俊은 무위武威 땅을 근거로 반란을 일으켰다가 죽음을 당하였으니, 우리가 성씨를 얻은 이래 맑은 지조 없이 굴었던 자는 오직 이 두 사람뿐이었으며, 모두가 참화와 패배를 입고 말았다.

　　근래 어려운 세상에 난리와 이산이 심하여 의관衣冠 선비들은 비록 무술은 없지만 간혹 무리를 모아 본래의 업무를 버린 채 요행히 전공을 이루는 경우도 있다. 나는 원래 나약하였고, 또한 전대前代의 일을 앙모하였기 때문에 마음을 이러한 유업儒業에 두고 있으니, 자손들은 잘 기억하기 바란다. 공자孔子의 힘은 성문을 들어 올릴 수 있었지만 힘으로 했다는 소문은 듣지 못하였으니, 이것이 성스러움의 증거이다. 내가 지금의 사대부들을 보건대 겨우 기력이 조금 있다고 하여 곧 기력을 믿고 나서려 한다. 그런데 피갑집병被甲執兵하여 사직을 보위하라 하면 해내지 못하면서, 단지 몰래 무복武服을 입고 주먹을 휘젓는 허세를 부릴 뿐이다. 이들은 크게는 위망危亡에 빠질 것이며, 적어도 치욕에 걸려들어 끝내 이를 면하지 못하는 자가 되고 말 것이다.

顏氏之先, 本乎鄒·魯, 或分入齊, 世以儒雅爲業, 偏在書記. 仲尼門徒, 升堂者七十有二, 顏氏居八人焉. 秦·漢·魏·晉, 下逮齊·梁, 未有用兵以取達者. 春秋世, 顏高·顏鳴·顏息·顏羽之徒, 皆一鬪夫耳. 齊有顏涿聚, 趙有顏冣, 漢末有顏良, 宋有顏延之, 並處將軍之任, 竟以顚覆. 漢郎顏駟, 自稱好武, 更無事迹. 顏忠以黨楚王受誅, 顏俊以據武威見殺, 得姓已來, 無淸操者, 唯此二人, 皆罹禍敗. 頃世亂離, 衣冠之士, 雖無身手, 或聚徒衆, 違棄素業, 徼倖戰功. 吾旣羸薄, 仰惟前代, 故實眞心於此, 子孫誌之. 孔子力翹門關, 不以力聞, 此聖證也. 吾見今世士大夫, 纔有氣幹, 便倚賴之, 不能被甲執兵, 以衛社稷; 但微行險服, 逞弄拳踠, 大則陷危亡, 小則貽恥辱, 遂無免者.

【升堂】 경지에 이름을 뜻함.《論語》先進篇에『子曰:「由之瑟奚爲於丘之門?」門人不敬子路. 子曰:「由也升堂矣, 未入於室也.」』라 함.
【八人】 顏無繇(路, 顏回의 아버지), 顏回(子淵), 顏幸(子柳), 顏高(子驕), 顏祖(襄), 顏之僕(叔), 顏噲(子聲), 顏何(冉)을 가리킴. 모두가 魯나라 사람으로 孔子의 제자였음.《史記》仲尼弟子列傳 참조.

【顔高】 春秋시대 魯나라 사람. 齊나라를 공격하다가 죽음.《左傳》定公 8년 참조.

【顔息】 역시 春秋시대의 兵士.《左傳》定公 8년 참조.

【顔羽】 春秋시대 魯나라 병사.《左傳》哀公 11년 참조.

【顔涿聚】 田成子에게 간언을 했던 春秋末期의 人物.《韓非子》十過篇 七日離內遠遊 참조.

【顔㝡】 戰國시대 齊나라 장수. 㝡는 最와 같음. 그러나 다른 기록에는 顔聚로 되어 있음.《史記》趙世家에「幽繆王遷七年, 秦人攻趙, 趙大將李牧, 將軍司馬尙, 將擊之. 李牧誅, 司馬尙免, 趙忽及齊, 將顔聚代之. 趙忽軍破, 顔聚亡去」라 함.

【顔良】 三國시대 袁紹의 部將. 원소가 黎陽을 칠 때, 안량을 시켜 白馬에서 劉延을 공격, 이에 曹操가 유연을 구하고 안량을 참수함.《三國志》魏書 袁紹傳 참조.

【顔延之】 자는 延年. 南朝 宋나라의 文人. 그는 군인이었던 적이 없어 錢大昕은 顔延이라는 다른 사람이 있었을 것으로 보았음.

【顔駟】 구체적으로 알 수 없음. 趙曦明은《漢武故事》를 인용하여「顔駟, 不知何許人, 文帝時爲郎, 歷文景武帝三世, 是以有三世不遇之歎」이라 함.

【顔忠】 東漢 明帝 永平13(A.D.70)년 楚王 劉英과 漁陽王 劉平·顔忠 등이 圖書를 변조하여 역모를 꾀한다는 밀고로 유영은 자살하고, 이 사건에 휘말려 천여 명이 죽음을 당함.《後漢書》楚王英傳 참조.

【顔俊】 三國시대 안준·和鸞·黃華·麴演 등이 동시에 반란을 일으켜 장군으로 칭하며 서로 공격하였음. 뒤에 안준은 끝내 피살됨.《三國志》魏書 張旣傳 참조.

【力聞】 孔子가 城門을 들어 올리는 힘이 있었다는 고사는 劉知幾의《史通》雜說(上)에「昔孔子力可翹關, 不以力稱」이라 하였고, 그 외에《列子》說符篇·《呂氏春秋》愼大篇·《淮南子》主術訓·道應訓,《論衡》效力篇 등에도 실려 있음.

158
(14-2) 전쟁도 학문의 바탕이 있어야

　나라의 흥망이나 전쟁의 승패는 넓은 학문이 어느 정도 이른 다음에야 토론할 수 있는 것이다. 만약 군대의 막사에 있거나 묘당廟堂의 국정에 참여하는 지위이면서, 임금을 위해 규정을 다하여 사직의 모책을 짜내지 못한다면, 이는 군자가 부끄럽게 여겨야 할 일이다. 그러나 매번 문사文士를 볼 때마다 병서兵書도 제대로 읽지 않으며 책략도 미약하다.

　만약 태평 시대라면 궁전 뒷문이나 엿보아 남의 재앙을 자신의 행복으로 여기고, 남의 화환을 즐거워하면서 제일 먼저 반역의 길로 내달아 선량한 사람이 휩쓸리게 한다.

　그리고 만약 전쟁 중인 시대라면 선동을 꾸미며 이를 반복하고 종횡으로 유혹하여 끌어들이고는, 존망의 이치도 모르면서 억지로 누구를 내세워 추대하기도 한다. 이는 모두가 함신멸족陷身滅族의 근본이다. 경계할지니라! 경계할지니라!

　國之興亡, 兵之勝敗, 博學所至, 幸討論之. 入帷幄之中, 參廟堂之上, 不能爲主盡規以謀社稷, 君子所恥也. 然而每見文士, 頗讀兵書, 微有經略. 若居承平之世, 睥睨宮闈, 幸災樂禍, 首爲逆亂, 註誤善良; 如在兵革之時, 構扇反覆, 縱橫說誘, 不識存亡, 强相扶戴: 此皆陷身滅族之本也. 誡之哉! 誡之哉!

【帷幄】 원래 군중의 장막. 여기서는 직접 가지 않고도 문책으로써 승리함을
뜻함.《漢書》高帝紀에「夫運籌帷幄之中, 決勝千里之外, 吾不好子房」이라 함.
【扶戴】 보좌하여 임금이 되도록 추대함.

159
(14-3)
독서하지 않는 무인은
밥통, 술 단지에 불과하다

다섯 가지 병법을 익히고 말 타기까지 뛰어나다면 진정 무부武夫라 칭할 수 있으리라. 그러나 오늘날의 사대부들은 단지 독서하지 않는 자라면 곧 무부라 칭하니, 이들은 밥주머니나 술 단지 같은 이들이다.

習五兵, 便乘騎, 正可稱武夫爾. 今世士大夫, 但不讀書, 卽稱 武夫兒, 乃飯囊酒甕也.

【五兵】 다섯 가지 병기. 戈· 殳·戟·酋矛·夷矛라 함. 【飯囊酒甕】 쓸모 없는 인 간을 뜻함. 王充《論衡》 別通篇에「腹爲飯坑, 腸爲 酒囊」이라 함.

〈伏生授經圖〉 王維(唐) 일본 오사카시립미술관 소장

15. 양생養生

　본편은 양생養生문제를 다루고 있다. 건강과 장수에 대한 욕구는 당시에도 상당히 중요한 일이었다. 당시 유행하던 수도성선修道成仙의 논리를 부정하고 있지는 않으나 현실의 여러 제약을 모두 뿌리치고 양생에 전념한다고 해서 득도할 수도 없음을 분명히 하고 있다.
　한편 작자는 현실적인 수양법을 매우 중시하고 있으며, 약물의 오용보다 탐욕을 버리고 자연에 순응할 것 등, 중도적인 입장을 취하고 있다.

〈竹林七賢圖〉(淸) 華嵒(畫)

160
(15-1) 신선술神仙術이 속임수는 아니지만

　신선神仙에 관한 일이라고 해서 모두 속임수라고 할 수는 없다. 다만 생명이란 하늘에 달린 것으로, 혹 이러한 기회를 만나 거기에 몰두하기가 어려울 뿐이다. 사람이 세상에 살면서 가는 곳마다 얽매이니 젊은 시절엔 부모 공양을 부지런히 해야 하고, 성년이 되어서는 처자의 얽매임이 늘어난다. 의복과 음식을 마련해야 하고, 공사公私에 쫓기고 부림을 당한다. 그러나 산림 속에 은둔하여 세상 진재塵滓에 초연하기를 바라지만 천명, 만 명 중에 이러한 경지를 만나는 자는 하나도 없다. 게다가 금옥金玉의 비용과 노기鑪器등 필요한 물건도 더해야 하니, 가난한 선비로서는 더욱 해낼 수가 없다. 학문을 한다는 사람은 우모牛毛처럼 많지만 성취를 이룬 사람은 인각麟角만큼이나 적다. 화산華山 아래 백골이 초망草莽처럼 많건만 어디에 가히 성취할 신선술 이치라는 것이 있겠는가?

　내교內教, 불교를 상고해 보건대 비록 선술을 터득하였다 해도 끝내는 죽는 것이며, 이 세속의 굴레를 벗어나는 것은 아니다. 그러니 너희들이 이러한 것에 매달려 온 정신을 쏟는 것이라면 나는 원하지 않는다. 만약 신명神明을 수양하기를 좋아하여 기식氣息을 조양調養하며, 기와 起臥를 신중히 조절하고, 추위와 더위를 적절히 하고, 음식의 금기를 살피며, 약물藥物을 잘 다스려 타고난 품기稟氣를 완수하여 요절夭折하지 않고자 하는 일이라면 나는 간섭하지 않겠다. 여러 가지 약이법藥餌法은 세상의 의무를 저버리지 않는 범위 내에서 하라.

유견오庾肩吾는 항상 괴실槐實을 복용하여 나이 70이 넘어서도 눈으로 작은 글씨를 볼 수 있었고, 수염과 머리카락은 오히려 검어졌다.

업중鄴中의 조정 선비들은 행인杏仁, 구기枸杞, 황정黃精, 출术, 차전車前 등 약초를 단복單服하여 효과를 본 자가 심히 많아 일일이 설명할 수가 없다.

나는 일찍이 이가 아파 고생을 하였는데 흔들려 빠지려 하였고, 음식 중에 더운 것, 찬 것은 모두가 시리고 아파 고생을 하였다.

그런데 《포박자抱朴子》의 뇌치법牢齒法을 보니, 이른 아침에 이를 3백 번 마주치면 그나마 좋은 성과가 있다 하였다. 이를 며칠 실행해 보았더니 문득 편안해 졌으며, 지금도 늘 이러한 방법을 계속하고 있다.

이러한 몇몇 작은 기술은 일상생활에는 아무런 방해가 되지 않으니 역시 수양해 볼 만하다.

무릇 이약餌藥을 사용하고자 한다면 도은거陶隱居, 陶弘景의 《태청방太淸方》이라는 책의 여러 기록에 아주 자세히 실려 있다.

그러나 오직 정밀히 살펴야지 가볍게 마구 복용해서는 안 된다. 근래 왕애주王愛州는 업鄴에서 송지松脂를 복용하는 법을 배웠으나, 절도에 맞게 하지 않았다가 장이 막혀 죽었다. 약을 잘못 알고 쓰는 예도 심히 많다.

神仙之事, 未可全誣; 但性命在天, 或難鍾値. 人生居世, 觸途牽縶: 幼少之日, 旣有供養之勤; 成立之年, 便增妻孥之累. 衣食資須, 公私驅役; 而望遁跡山林, 超然塵滓, 千萬不遇一爾. 加以金玉之費, 鑪器所須, 益非貧士所辦. 學如牛毛, 成如麟角. 華山之下, 白骨如莽, 何有可遂之理? 考之內敎, 縱使得仙, 終當有死, 不能出世, 不願汝曹專精於此. 若其愛養神明, 調護氣息, 愼節

起臥, 均適寒暄, 禁忌食飲, 將餌藥物, 遂其所稟, 不爲夭折者,
吾無間然. 諸藥餌法, 不廢世務也. 庾肩吾常服槐實, 年七十餘,
目看細字, 鬢髮猶黑. 鄴中朝士, 有單服杏仁·枸杞·黃精·
朮·車前得益者甚多, 不能一一說爾. 吾嘗患齒, 搖動欲落, 飲食
熱冷, 皆苦疼痛. 見《抱朴子》牢齒之法, 早朝叩齒三百下爲良;
行之數日, 卽便平愈, 今恆持之. 此輩小術, 無損於事, 亦可脩也.
凡欲餌藥, 陶隱居《太淸方》中總錄甚備, 但須精審, 不可輕脫.
近有王愛州在鄴學服松脂, 不得節度, 腸塞而死, 爲藥所誤者甚多.

【鍾値】 때맞추어 집중적으로 만남.
【塵滓】 세상의 티끌과 찌꺼기.
【鑪器】 道家의 養生에 쓰이는 각종 도구.
【華山】 西嶽. 太華山이라고도 하며 많은 이들이 도를 구하기 위해 은거하지만
　득도했다는 사람은 적음. 그 때문에 속담에「太華之下, 白骨狼籍」라 함.《抱朴子》
　登涉篇 참조.
【草莽】 풀과 같이 흔함을 뜻함.
【藥餌法】 약물이나 음식으로 양생을 실천함을 말함.
【内敎】 본《顔氏家訓》에서는 道敎와 佛敎의 經을 内敎라 불렀음.
【庾肩吾】 남조 梁나라 때의 문학가로 庾信의 부친이며 자는 子愼, 혹은 愼之.
　書法 理論에 뛰어나《書品》을 지음.《南史》庾易傳 참조.
【槐實】 오래 복용하면『明目通神, 白髮還黑』의 효험이 있다 함.《本草綱目》
　槐實 참조.
【杏仁】 살구씨. 仁은 열매 중에 껍질을 벗겨 하얗게 된 모습. 杏仁은『潤肺,
　消食積, 散滯氣, 老而建壯, 心力不倦』등의 효능이 있다 함. 性熱降氣하여 久服할
　수 없다 함.《本草綱目》 참조.
【枸杞】 구기자.『除邪熱, 明目輕身』등의 효능이 있다 함.

【黃精】『補中益氣, 除風濕, 安五臟』 등의 효능이 있다 함.

【朮】 삽주 뿌리 靑朮과 白朮이 있으며 『止汗除熱』이 있어 『風寒濕痺, 死肌』 등의 치료에 쓰임.

【車前】 질경이. 『利尿除濕』 등의 효능이 있음. 이상 《本草綱目》을 볼 것.

【牢齒之法】 이를 튼튼히 하는 법.《抱朴子》內篇 雜應에 『或問堅齒之道, 抱朴子 曰:「能養以華池, 浸以醴液, 淸晨建齒三百過者, 永不搖動.」』이라 함.

【陶隱居】 陶弘景을 가리킴. 자는 通明. 남조 梁나라 때의 隱者로 句曲山에 은거 하여 스스로 『華陽隱居』라 불렸음.《梁書》陶弘景傳 참고. 한편 《隋書》 經籍志 에는 『《太淸草木集要》二卷, 陶隱居撰』으로 저록되어 있음.

【王愛州】 성이 王씨인 愛州刺史의 어떤 인물. 愛州는 지명으로 지금의 베트남 북쪽.

【松脂】 松膏라고도 하며 『癰疽惡瘡』의 치료, 五臟의 보호, 除熱 등에 쓰임.《本草 綱目》 참조.

161
(15-2) 생명이 있고 양생술養生術이 있는 법

무릇 양생養生이란 모름지기 뒤에 미칠 화를 먼저 고려하여 몸과 심성을 보존해야 한다. 생명이 있은 연후에야 이를 양생할 수 있는 것이니, 양생을 하느라 생명의 안위를 무시하는 일을 하지 말 것이니라. 선표單豹는 몸 안을 양생한다고 하다가 몸 밖을 잃었고, 장의張毅는 몸 밖을 수양하다가 몸 안을 잃었다. 이는 지난날 어진 이들이 경계하던 바이다. 그리고 혜강嵇康은 〈양생론養生論〉을 지었으나 남에게 오만하게 굴다가 사형을 당하였고, 석숭石崇은 복식服食의 징험徵驗을 너무 믿다가 탐욕에 빠져 화를 당하고 말았다. 이는 지난날의 미혹하였던 일들이다.

夫養生者先須慮禍, 全身保性, 有此生然後養之, 勿徒養其無生也. 單豹養於內而喪外, 張毅養於外而喪內, 前賢所戒也. 嵇康著〈養生之論〉, 而以傲物受刑; 石崇冀服餌之徵, 而以貪溺取禍, 往世之所迷也.

【單豹】춘추시대 魯나라 隱者. '선표'로 읽음.
【張毅】역시 춘추시대 魯나라 隱者. 이상《莊子》達生篇 참조.
【養生論】嵇康이 지은 글. 혜강은 삼국시대 魏나라 인물. 竹林七賢의 하나. 그의
　〈양생론〉은《文選》에 수록되어 있음《文選》李善 주에『嵇喜爲康傳曰:

『康, 性好服食, 常采御上藥, 以爲神仙稟之自然, 非積學所致. 至於導養得理, 以盡性命, 若安期彭祖之倫, 可以善求而得也. 著〈養生論〉』이라 함.《晉書》嵇康傳 참조.

【石崇】 자는 季倫. 晉나라 때의 부호로 金谷園에 큰 저택을 짓고 살았음.《晉書》石崇傳 참조. 한편《文選》(45)의 〈思歸引〉序에『又好服食咽氣, 志在不朽, 慨然有凌雲之操』라 하였고, 주에『服食, 求神仙. 向曰:「服食咽氣, 志在不朽, 謂長生也.」操, 猶志也』라 함.

162
(15-3) 목숨을 어디에 쓰겠는가

　무릇 목숨이란 아끼지 않을 수 없는 것이기는 하나 그렇다고 구차스럽게 아껴서도 안 된다. 험외險畏한 길을 간섭하거나 화난禍難의 일에 간여하면서, 탐욕으로 인해 목숨을 다치게 하거나 아첨과 사특함을 부리다가 죽음을 초래하는 일, 이러한 것은 군자로서 목숨이 아깝다고 여겨야 할 일이니라. 그러나 충성과 효도를 실행하느라 적해賊害를 입거나, 인의仁義를 실천하다가 죄를 얻을 수 있다. 그러나 자신을 상실하면서까지 집안을 온전히 하며, 제 몸 아끼지 않고 나라를 구제하다가 잃은 목숨은 군자로서 원망함이 없어야 한다. 전쟁과 이산이 있은 이래 내가 본 명신현사名臣賢士들은 난에 임해 제 살길 찾기에 바빠 끝내 구제하려 들지 않고, 한갓 군색한 치욕을 입고 사람에게 분노만 사고 만다.

　후경侯景의 난에 왕공장상王公將相은 많은 수가 죽음의 치욕을 당하였고, 비주희첩妃主姬妾은 온전한 자가 거의 없었다. 오직 오군태수吳君太守 장승張嵊만은 의롭게 일어섰으나, 도리어 이기지 못하고 적에게 해를 입었지만 사색辭色에 굴복함이 없었다. 그리고 파양왕鄱陽王 세자世子의 사부인謝夫人은 집 위로 올라가 적을 향해 꾸짖고 소리치다가 화살을 맞고 죽었다. 이 부인은 바로 사준謝遵의 딸이었다. 현명하고 지혜롭다는 자는 행동을 지키기가 어찌 이처럼 어렵고, 비첩 같은 아녀자는 결단을 하기가 어찌 이리 쉬운가? 슬프도다!

夫生不可不惜, 不可苟惜. 涉險畏之途, 干禍難之事, 貪欲以傷生, 讒慝而致死, 此君子之所惜哉; 行誠孝而見賊, 履仁義而得罪, 喪身以全家, 泯軀而濟國, 君子不咎也. 自亂離已來, 吾見名臣賢士, 臨難求生, 終爲不救, 徒取窘辱, 令人憤懣. 侯景之亂, 王公將相, 多被戮辱, 妃主姬妾, 略無全者. 唯吳郡太守張嵊, 建義不捷, 爲賊所害, 辭色不撓; 及鄱陽王世子謝夫人, 登屋詬怒, 見射而斃. 夫人, 謝遵女也. 何賢智操行若此之難? 婢妾引決若此之易? 悲夫!

【侯景】 자는 萬景, 南朝 梁나라 때 인물로 말을 잘 탔으며, 원래 北魏 爾朱榮의 장군이었으나 高歡에게 귀의했다가 고환이 죽자 다시 梁나라에 귀의, 梁 武帝가 그를 河南王에 봉해주었음. 그러나 그 곳에서 난을 일으켜 무제가 결국 그의 포위로 굶어죽고 말았음. 후경은 자립하여 漢帝라 칭하며 長江 하류 지역을 점거하였다가 뒤에 그는 결국 王僧辯에게 토벌되었음. 이를 역사적으로 『侯景之亂』이라 함. 《梁書》侯景傳 참조.
【張嵊】 자는 四山. 아버지가 靑州에서 士民에게 遇害를 입자 종신토록 布衣로 蔬食하며 살았음. 吳興太守를 역임하기도 하였으며, 侯景의 난을 토벌하러 나섰다가 전사하였음. 시호는 忠貞.《梁書》張嵊傳 참조.
【鄱陽王】 蕭恢 자는 弘達. 太祖(蕭衍)의 9째 아들. 그의 世子로는 蕭範(자는 世儀), 蕭嗣(長胤)가 있었음.《梁書》太祖五王傳 참조. 그의 처자가 포로가 된 사건은《南史》梁宗室(下)를 볼 것.
【引決】 自殺을 뜻함.

16. 귀심歸心

　본편은 자신의 불교佛教에 대한 인식과 견해를 전문적으로 다루고 있다. 전래의 유학儒學과 불교의 충돌, 일반인의 불교에 대한 부정적인 시각 등에 전편을 할애하고 있다.

　특히 불교에 대한 비방의 다섯 가지 문제를 조목별로 하나씩 해명하여, 승려의 수도와 현실적인 제약에서 빚어지는 어려움을 옹호하는 입장에서 풀어가고 있다.

〈繁塔磚〉(북송)

163
(16-1) 전생, 현생, 내세

과거, 현재, 미래의 삼세三世의 일은 믿을 만하기도 하고 증거도 있다. 우리 집안은 대대로 이에 귀의할 마음이 있었으니 경홀히 하거나 태만히 하지 않도록 하라. 그들 사이의 오묘한 이치는 여러《경론經論》에 실려 있어 여기서 다시 거론하지 않고 찬술할 기회도 적었다. 다만 너희들이 아직 믿음이 굳건하지 못할까 두려워 이에 대략 거듭하여 권유할 따름이다.

白雙咀造石塔 十六國 甘肅 酒泉 출토

三世之事, 信而有徵, 家世歸心, 勿輕慢也. 其間妙旨, 具諸《經論》, 不復於此, 少能讚述; 但懼汝曹猶未牢固, 略重勸誘爾.

【三世】佛敎에서 말하는 前生・現生・來世를 뜻함.
【經論】佛經의 내용. 趙曦明은 『內典經, 律, 論各一藏, 謂之三經』이라 하였음.

　　본원本原을 보면 무릇 사진四塵·오음五廕은 세상의 만물을 분석하는 것이요, 육주六舟·삼가三駕는 중생을 실어 나르는 것이다. 중생의 온갖 계행戒行은 공空으로 귀결되는 것이며, 천 가지 문을 통해 선연善緣을 맺으니, 그 웅변의 재주와 지혜가 어찌 한갓 유가의 칠경七經이나 제자백가諸子百家만을 광박廣博하다 하겠는가?

　　명백하게 요堯·순舜·주공周公·공자孔子가 미칠 수 있는 바가 아니다. 내교內敎 불교와 외교外敎 유가는 본래 하나였으나 점차 차이가 생겼고, 심천深淺이 다르다. 불교 경전의 초급 단계에 설정된 다섯 가지 금기는 유가 경전의 인의예지신仁義禮智信과 모두 부합한다. 인仁이란 살생하지 말라는 금기요, 의義란 도적질하지 말라는 금기요, 예禮란 사악하게 굴지 말라는 금기이며, 지智란 술 먹지 말라는 금기이며, 신信이란

碑刻畵 〈達摩渡江圖〉 少林寺 碑

마구하지 말라는 금기이다.

　전렵이나 군려軍旅·연향燕享·형벌刑罰 같은 경우에 이르러서는 백성의 본성에 근거하여 갑작스럽게 없앨 수 있는 것이 아니니, 그 절도에 맞게 하여 음람淫濫하지 않게 하면 그뿐이다. 그러나 주공과 공자를 존중한다고 불교의 종지를 배반한다면 이 역시 얼마나 미혹한 일이겠는가!

　原夫四塵五廕, 剖析形有; 六舟三駕, 運載羣生, 萬行歸空, 千門入善, 辯才智惠, 豈徒七經·百氏之博哉? 明非堯·舜·周·孔所及也. 內外兩教, 本爲一體, 漸積爲異, 深淺不同. 內典初門, 設五種禁; 外典仁義禮智信, 皆與之符. 仁者, 不殺之禁也; 義者, 不盜之禁也; 禮者, 不邪之禁也; 智者, 不酒之禁也; 信者, 不妄之禁也. 至如畋狩軍旅, 燕享刑罰, 因民之性, 不可卒除, 就爲之節, 使不淫濫爾. 歸周·孔而背釋宗, 何其迷也!

【四塵五廕】 佛敎에서는 色·香·味·觸을 『四塵』이라 하고, 色·受·想·行·識을 『五廕』이라 한다 함.《楞嚴經》(1, 2) 참조.

【六舟三駕】 『六舟』는 六波羅密을 뜻함. 六度라고도 하며, 布施·接戒·忍辱·精進·禪定·智慧를 말함.『三駕』는 三乘, 三車라고도 하며 聲聞乘·緣覺乘·菩薩乘을 말함.

【七經】 儒家의 經典을 말하며 東漢때 돌에 새긴 七石經, 즉《易》,《詩》,《書》,《儀禮》,《春秋》,《公羊》,《論語》를 가리킴.

【內外兩敎】 당시 佛敎를 內敎, 儒學을 外敎로 불렀음.

【五種禁】 다섯 가지 금기하는 계율. 五戒를 뜻함. 不殺生·不偸盜·不邪淫·不妄語·不飮酒食肉을 말함.

165
(16-3)
불교에 대한 다섯 가지 비방

세속에서 불교를 비방하는 것은 대체로 다음 다섯 가지 이유 때문이다.

첫째, 인간 세계 밖의 사건 및 신화무방神化無方한 일은 우탄迂誕하다고 여기는 것이다.

둘째, 길흉화복에 혹 보응報應이 없으니 이를 속임수라는 것이다.

셋째, 승니僧尼의 행업行業이 정순精純하지 못함이 많으니 이를 간특姦慝함으로 여기는 것이다.

넷째, 금은보배를 허비하고 과역課役을 감해주어야 하니 이는 나라에 손해를 끼친다고 여기는 것이다.

다섯째, 비록 인연에 따라 선악에 대한 응보가 있다 해도 어찌하여 현세의 고생하는 갑이라는 사람이 후세에 이익을 누리는 을이라는 사람이 될 수 있겠는가? 이는 전혀 다른 사람이라 여기는 것이다. 이제 이를 아울러 아래에 설명해 보겠다.

俗之謗者, 大抵有五: 其一, 以世界外事及神化無方爲迂誕也, 其二, 以吉凶禍福或未報應爲欺誑也, 其三, 以僧尼行業多不精純爲姦慝也, 其四, 以糜費金寶減耗課役爲損國也, 其五, 以縱有因緣如報善惡, 安能辛苦今日之甲, 利益後世之乙乎? 爲異人也. 今並釋之於下云.

【迂誕】 우활하고 방탄함.

【金寶】 재물, 금은보화.

【課役】 세금과 부역 등 나라를 위해 일반 백성이면 누구나 해야 하는 의무.
이러한 의무가 승려에게는 없음을 말함.

【因緣】 불교에서 말하는 因果應報 및 만물과의 時空의 만남.

鎏金銅觀音造像(吳越) 1958 浙江 金華 萬佛塔 基壇 출토

166
(16-4)
허탄한 논리라는 데에 대한 해명

첫 번째에 대한 해명이다.

무릇 아득하고 큰 물체를 어찌 감히 측량할 수 있겠는가? 지금 사람들이 알고 있는 바는 하늘과 땅만 한 것이 없다. 하늘은 기氣가 쌓인 것이며, 땅은 흙덩이가 쌓인 것이다. 해는 양陽의 정精이며, 달은 음陰의 정이며, 별은 만물의 정이다. 이는 유가儒家에서도 인정하고 있다. 별이 떨어져 돌이 되지만 정精이 돌이라면 빛을 발할 수가 없고, 성질 또한 무거우니 도대체 어디에 연계되어 소속되었던 것인가? 별 하나의 직경은 큰 것은 1백 리나 되고 별자리 하나의 머리에서 꼬리까지는 그 거리가 수만 리나 된다. 직경 1백 리나 되는 물건에 수만 리나 떨어져 서로 연결되어 있으면서 활협종사闊狹從斜가 언제나 일정하여 영축盈縮함이 없다.

또한 별과 일월은 형태와 색깔이 같은 것일 뿐이며, 단지 그 크기에 따라 차등이 있다. 그렇다면 해와 달도 의당 돌이어야 하는가? 돌이란 이미 굳고 단단하니 오토烏兎가 어찌 살 수 있겠는가? 돌이 기氣 속에 있으면서 어찌 능히 홀로 운행할 수 있겠는가? 일월성진日月星辰이 만약 모두 이러한 것이라면, 기는 가볍게 뜨는 것이니 마땅히 하늘과 합하여 왕래와 환전環轉에 착오나 위배됨이 없이 그 사이에서의 늦고 빠른 속도가 이치로 보아 같아야 할 것이다. 그런데 어찌하여 일월과 오성五星·이십팔수二十八宿는 각각 그 도수度數가 있고 이동이 균등하지 못한가?

차라리 기氣가 추락할 때 갑자기 돌로 변한다고 할 수 있을까? 땅이 이미 찌꺼기와 탁한 것으로 되어 있다면, 법으로 보아 응당 깊이 가라앉아야 할 것인데 땅을 파서 샘을 얻으니 이는 물위에 떠 있는 셈이다. 물이 쌓인 아래쪽은 다시 무슨 물건이 받치고 있는가? 강하江河와 온갖 골짜기는 어디서부터 생겨난 것인가? 동으로 흘러 바다에 이르는데 어찌하여 바다는 넘치지 않는가? 귀당歸塘과 미려尾閭는 그 물을 어디로 새게 하는가? 옥초산沃焦山의 돌은 무슨 기가 그렇게 만든 것이며, 조수潮水와 석수汐水가 일정하게 갔다 되돌아오는 것은 누가 이를 조절하는 것인가? 은하수에 매달린 손가락 같은 별은 어찌하여 흩어지거나 떨어지지 않는가? 물은 아래로 흐르는 성질이 있는데 어찌하여 위로도 치솟는가? 천지가 처음 개벽된 때 즉시 성수星宿가 있었지만 구주九州는 아직 나누어지지 않았고, 열국列國도 분화되지 않았었다. 이 강역을 나누고 분야分野를 구분할 때, 천상의 별은 무슨 궤도처럼 운행되었는가? 봉건封建 이래로 누가 무슨 근거로 분할하였는가? 나라의 숫자가 증감되어도 별은 진퇴가 없고, 재상화복災祥禍福은 그에 적중하여 차이가 없으며, 천상天象은 크고 열성列星은 많은데 어찌하여 분야는 오직 중국中國에만 적용되는가? 묘성昴星은 모두旄頭라고도 하며 흉노匈奴의 분야가 되고, 서호西胡·동월東越과 조제雕題·교지交阯는 어찌하여 해당하는 분야가 없는가?

이런 것으로 찾아보아 더 이상 끝이 없다고 해서 어찌 인사人事의 평범한 일상으로써 우주宇宙 밖의 일도 반드시 어떻다고 헤아릴 수 있겠는가?

釋一曰: 夫遙大之物, 寧可度量? 今人所知, 莫若天地. 天爲積氣, 地爲積塊, 日爲陽精, 月爲陰精, 星爲萬物之精, 儒家所安也. 星有墜落, 乃爲石矣; 精若是石, 不得有光, 性又質重, 何所繫屬? 一星之徑, 大者百里, 一宿首尾, 相去數萬; 百里之物, 數萬相連,

闊狹從斜, 常不盈縮. 又星與
日月, 形色同爾, 但以大小爲
其等差; 然而日月又當石也?
石旣牢密, 烏兔焉容? 石在
氣中, 豈能獨運? 日月星辰,
若皆是氣, 氣體輕浮, 當與天
合, 往來環轉, 不得錯違, 其
間遲疾, 理宜一等; 何故日月
五星二十八宿, 各有度數, 移
動不均? 寧當氣墜, 忽變爲
石? 地旣淬濁, 法應沈厚, 鑿
土得泉, 乃浮水上; 積水之
下, 復有何物? 江河百谷, 從

《사기》清 武英殿 간행 〈二十四史〉본

何處生? 東流到海, 何爲不溢? 歸塘尾閭, 漯何所到? 沃焦之石,
何氣所然? 潮汐去還, 誰所節度? 天漢懸指, 那不散落? 水性
就下, 何故上騰? 天地初開, 便有星宿; 九州未劃, 列國未分,
翦疆區野, 若爲躔次? 卦建已來, 誰所制割? 國有增減, 星無進退,
災祥禍福, 就中不差; 乾象之大, 列星之夥, 何爲分野, 止繫中國?
昴爲旄頭, 匈奴之次; 西胡·東越, 彫題·交阯, 獨蒙之乎? 以此
而求, 迄無了者, 豈得以人事尋常, 抑必宇宙外也?

【遙大之物】 이 구절은 《法苑珠林》(4) 및 《廣弘明集》(3) 등에 자세히 실려
있음.
【天爲積氣】 이는 《列子》 天瑞篇 『杞憂』 故事의 구절임. 《列子》 天瑞篇에
『杞國有人憂天地崩墜, 身亡所寄, 廢寢食者; 又有憂彼之所憂者, 因往曉之, 曰:

「天積氣耳, 亡處亡氣. 若屈伸呼吸, 終日在天中行止, 奈何憂崩墜乎?」 其人曰:
「天果積氣, 日月星宿, 不當墜耶?」 曉之者曰: 「日月星宿, 亦積氣中之有光耀者;
只使墜, 亦不能有所中傷.」 其人曰: 「奈地壞何?」 曉者曰: 「地積塊耳, 充塞四虛,
亡處亡塊. 若躇步跐蹈, 終日在地上行止, 奈何憂其壞?」 其人舍然大喜, 曉之者亦
舍然大喜. 長盧子聞而笑之曰: 「虹蜺也, 雲霧也, 風雨也, 四時也, 此積氣之成乎天
者也. 山岳也, 河海也, 金石也, 火木也, 此積形之成乎地者也. 知積氣也, 知積
塊也, 奚謂不壞? 夫天地, 空中之一細物, 有中之最巨者. 難終難窮, 此固然矣;
難測難識, 此固然矣. 憂其壞者, 誠爲大遠; 言其不壞者, 亦爲未是. 天地不得不壞,
則會歸於壞. 遇其壞時, 奚爲不憂哉?」 子列子聞而笑曰: 「言天地壞者亦謬, 言天
地不壞者亦謬. 壞與不壞, 吾所不能知也. 雖然, 彼一也, 此一也. 故生不知死, 死不
知生; 來不知去, 去不知來. 壞與不壞, 吾何容心哉?」」라 함.

【日爲陽精】 漢代 陰陽家의 학설. 《說文解字》에 『日, 實也, 太昜之精; 月, 闕也,
太陰之精; 星, 萬物之精, 上爲列星』이라 함.

【闊狹從斜】 땅의 넓고 좁음과 쏠리고 기움을 말함.

【烏兔】 고대 전설에 해에는 까마귀가 살고, 달에는 토끼가 살고 있다고 믿어
해를 『金烏』, 달은 『玉兔』라 불렀음.

【五星】 五緯라고도 하며 金, 木, 水, 土의 다섯 가지 별을 가리킴.

【二十八宿】 지구 적도 범위 안의 28개 별자리. 고대인은 이를 근거로 날짜와
일월의 운행을 관측하였다 함. 28수는 서쪽에서 동쪽으로 배열되며 동서남북
각 7개의 星宿가 있음.
東方은 角, 方, 氐, 房, 心, 尾, 箕이며 蒼龍을 상징함.
北方은 斗, 牛, 女, 虛, 危, 室, 壁이며 玄武를 상징함.
西方은 奎, 婁, 胃, 昴, 畢, 觜, 參이며 白虎를 상징함.
南方은 井, 鬼, 柳, 星, 張, 翼, 軫이며 朱雀을 상징함.

【各有度數】 《尙書》 堯典 正義에 「六歷諸緯與周髀皆云, ……『日行一度, 月行
十三度十九分度之七.』」라 하였으며, 《漢書》 律曆志에는 『金, 水皆日行一度,
木日行七百二十八分度之百四十五, 土日行四千三百二十分度之百四十五, 火日
行萬三千八百二十四分度之七千三百五十五. 又三十八宿所載黃赤道度各不同』
이라 하였음.

【乃浮水上】 《晉書》 天文志에 『天在地外, 水在天外, 水淨天而載地者也』라
하였음.

【歸塘尾閭】 歸塘은 歸墟와 같음. 《列子》湯問篇에 보이며, 주에 「或作歸塘, 莊子云尾閭」라 함. 한편 尾閭는 《莊子》秋水篇에 보이며, 모두 바닷물이 새어 들어가는 곳으로써 너비가 4만리, 두께가 4만리 되는 돌이라 함.

【沃焦】 전설 속의 海中火山. 《玄中記》에 『天下之强者, 東海之沃焦焉. 沃焦者, 山名也. 在東海南三萬里, 海水灌之而卽消』라 함.

【潮汐】 밀물과 썰물.

【躔次】 日月星辰의 軌道, 軌迹.

【分野】 하늘의 별자리를 땅의 지역과 나누어 대비시킨 것.

【封建】 고대 제왕이 작위와 토지를 주어 天子(帝王)를 보위토록 하는 제도. 전설상 黃帝가 시작하였다 함. 周나라 때 이르러 완비되었고, 秦나라 통일 후에는 郡縣制를, 漢나라 이후는 이의 절충형인 郡國制를 실시하였음.

【止繫中國】 分封 혹은 分野의 지역을 天球의 별과 연결시켜 상징하는 방법. 《周禮》春官 保章氏에 『天星以志星辰日月之變動, 以觀天下之遷, 辨其吉凶, 以星土辨九州之地所封, 封域皆有分星, 以觀妖祥』이라 하였음.

【昴爲旄頭】 《史記》天官書에 『昴, 畢間爲天街』라 하고, 正義에 『天街二星, 在畢·昴間, 主國界也. 街南爲畢夏之國, 街北爲夷狄之國』이라 하여 흉노 지역에 해당함을 뜻함.

【彫題】 남방 이민족이 이마에 문신을 그리는 습속을 뜻함. 《後漢書》南蠻傳에 『《禮記》稱南方曰蠻. 雕題, 交阯, 其俗男女同川而浴, 故曰交阯』라 함.

167
(16-5) 한 무제는 속현교續弦膠를 믿지 않았다

평범한 사람의 믿음이란 오직 귀로 듣고 눈으로 본 것에 한할 뿐, 귀나 눈 밖의 일에 대해서는 누구나 의심을 갖게 된다.

유가儒家에서 설명하는 하늘은 몇 가지가 있다. 혹 혼천설渾天說과 개천설蓋天說이 있고, 잠시 선야설宣夜說이 있었다가 다시 안천설安天說이 유행하기도 하였다. 또 북두칠성이 북극성을 도는 것은 그 두추斗樞를 축으로 한다고 하였다. 만약 사람이 직접 그 축을 볼 수 있다면 이렇게 서로 다른 것을 용인할 수 없을 것이다. 이것이 추측한 것에 불과하다면

漢武帝(劉徹)

어찌 족히 믿을 수 있는 것이겠는가? 그런데 무슨 이유로 보통 사람의 억설臆說을 믿으면서 대성大聖 불법의 묘지妙旨는 의혹을 가지며, 항사恒沙와 같은 수많은 세계와 티끌 수만큼 많은 겁劫의 시간은 없기를 요구하는가? 추연鄒衍 역시 구주九州에 대한 이론이 있었다. 그러나 산 속에 사는 사람은 나무만큼 큰 물고기가 있다는 것을 믿지 못하고, 바닷가에 사는 사람은 물고기만큼 큰 나무가 있다는 것을 믿지 못한다.

한漢 무제武帝는 끊어진 활줄을 잇는 아교풀을 믿지 않았고, 위魏 문제文帝는

불에 세탁하는 옷감을 믿지 않았다. 호인胡人은 비단을 보고 이것이 벌레가 나무를 먹고 실을 토해낸 것으로 짠 것임을 믿지 못한다. 옛날 강남江南 사람들은 1천 명이 들어갈 수 있는 털로 짠 장막이 있다는 것을 믿지 못하였다. 나도 하북河北에 와서야 이곳 사람들은 곡식 2만 곡을 실을 수 있는 배가 있음을 믿지 못한다는 것을 알았다. 그러나 이것은 모두가 사실로 증명되는 것들이다.

《博物志》晉 張華(찬)

凡人之信, 唯耳與目; 耳目之外, 咸致疑焉. 儒家說天, 自有數義: 或渾或蓋, 乍宣乍安. 斗極所周, 管維所屬, 若所親見, 不容不同; 若所測量, 寧足依據? 何故信凡人之臆說, 迷大聖之妙旨, 而欲必無恆沙世界·微塵數劫也? 而鄒衍亦有九州之談. 山中人不信有魚大如木, 海上人不信有木大如魚; 漢武不信弦膠, 魏文不信火布; 胡人見錦, 不信有蟲食樹吐絲所成; 昔在江南, 不信有千人氈帳, 及來河北, 不信有二萬斛船: 皆實驗也.

【或渾或蓋】渾은 渾天說, 蓋는 蓋天說.《晉書》天文志(上)에 「天似蓋笠, 地法 覆盤, 天地各中高外下」라 함.

【乍宣乍安】宣은 宣夜說. 모든 별들이 허공에 떠서 펼쳐져 있다는 설.《晉書》 天文志(上)에 「天子無質, 仰而瞻之, 高遠無極, 日月衆星, 自然浮生虛空之中, 其行其止, 皆須 氣焉」라 함. 安은 安天說. 하늘은 무궁하고 땅도 무궁히 깊어 항상 安定된 형태를 유지한다는 설. (《晉書》天文志 참조)

【恆沙】恆河의 모래가 무수히 많음을 뜻함. 恆河沙라고도 함. 恒沙로도 표기함.

【微塵數劫】작은 먼지 숫자처럼 많은 劫年. 劫은 천지의 생성부터 소멸까지의 기간을 一劫이라 한다 함. 趙曦明은 《法華經》을 인용하여,「如人以力摩三千土, 復盡末爲塵, 一塵爲一劫, 如比諸微塵數, 其劫復過是」라 하였음.

【鄒衍】戰國시대 齊나라 학자. 陰陽家의 學說을 제창하여 九州說을 폈음.《史記》孟荀列傳에『齊有三騶子. 其前騶忌, 以鼓琴干威王, 因及國政, 封爲成侯而受相印, 先孟子. 其次騶衍, 後孟子. 騶衍睹有國者益淫侈, 不能尙德, 若《大雅》整之於身, 施及黎庶矣. 乃深觀陰陽消息而作怪迂之變,《終始》·《大聖》之篇十餘萬言. 其語閎大不經, 必先驗小物, 推而大之, 至於無垠. 先序今以上至黃帝, 學者所共術, 大並世盛衰, 因載其禨祥度制, 推而遠之, 至天地未生, 窈冥不可考而原也. 先列中國名山大川, 通谷禽獸, 水土所殖, 物類所珍, 因而推之, 及海外人之所不能睹. 稱引天地剖判以來, 五德轉移, 治各有宜, 而符應若茲. 以爲儒者所謂中國者, 於天下乃八十一分居其一分耳. 中國名曰赤縣神州. 赤縣神州內自有九州, 禹之序九州是也, 不得爲州數. 中國外如赤縣神州者九, 乃所謂九州也. 於是有裨海環之, 人民禽獸莫能相通者, 如一區中者, 乃爲一州. 如此者九, 乃有大瀛海環其外, 天地之際焉. 其術皆此類也. 然要其歸, 必止乎仁義節儉, 君臣上下六親之施, 始也濫耳. 王公大人初見其術, 懼然顧化, 其後不能行之』라 함.

【弦膠】漢武帝 때 끊어진 활을 아교로 붙여 다시 사용할 수 있는 접착제를 믿지 않았음.《博物志》,《搜神記》,《雲笈七籤》등에 널리 실려 있음.《博物志》권2에『漢武帝時, 西海國有獻膠五兩者, 帝以付外庫. 餘膠半兩, 西使佩以自隨. 後從武帝射於甘泉宮, 帝弓弦斷, 從者欲更張弦, 西使乃進, 乞以所送餘香膠續之, 座上左右莫不怪. 西使乃以口濡膠爲水注斷弦兩頭, 相連注弦, 遂相著. 帝乃使力士各引其一頭, 終不相離. 西使曰:「可以射.」終日不斷, 帝大怪, 左右稱奇, 因名曰續弦膠』라 함.

그리고《海內十洲記》(東方朔)에는『鳳麟洲, 在西海之中央, 地方一千五百里. 洲四面有弱水繞之, 鴻毛不浮, 不可越也, 洲上多鳳麟, 數萬各爲群. 又有山川池澤, 及神藥百種, 亦多仙家. 煮鳳喙及麟角, 合煎作膏, 名之爲續弦膠, 或名連金泥, 此膠能續弓弩已斷之弦, 刀劍斷折之金, 更以膠連續之, 使力士掣之, 他處乃斷, 所續之際, 終無斷也. 武帝天漢三年, 帝幸北海, 祠恒山, 四月, 西國王使至, 獻此膠四兩, 吉光毛裘, 武帝受以付外庫. 不知膠裘二物之妙用也, 以爲西國雖遠, 而上貢者不奇, 稽留使者未遣. 又時武帝幸華林園, 射虎而弩弦斷, 使者時從駕, 又上膠一分, 使口濡以續弩弦, 帝驚曰:「異物也」. 乃使武士數人, 共對掣引之, 終日不脫, 如未續

時也, 膠色靑如碧玉. 吉光毛裘黃色, 蓋神馬之類也, 裘入水數日不沉, 入火不焦. 帝於是乃悟, 厚謝使者而遣去, 賜以牡桂乾薑等諸物, 是西方國之所無者』라 함.
【火布】 魏文帝(曹丕)는 불에 쬐어 세탁하는 옷감을 믿지 않았음. 역시《列子》,《搜神記》,《博物志》등에 실려 있음.《博物志》권2에『《周書》曰:「西戎獻火浣布, 昆吾氏獻切玉刀.」 火浣布汚則燒之則潔, 刀切玉如臘. 布, 漢世有獻者, 刀則未聞』라 하였고,《列子》湯問篇에는『周穆王大征西戎, 西戎獻錕𨨙之劍, 火浣之布, 其劍長尺有咫, 練鋼赤刃, 用之切玉如切泥焉. 火浣之布, 浣之必投於火; 布則火色, 垢則布色; 出火而振之, 皓然疑乎雪. 皇子以爲無此物, 傳之者妄. 蕭叔曰:「皇子果於自信, 果於誣理哉!」』라 하였으며,《海內十洲記》에도『流洲, 在西海中, 地方三千里, 去東岸十九萬里. 上多山川, 積石名爲昆吾, 冶其石成鐵作劍, 光明洞照, 如水精狀, 割玉物如割泥, 亦饒仙家』라 함. 그리고《搜神記》卷13 火浣布에는『崑崙之墟, 地首也. 是惟帝之下都, 故其外絶以弱水之深, 又環以炎火之山. 山上有鳥獸草木, 皆生育滋長於炎火之中, 故有火澣布. 非此山草木之皮枲, 則其鳥獸之毛也. 漢世, 西域舊獻此布, 中間久絶. 至魏初時, 人疑其無有. 文帝以爲火性酷烈, 無含生之氣, 著之《典論》, 明其不然之事, 絶智者之聽. 及明帝立, 詔三公曰:「先帝昔著《典論》, 不朽之格言. 其刊石于廟門之外及太學, 與石經並, 以永示來世.」 至是西域使人獻火浣布袈裟, 於是刊滅此論, 而天下笑之』라 하였으며, 한편《三國志》魏志(四) 注에는『搜神記曰: 崑崙之墟, 有炎火之山, 山上有鳥獸草木, 皆生於炎火之中, 故有火浣布, 非此山草木之皮枲, 則其鳥獸之毛也. 漢世, 西域舊獻此布, 中間久絶; 至魏初, 時人疑其無有. 文帝以爲火性酷烈, 無含生之氣, 著之《典論》, 明其不然之事, 絶智者之聽. 及明帝立, 詔三公曰:「先帝昔著《典論》, 不朽之格言. 其刊石於廟門之外及太學, 與石經並, 以永示來世.」 至是西域使至而獻火浣布焉, 於是刊滅此論, 而天下笑之. 臣松之昔從征西至洛陽, 歷觀舊物, 見《典論》石在太學者尙存, 而廟門外無之, 問諸長老, 云晉初受禪; 卽用魏廟, 移此石于太學, 非兩處立也. 竊謂此言爲不然.』『又東方朔《神異經》曰: 南荒之外有火山, 長三十里, 廣五十里, 其中皆生不燼之木, 晝夜火燒, 得暴風不猛, 猛雨不滅. 火中有鼠, 重百斤, 毛長二尺餘, 細如絲, 可以作布. 常居火中, 色洞赤, 時時出外而色白, 以水逐而沃之卽死, 績其毛, 績其毛, 織以爲布』라 하였고,《法苑珠林》37에도『搜神記曰: 崑崙之墟, 有炎火之山, 山上有鳥獸草木, 皆生於炎火之中, 故有火浣布. 非此山草木之皮, 則獸之毛也. 魏文帝以爲火性酷烈, 無含養之氣, 著之《典論》, 刊廟門之外. 是時西域使人獻火浣布袈裟, 於是刊滅此論也』라

하였으며,《藝文類聚》7에도 이를 전재하여 『搜神記曰: 崑崙之山. 地首也. 是惟帝之下都. 故其外絶以弱水之深. 又環以炎火之山. 山上有鳥獸草木. 皆生育滋茂於炎火之中. 故有火澣布, 非此山之皮枲, 則其鳥獸之毛也』라 하는 등 여러 곳에 이에 대한 기록이 보임.

【有蟲食樹】나무(뽕잎)를 먹고 실을 토해내어 비단을 짠다는 것을 외국인은 믿지 않음.《太平御覽》825 蠶에《玄中記》를 인용하여 「五國有蟲大小如指, 名爲蠶, 食桑葉, 爲人吐絲. 外國人不復信」이라 함.

《神異經》동방삭(찬)

168
(16-6)

묘탑妙塔이 솟아나는 일쯤이랴

세상에는 축사祝師와 여러 가지 환술幻術을 부리는 사람이 있으니, 이를테면 능히 불을 밟고 칼날에 올라서며 그 자리에서 참외를 심어 따먹고, 우물을 옮기는 등 잠깐 사이에 열 가지, 다섯 가지 마술을 부리는 일 등이다.

사람의 힘으로 할 수 있는 바가 오히려 능히 이와 같거늘, 하물며 신통神通이 감응하여 1백 유순由旬이나 되는 자리를 극락정토極樂淨土로 변하게도 하며, 묘탑妙塔이 솟아나게 하는 일쯤이랴!

世有祝師及諸幻術, 猶能履火蹈刃, 種瓜移井, 倏忽之間, 十變五化. 人力所爲, 尚能如此; 何況神通感應, 不可思量, 千里寶幢, 百由旬座, 化成淨土, 踊出妙塔乎?

【祝師】 고대 祈祝을 담당하던 관직.
【履火】《列子》周穆王篇에「穆王時, 西極之國有化人來, 入水火, 貫金石, 反山川, 移城邑, 乘虛不墜, 觸實不硋」라 하였으며, 그 외에《搜神記》,《洛陽伽藍記》,《法苑珠林》,《抱朴子》 등에 幻術에 관한 기록들이 널리 실려 있음.《搜神記》권1에『吳時有徐光者, 嘗行術於市里. 從人乞瓜, 其主勿與. 便從索瓣, 杖地種之. 俄而瓜生蔓延, 生花成實. 乃取食之, 因賜觀者. 鬻者反視所出賣, 皆亡耗矣. 凡言水旱,

甚驗. 過大將軍孫綝門, 褰衣而趨, 左右唾踐. 或問其故, 答曰:「流血臭腥, 不可耐.」綝聞, 惡而殺之. 斬其首, 無血. 及綝廢幼帝, 更立景帝, 將拜陵, 上車, 有大風盪綝車, 車爲之傾. 見光在松樹上, 拊手指揮, 嗤笑之. 綝問侍從, 皆無見者. 俄而景帝誅綝』라 함.

【寶幢】《法苑珠林》(4)에 「寶幢百由座, 化成淨土, 踊生妙塔乎?」라 하였으며 불교의 깃발을 뜻함.

【由旬】불교 용어. 인도의 거리 단위라 하며 군대의 一日行軍 거리라 함. 兪旬, 由延, 踰繕那 등으로도 번역(音譯)됨.

【妙塔】王利器는 《妙法蓮華經》見寶塔品(제11)을 인용하여 「爾時, 佛前有七寶塔, 高五百由旬, 縱廣二百五十由旬, 從地涌出, 住在空中, 種種寶物而莊校之」라 함.

길흉이 응험하지 않는다는 데에 대한 해명

두 번째 비난에 대한 해명이다.

무릇 믿는 사람이나 비방하는 사람이나, 그 인과의 징험은 마치 그림자나 메아리와 같다. 귀로 듣고 눈으로 본 것이 너무나 많아 이에 정성이 깊지 않거나, 업연業緣이 아직 감응되지 않거나, 시간상 차이가 있기는 하지만 끝내 보응報應이 있게 마련이다.

선악의 행동은 화복으로 귀결된다. 구류九流, 백가百家도 모두 이런 논리에 찬동하고 있으니, 어찌 유독 불전佛典만이 허망한 것이겠는가? 항탁項橐과 안회顔回는 요절하였고, 백이伯夷와 원헌原憲은 추위와 굶주림에 고통을 당하였다. 그러나 도리어 도척盜跖과 장교莊蹻는 복과 장수를 누렸고, 제齊 경공景公과 환퇴桓魋는 부강富强함을 누렸다. 그러나 만약 전생에 먼저 쌓은 업과 후생의 바람을 인증해 보면 또한 알 수 있는 일이다. 그런데 만약 선을 행하였음에도 화禍의 보답이 우연히 모여들거나, 악을 행하였는데도 간혹 복을 받는 경우가 있다고 해서 원망과 탓함이 생겨 이를 기만과 거짓이라 여긴다면, 이는 역시 요堯, 순舜도 허망한 말을 한 것이요, 주공周公과 공자孔子도 진실한 것이 아닌 것이 된다. 그러나 다시 어디를 안심하고 제 몸을 세울 것인가?

釋二曰: 夫信謗之徵, 有如影響; 耳聞目見, 其事已多, 或乃精誠不深, 業緣未感, 時儻差闌, 終當獲報耳. 善惡之行, 禍福所歸.

九流百氏, 皆同此論, 豈獨釋典爲虛妄乎? 項橐·顏回之短折,
伯夷·原憲之凍餒, 盜跖·莊蹻之福壽, 齊景·桓魋之富强, 若引
之先業, 冀以後生, 更爲通耳. 如以行善而偶鍾禍報, 爲惡而儻
値福徵, 便生怨尤, 卽爲欺詭; 則亦堯·舜之云虛, 周·孔之不
實也. 又欲安所依信而立身乎?

【業緣】 불교에서 말하는 인과의 緣.
【九流百氏】 九流百家를 말함. 九流는《漢書》藝文志에 儒家, 道家, 陰陽家, 法家,
　名家, 墨家, 縱橫家, 雜家, 農家를 들고 있으며, 여기에 小說家를 넣어 흔히
　『九流十家』라 함.
【項橐】 項托, 項託으로도 쓰며 孔子의 스승으로 알려진 신동. 王利器는 黃瑜의
　《雙槐歲鈔》(6) 先聖大王을 인용하여「保定滿城縣南門有先聖大王祠, 神姓項, 周末
　魯人. 年八歲, 孔子見而奇之, 十歲而亡, 時人尸而祝之, 號小兒神」이라 하였음.
【顏回】 공자의 제자. 자는 子淵, 일찍 죽음.《論語》雍也篇『哀公問:「弟子孰爲
　好學?」孔子對曰:「有顏回者好學, 不遷怒, 不貳過. 不幸短命死矣, 今也則亡,
　未聞好學者也.」』라 함. 한편《孔子家語》弟子解에「顏回二十九而髮白, 三十一
　早死」라 함.
【伯夷】 周武王 때 孤竹國의 왕자. 首陽山에 숨어 고사리를 캐 먹으며 周나라를
　不義하게 여기다가 餓死함.《史記》伯夷傳 참조.
【原憲】 자는 子思, 原思라고도 하며 공자의 제자. 가난 속에 떳떳함을 지킨
　인물로 널리 알려짐.《韓詩外傳》권1에『原憲居魯, 環堵之室, 茨以蒿萊, 蓬戶
　甕牖, 桷桑而無樞, 上漏下濕, 匡坐而絃歌. 子貢乘肥馬, 衣輕裘, 中紺而表素, 軒不
　容巷, 而往見之. 原憲楮冠黎杖而應門, 正冠則纓絶, 振襟則肘見, 納履則踵決.
　子貢曰:「嘻! 先生何病也!」原憲仰而應之曰:「憲聞之; 無財之謂貧, 學而不能行之
　謂病. 憲, 貧也, 非病也. 若夫希世而行, 比周而友, 學以爲人, 敎以爲己, 仁義之匿,
　車馬之飾, 衣裘之麗, 憲不忍爲之也.」子貢逡巡, 面有慙色, 不辭而去. 原憲乃徐步
　曳杖, 歌商頌而反, 聲淪於天地, 如出金石. 天子不得而臣也, 諸侯不得而友也.
　故養身者忘家, 養志者忘身, 身且不愛, 孰能忝之? 詩曰:『我心非石, 不可轉也.
　我心非席, 不可卷也』라 하였으며,《莊子》讓王篇에도『原憲居魯, 環堵之室,

伯夷叔齊〈採薇圖〉 宋 李唐(畫)

茨以生草; 蓬戶不完, 桑以爲樞; 而甕牖二室, 褐以爲塞; 上漏下溼, 匡坐而弦歌.
子貢乘大馬, 中紺而表素, 軒車不容巷, 往見原憲. 原憲華冠縰履, 杖藜而應門.
子貢曰:「嘻! 先生何病?」原憲應之曰:「憲聞之, 无財謂之貧, 學道而不能行謂
之病. 今憲, 貧也, 非病也.」子貢逡巡而有愧色. 原憲笑曰:「夫希世而行, 比周而友,
學以爲人, 敎以爲己, 仁義之慝, 與馬之飾, 憲不忍爲也..』라 하였고, 《新序》
節士篇에는 『原憲居魯, 環堵之室, 茨以生蒿, 蓬戶甕牖, 非桑以爲樞, 上漏下濕,
匡坐而弦歌. 子贛聞之, 乘肥馬, 衣輕裘, 中紺而表素, 軒車不容巷, 往見原憲. 原憲
冠桑葉冠, 杖藜杖而應門, 正冠則纓絶, 襟襟則肘見, 納履則踵決. 子贛曰:「嘻,
先生何病也?」原憲仰而應之曰:「憲聞之無財之謂貧, 學而不能行之謂病. 憲貧
也, 非病也. 若夫希世而行, 比周而交, 學以爲人, 敎以爲己, 仁義之慝, 輿馬之飾,
憲不忍爲也.」子贛逡巡, 面有愧色, 不辭而去. 原憲曳杖拖履, 行歌商頌而反, 聲滿
天地, 如出金石, 天子不得而臣也, 諸侯不得而友也. 故養志者忘身, 身且不愛,
孰能累之. 詩曰: 『我心匪石, 不可轉也; 我心匪席, 不可卷也..』此之謂也..』라
하는 등 그 고사가 널리 알려져 있음.

【盜跖】 춘추시대 도적의 이름. 《史記》 伯夷傳 및 《莊子》 盜跖篇 참조.

【莊蹻】 전국시대 楚나라 王孫으로 무력으로 위협을 일삼던 인물. 《史記》 西南
夷傳 참조.

【齊景】 춘추시대 齊나라 景公. 公孫杵臼. 사치를 부렸으며 말을 좋아하였음.
《論語》 季氏篇에 「齊景公有馬千駟, 死之日, 民無德而稱焉」이라 함.

【桓魋】 向魋. 춘추시대 宋나라 대부. 공자가 큰 나무 아래에서 講學할 때 공자를
죽이려고 그 나무를 뽑았다 함. 《史記》 및 《孔子家語》 등 참조. 《禮記》 檀弓(上)에
「桓司馬自爲石槨, 三年而不成」이라 하여 그 사치를 비난한 글이 있음.

170
(16-8) 승려가 계율을 지키지 않는다는 데에 대한 해명

세 번째 비방에 대한 해명이다.

천지가 개벽한 이래로 선하지 못한 자는 많았고 선한 자는 적은데, 무엇을 근거로 승려들만 정결하기를 책임 지을 수 있겠는가? 명승의 높은 수행을 보되 이는 버려두고 화제로 삼지 않으면서, 범승凡僧의 유속流俗을 보게 되면, 곧 바로 비난과 훼멸이 쏟아진다. 게다가 배우는 자가 부지런히 하지 못하는 것이 어찌 가르치는 자의 과실이겠는가?

속승俗僧이 경經과 율律을 배우는 것이 어찌 세상 사람이 《시詩》와 《예禮》를 배우는 것과 다른 것이겠는가? 《시》와 《예》의 가르침으로 조정의 인물을 품평하지만, 대체로 완전한 실행자는 없는 법인데, 경과 율의 금하는 것으로써 출가出家한 이들을 품평함에는 어찌 유독 범법犯法이 없도록 책임을 지우는가?

하물며 행동에 결점이 있는

〈菩薩圖〉(唐) 敦煌 322굴

신하는 오히려 봉록과 지위를 구해도 되는데, 금법을 어긴 승려는 어찌 공양供養을 부끄럽게 여겨야 하는가? 그들의 계율에 대한 수행도 자연히 어기는 경우가 있을 수 있다. 일단 법복法服을 입고 승려의 세계에 발을 들여놓게 되면, 한 해의 계획이 재강齋講과 송지誦持로 해야 하니, 일반 세속 사람에 비한다면 오히려 산이나 바다보다 힘든 고행이다.

釋三曰: 開闢以來, 不善人多而善人少, 何由悉責其精絜乎? 見有名僧高行, 棄而不說; 若覩凡僧流俗, 便生非毁. 且學者之 不勤, 豈敎者之爲過? 俗僧之學經律, 何異世人之學《詩》· 《禮》? 以《詩》·《禮》之敎, 格朝廷之人, 略無全行者; 以經律之禁, 格出家之輩, 而獨責無犯哉? 且闕行之臣, 猶求祿位; 毁禁之侶, 何慙供養乎? 其於戒行, 自當有犯. 一披法服, 已墮僧數, 歲中 所計, 齋講誦持, 比諸白衣, 猶不啻山海也.

【精絜】淨潔과 같음. 精純高潔함을 뜻함.
【白衣】세상 속세의 사람을 뜻함.
【山海】높기도 하며 깊기도 하다는 뜻. 盧文弨는「僧衣緇, 故謂世人爲白衣. 山海 以喩比流輩爲 高深也」라 함.

171
(16-9) 세금도 부역도 없음에 대한 해명

네 번째 비방에 대한 해명이다.

내교(內敎, 불교)는 여러 가지 길이 있다. 출가하여 스스로 승려가 되는 것은 그 중 한 가지 방법일 뿐이다. 만약 능히 충성과 효성을 마음에 두고 인혜仁惠를 본으로 삼는다면, 수달須達과 유수流水 같은 훌륭한 이도 머리와 수염을 깎을 필요가 없었을 것이다. 그러니 어찌 재물과 토지를 모두 헌납하여, 탑과 절을 세워 모든 가정마다 모두 승니僧尼가 되도록 할 필요가 있겠는가? 모두가 정치로 이를 조절하지 못하여, 드디어 불법의 절이 들어서도록 하여 백성의 농사를 방해하고 일없는 승려가 헛되어 나라의 세금을 축내도록 한 것이지, 불법의 본지本旨가 그러한 것은 아니다.

다시 이를 논하건대 구도자求道者는 자신을 위한 계책이며, 비용을 아껴야 하는 것은 나라의 모책이다. 자신의 계책과 나라의 모책을 둘 다 성취시킬 수는 없다. 충성된 신하는 임금을 따르느라 친족을 버리기도 하고, 효성스런 아들은 집안을 위해 나라를 잊을 수도 있듯이 각기 그 행동이 있는 것이다. 유가儒家 중에도 왕후王侯에 굴하지 않고 자신의 일을 고상하다 여기고, 은자隱者는 왕위나 재상 자리도 사양하고 산림으로 피해 살기도 한다. 그러니 어찌 그들이 할 부역賦役을 계산하여 죄인으로 여길 수 있겠는가?

만약 능히 모든 백성을 교화시켜, 모두를 도량道場으로 들게 하여 묘락妙樂 같은 세계나, 양거攘佉와 같은 국가로 만들어 준다면 저절로

벼가 자라고 무진장한 보물이 생길 것이니, 어찌 구구히 농사짓고
누에치는 이익을 다투겠는가?

　　釋四曰: 內敎多途, 出家自是其一法耳. 若能誠孝在心, 仁惠
爲本, 須達·流水, 不必剃落鬚髮; 豈令鑿井田而起塔廟, 窮編戶
以爲僧尼也? 皆由爲政不能節之, 遂使非法之寺, 妨民稼穡, 無業
之僧, 空國賦算, 非大覺之本旨也. 抑又論之: 求道者, 身計也:
惜費者, 國謀也. 身計國謀, 不可兩遂. 誠臣徇主而棄親, 孝子安家
而忘國, 各有行也. 儒有不屈王侯高尚其事, 隱有讓王辭相避
世山林; 安可計其賦役, 以爲罪人? 若能偕化黔首, 悉入道場,
如妙樂之世, 穰佉之國, 則有自然稻米, 無盡寶藏, 安區田蠶之
利乎?

【須達·流水】 두 가지 모두 불교의 長者 이름. 『須達』은 舍衛國 給孤獨長者의
　　본명이며 祇園精舍의 施主라 함. 《經律異相》 참조. 『流水』는 마른 연못에 갇힌
　　천여 마리의 물고기를 보고, 코끼리 20마리를 끌고 가 이들을 자루에 담아
　　싣고 강에 풀어 주었다 함. 《金光明經》 참조.
【大覺】 크게 깨달은 자. 즉 佛陀의 다른 이름. 《佛地論》에 『佛者, 覺也. 覺一切
　　種智, 復能開覺有情』라 하였고, 趙曦明은 『佛者, 何也? 蓋窮理盡性, 大覺之
　　稱也』라 함.
【道場】 절. 예배 수도하는 곳. 隋煬帝의 大業 때에 천하의 寺를 모두 道場으로
　　고쳐 부르도록 하였다가 唐代 이후 다시 寺를 씀.
【妙樂之世】 極樂世系를 뜻함.
【穰佉之國】 穰佉는 儴佉로도 쓰며 轉輪聖王의 이름. 《佛說彌勒成佛經》에
　　『其先轉輪聖王名儴佉, 有四種兵, 不以威武, 治四天下』라 함.

16. 귀심 471

172
(16-10) 선악에 대한 보답을 의심하는 데에 대한 해명

　다섯 번째 비방에 대한 해명이다.

　형체는 비록 죽는다 해도 정신은 남아 있는 것이다. 사람이 세상에 살면서 다음 세계에 태어날 자신을 바라보기가 마치 아무런 관계가 없는 듯이 여기지만, 죽은 이후의 세계와 전신前身과의 관계는 마치 노인과 소년, 아침과 저녁처럼 밀접하다. 세상에는 혼백과 귀신이 있어, 꿈속에 이를 보여주어 나타난다. 혹은 동첩童妾에게 내려오기도 하고, 혹은 아내나 아들딸에게 나타나 음식을 달라하기도 하며, 복받을 일을 미리 징험해 주기도 한다. 이러한 일은 역시 드물지 않다. 지금 사람들은 빈천과 질고疾苦에 대하여 전생에 공업功業을 닦지 않았기 때문이라고, 원통해하고 탓하지 아니하는 사람이 없다. 이로써 논하건대, 어찌 하지 않고 얻을 내세의 땅이 있을 수 있겠는가?

　무릇 사람에게는 자손이 있어 이로써 천지 사이의 하나씩의 백성이 되었다. 그러나 각각의 몸은 어디에 관여되어 있는가? 이에 그들에게 사랑을 베풀고 보호하며, 자신의 터전을 물려주기까지 하면서, 하물며 자기 자신의 신상(神爽, 정신)은 어찌 포기할 수가 있겠는가?

　무릇 어리석은 사람들은 미래를 보지 못한다. 그 때문에 다가올 그 내세와 지금은 일체가 아니라고 말한다. 만약 천안天眼이 있다면 이러한 사람들로 하여금 각각 소멸에 따라 계속 생겨 끊임이 없음을 보여줄 수 있으리라. 그렇게 한다면 어찌 가히 두려워하지 않을 수 있겠는가!

또 군자君子는 세상에 처하여 능히 극기복례克己復禮하여, 시대를 구제하고 만물에 이익 줌을 귀하게 여긴다. 집을 다스리는 자는 한 집안의 경사를 이루고자 하고, 나라를 다스리는 자는 한 나라를 선량하게 하고자 한다. 그렇지만 복첩僕妾과 신민臣民이 그들 자신과 무슨 친함이 있다고 그들을 위해 고생하고 힘쓰며 덕을 쌓고 있겠는가? 역시 요堯·순舜·주공·공자가 헛된 즐거움을 져버린 이유이다. 한 사람이 수도修道한다고 해서 그 몇 명의 창생蒼生을 제도濟度할 수 있겠으며, 그 몇 명이나 죄에서 벗어나게 해 줄 수 있겠는가? 깊이 생각해보기 바란다. 너희들이 속세에서 생계를 돌보고 집안을 일으켜 세우려면, 처자를 버릴 수 없고 출가해서도 안 된다. 다만 함께 계행을 겸하여 수행하되 마음에 담고 송독誦讀하는 것으로써 내세로 가는 진량津梁으로 삼으면 된다. 사람으로 태어난다는 것은 쉬운 일이 아니니 헛되이 보냄이 없도록 하라.

釋五曰: 形體雖死, 精神猶存. 人生在世, 望於後身似不相屬; 及其歿後, 則與前身似猶老少朝夕耳. 世有魂神, 示現夢想, 或降童妾, 或感妻孥, 求索飮食, 徵須福祐, 亦爲不少矣. 今人貧賤疾苦, 莫不怨尤前世不修功業; 以此而論, 安可不爲之作地乎? 夫有子孫, 自是天地間一蒼生耳, 何預身事? 而乃愛護, 遺其基址, 況於己之神爽, 頓欲棄之哉? 凡夫蒙蔽, 不見未來, 故言彼生與今非一體耳; 若有天眼, 鑒其念念隨滅, 生生不斷, 豈可不怖畏邪? 又君子處世, 貴能克己復禮, 濟時益物. 治家者欲一家之慶, 治國者欲一國之良, 僕妾臣民, 與身竟何親也, 而爲勤苦修德乎? 亦是堯·舜·周·孔虛失愉樂耳. 一人修道, 濟度幾許蒼生? 免脫幾身罪累? 幸熟思之! 汝曹若觀俗計, 樹立門戶,

不棄妻子, 未能出家; 但當兼修戒行, 留心誦讀, 以爲來世津梁. 人生難得, 無虛過也.

【功業】《廣弘明集》(3)에는『功德』으로 되어 있음.

【神爽】정신.《左傳》昭公 7년에『用物精多, 則魂魄强, 是以有精爽, 至於神明』이라 하고, 疏에『精亦神也, 爽亦明也, 精是神之未著, 爽是明之未昭』라 함.

【天眼】《金剛經》에『如來有天眼者』라 하였고,《涅槃經》에는『天眼通非礙, 肉眼礙非通』이라 함.

【克己復禮】자신을 이겨 예로 복귀함.《論語》顏淵篇에『顏淵問仁. 子曰:「克己復禮爲仁. 一日克己復禮, 天下歸仁焉. 爲仁由己, 而由人乎哉?」顏淵曰:「請問其目.」子曰:「非禮勿視, 非禮勿聽, 非禮勿言, 非禮勿動.」顏淵曰:「回雖不敏, 請事斯語矣.」』라 함.

【津梁】來世로 가기 위한 나루터나 다리.《世說新語》言語篇에『庾公嘗入佛圖, 見臥佛, 曰:「此子疲於津梁.」于時以爲名言』이라 함.

【人生難得】만물 중에 사람으로 태어난다는 것은 매우 어렵다는 뜻.

173
(16-11) 군자가 도살장을 멀리하는 이유

　유가儒家의 군자가 그나마 포주庖廚에 난색을 표하는 것은, 그 살아 있을 때의 모습을 보고는 죽는 것을 차마 볼 수 없고, 그 울음소리를 듣고는 그 고기를 먹을 수 없기 때문이다.

　고시高柴와 절상折像은 내교(內敎, 불교)를 몰랐지만 능히 살생하지 못하였으니, 이는 바로 어진 자의 자연스러운 용심用心이다. 살아있는 물건으로써 목숨을 아까워하지 않는 것이 없으니, 살생을 멀리하는 일은 반드시 힘써 행하라. 살생을 즐겨하는 사람은 죽음에 이르러 응보의 징험이 나타나고 자손도 앙화를 입는다. 그러한 예가 심히 많아 모두 다 기록할 수도 없으니, 몇 가지 예를 아래에 기록하여 보여주겠다.

위: 〈宰猪圖〉 甘肅 嘉峪關 魏晉 7호 고분.
아래: 〈狩獵圖〉 甘肅 嘉峪關 魏晉 12호 고분

儒家君子, 尙難庖廚, 見其生不忍其死, 聞其聲不食其肉. 高柴·
折像, 未知內敎, 皆能不殺, 此乃仁者自然用心. 含生之徒, 莫不
愛命; 去殺之事, 必勉行之. 好殺之人, 臨死報驗, 子孫殃禍,
其數甚多, 不能悉錄耳, 且示數條於末.

【見其生不忍其死】《孟子》梁惠王(上)에 『曰:「臣聞之胡齕曰, 王坐於堂上, 有牽牛
而過堂下者, 王見之, 曰:『牛何之?』對曰:『將以釁鐘.』王曰:『舍之! 吾不忍其
觳觫, 若無罪而就死地.』對曰:『然則廢釁鐘與?』曰:『何可廢也? 以羊易之!』不識
有諸?』曰:「有之.」曰:「是心足以王矣. 百姓皆以王爲愛也, 臣固知王之不忍也.」
王曰:「然; 誠有百姓者. 齊國雖褊小, 吾何愛一牛? 卽不忍其觳觫, 若無罪而就死地.
故以羊易之也.」曰:「王無異於百姓之以王爲愛也. 以小易大, 彼惡知之? 王若隱其
無罪而就死地, 則牛羊何擇焉? 王笑曰:「是誠何心哉? 我非愛其財而易之以羊也.
宜乎百姓之謂我愛也.」曰:「無傷也, 是乃仁術也, 見牛未見羊也. 君子之於禽獸也,
見其生, 不忍見其死; 聞其聲, 不忍食其肉. 是以君子遠庖廚也.」』라 함.
【高柴】자는 子皐. 공자의 제자.《孔子家語》弟子行에 『柴, 啓蟄不殺, 方長
不折』이라 하고, 注에 「春分當發蟄蟲, 啓戶威出, 於此時不殺生也. 春夏生長養時,
草木不折」이라 함.
【折像】인명. 자는 伯式. 동한 때의 인물로 작은 벌레 하나 죽이지 않았다 함.
《後漢書》方術傳 참조.
【含生】生命을 가지고 있는 것.

〈殺鷄圖〉

174
(16-12)
머리카락 속에서 병아리 우는 소리

양梁나라 때 어떤 사람이 항상 계란을 물에 풀어 목욕을 하면서 머리카락에 빛이 나게 하려 한다고 하였다. 그는 목욕할 때마다 20, 30개씩의 달걀을 썼다. 그런데 그가 죽음에 이르자 머리카락 속에서 수천 개의 병아리 우는 소리가 들렸다는 것이다.

梁世有人, 常以雞卵白和沐, 云使髮光, 每沐輒二三十枚. 臨死, 髮中但聞啾啾數千雞雛聲.

【云使髮光】《飜譯名義集》에는 『使髮光黑』으로 되어 있음.

〈鷄雛待飼圖〉(宋) 李迪 北京故宮博物院 소장

175
(16-13)
낳은 아이가 물고기 모습

강릉江陵의 유씨劉氏는 선어鱓魚국을 만들어 파는 것으로 생업을 삼았다. 뒷날 아이를 낳았는데 머리는 선어 모습이었고, 목 아래는 사람 모습이었다.

江陵劉氏, 以賣鱓羹爲業. 後生一兒頭是鱓, 自頸以下, 方爲人耳.

【鱓羹】鱔魚(鱓魚)로 끓인 국.
【方爲人耳】王利器는『方爲人身』으로 보아야 한다고 여겼음.

鱓《三才圖會》

양 울음소리를 내며 죽은 사람

　왕극王克이 영가군수永嘉郡守가 되었을 때, 어떤 사람이 양 한 마리를 선물하였다. 모였던 빈객들이 잔치를 벌이자고 하였다. 그러자 양은 고삐를 풀고 한 손님에게 다가가, 먼저 무릎을 꿇고 두 번 절하더니 곧 바로 그의 옷 속으로 들어가는 것이었다.

　그 손님은 끝내 아무 말도 하지 않았고, 이 양을 살려주자는 요청도 하지 않았다. 잠시 후 양을 잡아 국을 끓여 먼저 그 손님에게 주었다. 고기 한 점이 입으로 들어가자 살갗 안으로 내려가더니 고깃덩어리는 다시 온 몸을 두루 돌아다니는 것이었다. 그는 고통에 울부짖었다. 그리고 그가 그 이유를 설명하려고 입을 열었으나 그만 양 울음소리를 내며 죽고 말았다.

　王克爲永嘉郡守, 有人餉羊, 集賓欲醮. 而羊繩解, 來投一客, 先跪兩拜, 便入衣中. 此客竟不言之, 固無救請. 須臾, 宰羊爲羹, 先行至客. 一臠入口, 便下皮內, 周行徧體, 痛楚號叫; 方復說之. 遂作羊鳴而死.

【王克】梁나라 때의 인물.《法苑珠林》(73)에는『梁時王克』으로 되어 있음.

177
(16-15)
불쌍한 소를 잡아먹은 결과

    양梁나라 효원제孝元帝가 강주江州 자사로 있을 때, 어떤 사람이 망채현望蔡縣의 현령이 되어 마침 유경궁劉慶躬의 난을 만났다. 현의 관청이 모두 불타자 그는 임시로 절에 기식하여 살게 되었다. 백성들이 소와 술을 가지고 예를 표하자, 그 현령은 그 소를 절의 기둥에 매어두고, 불상佛像을 가리고는 자리를 펴놓고 당상堂上에서 손님을 맞았다. 그 소를 아직 죽이기 전에, 소는 고삐를 풀고 계단을 거쳐 다가와서는 절을 하는 것이었다. 현령은 크게 웃고, 좌우에게 명하여 이 소를 잡도록 하였다.

    그런데 마시고 먹고 하여 취하고 배부른 채 처마 아래 누워 잠이 들었다. 잠시 후 깨어나 몸에 가려움을 느껴 긁었더니 피부 속의 은진癮疹이 드러났으며, 이로 인해 나병癩病이 되어 10여 년을 고생하다가 죽고 말았다.

    梁孝元在江州時, 有人爲望蔡縣令, 經劉敬躬亂, 縣廨被焚, 寄寺而住. 民將牛酒作禮, 縣令以牛繫刹柱, 屛除形像, 鋪設牀坐, 於堂上接賓. 未殺之頃, 牛解, 徑來至階而拜, 縣令大笑, 命左右宰之. 飮噉醉飽, 便臥簷下. 稍醒而覺體痒, 爬搔隱疹, 因爾成癩, 十許年死.

【望蔡縣】 지금의 江蘇省 上高縣.

【劉敬躬】 梁 武帝 蕭衍의 大同 8년(542) 安成郡의 유경궁이 반란을 일으켜 廬陵·
豫章 등을 점거함. 뒤에 曹子郢에게 패하여 유경궁은 建康으로 압송되어 참시
당함.《梁書》武帝紀(下) 참조.

178
(16-16) 도둑질한다고 손목을 잘랐더니

   양사달楊思達이 서양군수西陽郡守가 되어 그만 후경侯景의 난을 만나고
말았다. 당시 게다가 가뭄과 흉년이 들어 주린 백성이 보리밭에서
도둑질을 하기에 이르렀다.

   양사달은 하나의 부곡部曲을 시켜 이를 지켜보게 하여 도둑질하는
자를 잡게 되었다. 그리고는 즉시 손과 팔을 잘랐는데, 이렇게 당한
자가 10여 명이나 되었다. 부곡이 뒤에 남아를 낳았더니 나면서부터
손이 없는 것이었다.

   楊思達爲西陽郡守, 值侯景亂, 時復旱儉, 飢民盜田中麥. 思達
遣一部曲守視, 所得盜者, 輒截手擘, 凡戮十餘人. 部曲後生一男,
自然無手.

【楊思達】 梁나라 때의 人物.
【四陽】 지금의 湖北省 黃岡縣.
【侯景】 자는 萬景. 侯景之亂을 일으킨 인물. (前出)《梁書》侯景傳 참조.
【部曲】 집안의 노비와 사사로이 고용한 신변 보위자를 가리킴.

179
(16-17)

직접 잡은 쇠고기만 먹던 자

제齊 나라에 어떤 봉조청奉朝請은 집안이 심히 부유하고 사치로와 자신의 손으로 직접 잡은 소가 아니면 훌륭한 맛이 나지 않는다고 여겼다. 그런데 나이 30쯤 되어 심한 병에 걸렸는데 소가 다가오는 모습을 보고는 온 몸이 마치 칼이나 가시로 찌르는 듯하여 울부짖다가 죽고 말았다.

〈野牛圖〉(西魏) 敦煌 249굴

齊有一奉朝請, 家甚豪侈, 非手殺牛, 噉之不美. 年三十許, 病篤, 大見牛來, 擧體如被刀刺, 叫呼而終.

【奉朝請】고대 관직이름. 漢나라 때 퇴직한 大臣·장군·황실·외척에게 조회나 국가 행사에 참여할 수 있도록 명의상 내린 칭호.

180
(16-18) 물고기 떼가 덤벼드는 병으로 죽은 사람

　강릉江陵의 고위高偉는 나를 따라 제齊나라로 온 사람으로 몇 년 동안 유주幽州의 물가에서 고기 잡는 일을 하였다. 뒤에 병을 얻어 매번 물고기 떼가 나타나 자신을 무는 모습을 보고는 죽었다.

　江陵高偉, 隨吾入齊, 凡數年, 向幽州淀中捕魚. 後病, 每見羣魚齧之而死.

〈靈界圖〉(畫像石) 東漢 山東 嘉祥縣 武梁祠

【江陵】 지금의 湖北省 江陵縣.
【幽州】 중국의 동북 지역을 幽州이라 하였으며, 고대 十二州의 하나. 東漢 때에는 그 治所를 薊(지금의 北京市)로 하였음.

181
(16-19)
음계陰界에 기록될 악행들

　세상엔 치인癡人이 있어 인의仁義를 몰랐고, 부귀라는 것이 하늘로부터 말미암는다는 것도 몰랐다. 그는 아들을 장가 들여 며느리를 맞았는데 그 며느리의 혼수가 부족하다고 불만을 품었다. 그리하여 자신이 시아버지·시어머니라는 높은 지위를 내세워 뱀과 같은 성질과 입에 담지 못할 말로 며느리를 괴롭혔다. 꺼리고 피해야 할 말도 모른 채, 그 며느리의 부모까지 꾸짖고 모욕을 주는 것이었다. 그리하여 결국 그 며느리로 하여금 자기에게 효도하지 못하게 가르치는 꼴이 되고 말았다. 며느리의 한은 돌아볼 줄 모른 채 단지 자신의 자녀는 가련하게 여기면서, 자신의 며느리는 사랑하지 못하니 이러한 사람은 음계陰界에서 그의 허물을 기록할 것이며, 귀신이 그의 수명을 빼앗아 갈 것이다. 조심하여 이런 사람과는 이웃하지 말 것이니라. 하물며 어찌 친구로 사귈 수 있겠는가? 피해야 할 사람이로다!

　世有癡人, 不識仁義, 不知富貴並由天命. 爲子娶婦, 恨其生資不足, 倚作舅姑之尊, 虵虺其性, 毒口加詆, 不識忌諱, 罵辱婦之父母, 欲成敎婦不孝己身, 不顧他恨. 但憐己之子女, 不愛己之兒婦. 如此之人, 陰紀其過, 鬼奪其算. 愼不可與爲鄰, 何況交結乎? 避之哉!

【鬼奪其算】 귀신이 그의 수명을 빼앗음. 臧林의 《拜經日記》(9)에 『紀算, 謂年壽也, 十二年謂紀, 百日爲算』이라 함.

17. 서증書證

　본편은 문자, 훈고, 고증, 교감에 대한 전문적인 한편의 논문이다. 특히 중국의 음운, 문자학에 대한 인식 변화와 저술활동이 활발해지기 시작하던 육조시대에 이에 대한 자신의 이론적 근거를 밝힘으로써 학술적 자료를 풍부히 담고 있다. 당시까지의 경학서와 《사기史記》, 《한서漢書》, 《설문해자說文解字》등의 오류와 견해를 구체적으로 거론하고 있어 높은 수준의 당시 학문 풍토를 엿볼 수 있는 귀중한 내용들이다.

〈朱雀燈〉 서한 山西 출토

182 (17-1) 「행채荇菜」

《시詩》에 『참치행채參差荇菜』(올망졸망한 행채 풀)라 하였는데《이아爾雅》에는『행(荇, 노랑머리 연꽃)은 접여(接余, 조름나물, 마름풀)』라 하였다. 행荇은 글자를 혹 행莕으로도 쓴다. 옛 학자들은 이는 모두 수초水草로써, 둥근 잎에 가는 줄기를 가지고 있으며, 줄기는 물의 깊이에 따라 그에 맞게 자라난다고 해석하였다. 지금도 물이 있는 곳이면 어디에나 있으며,

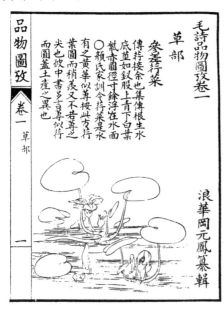

노란 꽃은 마치 순채蓴菜와 비슷하다. 강남江南에서는 역시 속칭으로 '저순猪蓴'이라고도 부르며, 혹은 '행채荇菜'라고도 한다. 유방劉芳의《모시전음증毛詩箋音證》에 자세한 주석이 있다. 그러나 하북河北의 속인들은 거의가 이를 알지 못하고, 박사博士들조차 『참치행채』의 행채를 현채(莧菜, 비름나물)라 여기며, 인현人莧을 인행人荇으로 부르고 있다. 역시 심히 가소로운 일이다.

荇菜《毛詩品物圖攷》

《詩》云:「參差荇菜.」《爾雅》云:「荇, 接余也.」字或爲莕. 先儒
解釋皆云: 水草, 圓葉細莖, 隨水淺深. 今是水悉有之, 黃花似蓴,
江南俗亦呼爲猪蓴, 或呼爲荇菜. 劉芳具有注釋. 而河北俗人
多不識之, 博士皆以參差者是莧菜, 呼人莧爲人荇, 亦可笑之甚.

【參差荇菜】 참치(參差)는 '올망졸망하다'는 뜻의 雙聲連綿語. 행채는 叢生의
  水中植物로 식용으로 씀. 흔히 '마름풀'로 풀이함.《詩經》關雎의 구절.
【莕】《爾雅》釋草에「莕 接余, 其葉荇」라 하고, 釋文에「莕, 音杏. 本亦作荇,
  詩云: 參差荇菜」라 함.
【蓴】 음은 '순.' 다년생 수중 초본식물. 蓴菜라고 함.
【猪蓴】 순채는 가을에 돼지의 사료로 사용하기도 함.
【劉芳】 後魏 때의 학자로 자는 伯文. 太常卿을 지냈으며 그의《毛詩箋音證》
  10권이《隋書》經籍志에 저록되어 있음.
【莧】 비름. 일년생 초본식물. 식용과 약용으로 쓰이며 解毒의 효능이 있음.
【人莧】 비름의 일종. 盧文弨는《本草圖經》을 인용하여「莧有之種: 有人莧,
  亦莧, 白莧, 紫莧, 馬莧, 五色莧」이라 함.

183
(17-2) 「고채苦菜」

《시詩》에 『수위도고誰謂荼苦』(누가 쓴바귀를 쓰다하는가?)라 하였고, 《이아爾雅》와 《모시전毛詩傳》에는 모두가 도荼는 고채苦菜라 하였다. 그리고 《예禮》에는 『고채수苦菜秀』라 하였다. 《역통통괘험현도易統通卦驗玄圖》에는 "고채는 추운 가을에 나서 겨울을 넘기고 봄을 지나 여름이 되어야 다 자라 난다"라 하였다. 지금 중원中原 지역의 고채여야 이 설명과 같다.

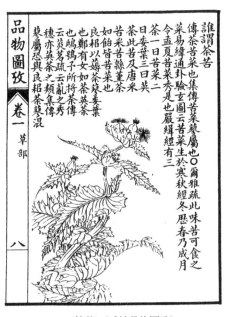

도고(荼苦)《毛詩品物圖攷》

이러한 고채는 일명 '유동游冬'이라고도 하며, 잎은 마치 고거苦苣와 비슷하나 가늘다. 따거나 자르면 흰 즙이 나온다. 노란 꽃은 국화와 같다. 강남에는 다른 고채가 있어, 잎은 산장초(酸漿草, 꽈리 혹은 꽹이밥) 같으며, 그 꽃은 자주색, 또는 흰색으로 열매는 구슬 같다. 익었을 때는 빨갛거나 또는 검은 색이다. 이 식물은 피로회복의 약재로 쓸 수 있다. 곽박郭璞의 《이아》 주에 『직蘵, 황제黃蒢』라 한 것이 이것이다.

지금 하북에서는 이를 용규龍葵라 부른다. 양梁나라 때 《예기》를 강론하는 자들이 이를 고채라 여겨, 이 식물은 숙근宿根이 없으며 봄이 되어야 돋아난다고 하였다. 이 역시 크게 잘못된 것이다.

그리고 고유高誘가 주석한 《여씨춘추呂氏春秋》에는 "꽃만 피고 열매를 맺지 않는 것을 영英이라 한다"라고 하였다. 그렇다면 《예기》의 『고채수苦菜秀』는 의당 『고채영苦菜英』이라 하였어야 한다. 이로써 여기서의 고채는 용규龍葵가 아님을 더욱 명백히 알 수 있다.

《詩》云:「誰謂荼苦?」《爾雅》·《毛詩傳》並以荼, 苦菜也. 又《禮》云:「苦菜秀.」案:《易統通卦驗玄圖》曰:「苦菜生於寒秋, 更冬歷春, 得夏乃成.」今中原苦菜則如此也. 一名游冬, 葉似苦苣而細, 摘斷有白汁, 花黃似菊. 江南別有苦菜, 葉似酸漿, 其花或紫或白, 子大如珠, 熟時或赤或黑, 此菜可以釋勞. 案:郭璞注《爾雅》, 此乃蘵黃蓲也. 今河北謂之龍葵. 梁世講《禮》者, 以此當苦菜; 旣無宿根, 至春方生耳, 亦大誤也. 又高誘注《呂氏春秋》曰:「榮而不實曰英.」苦菜當言英, 益知非龍葵也.

【誰謂荼苦】《詩經》邶風 谷風의 구절.
【毛詩傳】漢나라 毛亨이 지은 《毛詩故訓傳》을 말함.
【苦菜秀】《禮記》月令의 구절. 秀는 꽃이 피지 않은 채 씨가 맺힘을 뜻함. 《爾雅》釋草에 「不榮而實者謂之秀」라 함.
【易統通卦驗玄圖】작자를 알 수 없으나 《隋書》經籍志에 저록되어 있으며 緯書의 일종.
【游冬】식물 이름. 《爾雅》釋草에 「荼, 苦菜」라 하고, 釋文에 《名醫別錄》을 인용하여 「一名游冬, 生山陵道旁, 冬不死」라 함.

【苦蕒】식물 이름. 趙曦明 注에 『《本草》:「白蕒, 似萵苣, 葉有白毛, 氣味苦寒. 又苦菜一名苦蕒.」』라 함.

【酸漿】다년생 초본식물. 약용으로 씀.

【蘵黃蒢】식물 이름.《爾雅》釋草에「蘵, 黃蒢」라 하고, 注에「蘵草葉似酸漿, 花小而白, 中心黃, 江東以作葅食」이라 함.

【龍葵】일년생 초본식물. 약으로 사용함.

【英】《爾雅》釋草에「榮而不實者謂之英」이라 함.

184
(17-3) 「유체지두有杕之杜」

《시詩》에『유체지두有杕之杜』(홀로 서있는 한그루 팥배나무)가 있다. 강남의
판본에는 모두가 '목木'방에 '대大'를 써서 '체杕'로 되어 있다. 《모전》
에는 "체杕는 홀로 있는 모습"이라 하였고, 서선민徐仙民, 徐邈의 《모시음》
에는 음을 『도계반徒計反』에 따라 톄, 체라 하였다. 《설문》에는 "체杕는
서있는 모습"이라 하여 목부木部에 있다. 《운집韻集》에는 그 음을 『차제
次第』의 제第로 읽고 있다. 그런데도 하북의 판본은 이 체杕를 이적夷狄의
적狄으로 표기하였고, 읽기도 역시 글자 그대로 적狄으로 읽고 있다.
이는 크게 잘못된 것이다.

《詩》云:「有杕之杜.」江南本並木傍施大.《傳》曰:「杕, 獨皃也.」
徐仙民音徒計反.《說文》曰:「杕, 樹皃也.」在木部.《韻集》音次
第之第, 而河北本皆爲夷狄之狄, 讀亦如字, 此大誤也.

【有杕之杜】 이 구절은 《詩經》唐風 杕杜·小雅 鹿鳴에 보임.
【徐仙民】 徐邈을 가리킴. 晉나라 때의 학자로 《毛詩音》16권을 썼으며,《隋書》
  經籍志에 저록되어 있음.
【徒計反】 反切 표기 방법. 첫 글자는 聲을, 두 번째 글자는 韻(성조포함)을
  취하여 다시 결합. 음을 나타내는 방법. 끝의 反은 反切을 뜻함. 『徒計反』의

경우 徒(도, 토)의『ㄷ, ㅌ』과 計(계)의『ㅖ』를 취하여 톄(데)가 다시 구개음화와
단모음화를 거쳐 우리음의『체』가 됨.

【說文】東漢 許愼이 지은《說文解字》를 뜻함.

【集韻】晉나라 때 呂靜이 지은 책.《隋書》經籍志에 저록되어 있으나 지금은
亡失됨.

185
(17-4)
「경경모마駉駉牡馬」

《시詩》에 『경경모마駉駉牡馬』(경경한 수말)라는 구절이 있다. 강남江南의 책에는 모두가 빈모牝牡의 '모牝'자로 되어 있고, 하북河北의 판본은 모두가 방목放牧의 '목牧'으로 되어 있다.

업하鄴下의 박사가 나에게 어려운 질문이라 여겨 이렇게 물었다.

"노송魯頌 경駉편은 희공僖公이 경야坰野에서 방목한 일을 찬미한 것인데 어찌하여 말의 암수에 제한을 두는 것입니까?"

나는 이렇게 대답하였다.

"《모전毛傳》에「경경은 양마의 복간腹幹이 살찐 모습이다」라 하였고, 그 아래에 다시「제후에게는 여섯 개의 마구간에 네 종류의 말이 있으니, 양마良馬・융마戎馬・전마田馬・노마駑馬이다」라 하였소. 만약 이를 방목放牧의 뜻으로 써서 암말, 수말이 모두 통용된다면 양마良馬만이 유독 경경하다는 표현이 용납되지 못하였을 것입니다. 양마는 천자가 그에게 옥로玉輅를 끌게 하는 것이며, 제후가 조빙朝聘이나 교사郊祀에 사용되는 것이니, 틀림없이 암말이 아니어야 합니다. 《주례周禮》 어인직圉人職에「양마는 매 필匹마다 한사람씩 관리하며, 노마는 두 필마다 한사람이 관리한다」라 하였습니다. 어인이 기르는 것도 역시 암말은 아니었습니다. 남을 칭송할 때는 그의 강준强駿한 점을 거론하여 말하는 것은 그 의의義에 있어서 타당한 것입니다. 《역易》에「양마가 함께 달린다」라 하였고, 《좌전左傳》에는「그 양마 두 필을 사용하였다」라 하였으니, 역시 그의 정준精駿함을 칭찬한 것이지 암수를 통칭하여 쓴 뜻이

아닙니다. 지금 《시전詩傳》의 양마에 암말을 방목하는 것과 같다고
한다면, 아마 모씨毛氏의 뜻에 어긋날뿐더러 아직 유방劉芳의 《모시전음
의증毛詩箋音義證》을 보지 못한 것이 아니겠습니까?"

　《詩》云:「駉駉牡馬.」江南書皆作牝牡之牡, 河北本悉爲放
牧之牧. 鄴下博士見難云:「駉頌旣美僖公牧于坰野之事, 何限
驊騭乎?」余答曰:「案:《毛傳》云:『駉駉, 良馬腹幹肥張也.』
其下又云:『諸侯六閑四種: 有良馬, 戎馬, 田馬, 駑馬.』若作放牧
之意, 通於牝牡, 則不容限在良馬獨得駉駉之稱. 良馬, 天子以駕
玉輅, 諸侯以充朝聘郊祀, 必無驊也.《周禮》圉人職:『良馬, 匹一
人. 駑馬, 麗一人.』圉人所養, 亦非驊也; 頌人擧其强駿者言之,
於義爲得也.《易》曰:『良馬逐逐.』《左傳》云:『以其良馬二.』
亦精駿之稱, 非通語也. 今以《詩傳》良馬, 通於牧驊, 恐失毛生
之意, 且不見劉芳《義證》乎?」

【駉駉牡馬】 살찐 수말.《詩經》魯頌駉의 구절.
【鄴下】 鄴은 北齊 수도로 삼았던 곳. 지금의 河南省 臨漳縣.
【驊騭】 驊는 암말. 騭은 수말.
【六閑】 여기서 閑은
　마구간을 가리킴.
【玉輅】 玉으로 장식
　한 天子의 수레.
【良馬逐逐】《周易》
　大畜 九三의 구절.
【以其良馬二】《左傳》
　宣公 12년을 볼 것.

開成石經《毛詩》唐 文宗 開成 2년

「여정출荔挺出」

《예기》월령月令에『여정출荔挺出』이 있는데 정현鄭玄은 "여정은 마해(馬薤, 꽃창포)이다"라 주를 달았으며, 《설문》에는 "려荔는 창포와 비슷하나 작으며 뿌리로 솔刷을 만들 수 있다"라 하였다. 그리고 《광아》에는 "마해는 려荔이다"라 하였고, 《통속문》에도 역시 마린馬藺이라 하였다. 《역통통과험현도易統通卦驗玄圖》에는 "여정荔挺이 나지 않으면 나라에 화재가 많이 일어난다"라 하였다. 채옹蔡邕의 〈월령장구月令章句〉에는 "려荔는 정挺과 같다"라 하였고, 《여씨춘추呂氏春秋》 고유高誘 주에는 "여초荔草는 뾰족하게 솟아난다"라 하였다.

그렇다면 정현의 〈월령주月令注〉에 여정荔挺을 풀이름으로 본 것은 오류이다. 하북河北의 평지 소택沼澤에는 대부분 이 식물이 자라고 있다. 강동江東에도 이 식물이 자못 많아 사람들은 이를 계단이나 뜰에 심기도 하지만, 단지 이를 한포旱蒲라 부를 뿐이다. 그 때문에 마해를 알지 못하는 것이다. 《예기》를 강론하는 자들은 이것을 마현(馬莧, 비름)인 줄로 알고 있다. 마현은 먹을 수 있다. 이름을 돈이豚耳라고도 하며 속명은 마치馬齒이다. 강릉江陵에 어떤 승려가 있어 얼굴 모습이 위는 넓고 아래는 좁았다. 유완劉緩의 어린 아들 민예民譽는 나이 겨우 몇 살 밖에 되지 않아 똑똑하여 물건의 특징을 잘 알아내었다. 그 아이가 이 승려를 보고는 대뜸 "얼굴이 마현처럼 생겼다"라 하자, 그의 백부伯父인 유도劉縚가 이로 인해 그 승려를 여정법사荔挺法師라 불렀다. 유도는 직접 《예기》 강의에 이름난 선비였는데도 오히려 이와 같은 오류를 범하였다.

〈月令〉云:「荔挺出.」鄭玄注云:「荔挺, 馬薤也.」《說文》云:「荔, 似蒲而小, 根可爲刷.」《廣雅》云:「馬薤, 荔也.」《通俗文》亦云馬藺.《易統通卦驗玄圖》云:「荔挺不出, 則國多火災.」

여지(荔枝)《三才圖會》

蔡邕〈月令章句〉云:「荔似挺.」高誘注《呂氏春秋》云:「荔草挺出也.」然則月令注荔挺爲草名, 誤矣. 河北平澤率生之. 江東頗有此物, 人或種於階庭, 但呼爲旱蒲, 故不識馬薤. 講《禮》者乃以爲馬莧; 馬莧堪食, 亦名豚耳, 俗名馬齒. 江陵嘗有一僧, 面形上廣下狹; 劉緩幼子民譽, 年始數歲, 俊晤善體物, 見此僧云:「面似馬莧.」 其伯父縚因呼爲荔挺法師. 縚親講《禮》名儒, 尚誤如此.

【月令】《禮記》의 편명.
【馬薤】풀이를 약으로 사용함.
【廣雅】字書. 魏나라때 張揖이 지음.
【通俗文】책으로 漢나라 때 伏虔이 지음.
【高誘】人名. 漢나라 때의 학자로《戰國策》·《呂氏春秋》등을 주석함.《呂氏春秋》의 十二月紀와《禮記》月令은 대략 같음. 이에《呂氏春秋》仲冬紀에도 역시『荔挺出』의 구절이 있음.
【平澤】沼澤池를 말함.
【馬莧】비름의 일종. 五行草·馬齒莧이라고도 부름.

187
(17-6)

「시시施施」

《시詩》에 『장기래시시將其來施施』(어서어서 내 앞에 나타나다오)라는 구절
이 있다. 《모전毛傳》에는 "시시施施는 나가기 힘들다는 뜻"이라 하였고,
《정전鄭箋》에는 "시시施施는 천천히 행하는 모습"이라 하였다. 《한시
韓詩》에도 역시 「시시施施」는 중첩되어 있다. 그리고 하북河北의 《모시》
에도 모두 「시시」로 되어 있으나, 강남江南의 구본舊本에는 홀로 「시施」
한 글자로 되어 있으며, 민간에서도 드디어 이것이 옳은 것으로 여겨
지고 있다. 아마 약간 잘못된 것 같다.

《詩》云:「將其來施施」《毛傳》云:「施施, 難進之意.」《鄭箋》云:
「施施, 舒行皃也.」《韓詩》亦重爲施施. 河北《毛詩》皆云施施.
江南舊本, 悉單爲施, 俗遂是之, 恐爲少誤.

【將其來施施】《詩經》王風 丘中有麻의 구절.
【韓詩】漢나라 때 三家詩(《齊詩》, 《魯詩》, 《韓詩》)중의 하나로 燕의 韓嬰이
　가르치던 詩. 지금은 전하지 않고 《韓詩外傳》만 전함.

188
(17-7)

「흥운기기興雲祁祁」

《시》에 『유엄처처有渰萋萋, 흥운기기興雲祁祁』라는 구절에 대해 《모전》에는 "엄渰은 검은 구름의 모습이다. 처처萋萋는 구름이 흘러가는 모습이다. 기기祁祁는 느린 모습이다"라 하였고, 《정전鄭箋》에는 "옛날에는 음양이 조화를 이루고 풍우가 때맞추어 그 나타남이 기기연祁祁然하였으며 급하게 몰아치지 않았다"라 하였다. 생각건대 「엄渰」이 이미 검은 구름이라면 어찌 노고롭게 다시 「흥운기기興雲祁祁」라 하였겠는가? 그러니 「운雲」은 마땅히 「우雨」이어야 하며, 민간에서 잘못 베껴 쓴 것이다.

반고班固의 〈영대시靈臺詩〉에 "삼광이 천지에 널리 퍼지고, 오행이 그 질서에 펼쳐져 있네. 습습한 상풍과 기기한 감우로다"라 한 것이 그 증거이다.

《詩》云:「有渰萋萋, 興雲祁祁.」《毛傳》云:「渰, 陰雲皃. 萋萋, 雲行皃. 祁祁, 徐皃也.」《箋》云:「古者, 陰陽和, 風雨時, 其來祁祁然, 不暴疾也.」案: 渰已是陰雲, 何勞復云「興雲祁祁」耶?「雲」當爲「雨」, 俗寫誤耳. 班固〈靈臺詩〉云:「三光宣精, 五行布序, 習習祥風, 祁祁甘雨.」此其證也.

【有渰萋萋】《詩經》小雅 大田의 구절.

【三光】日, 月, 星을 뜻함.

【五行】金, 木, 水, 火, 土를 말함.

189
(17-8)

「유예猶豫」

《예禮》에 "유예猶豫를 결정하고 혐의를 판결한다定猶豫, 決嫌疑"라 하였고, 《이소離騷》에는 "마음이 유예하여 여우처럼 의심한다"라 하였는데, 옛 학자들이 이 「유예」에 대하여 해석을 내린 자가 없었다. 《시자尸子》를 살펴보니 "다섯 자의 개를 유猶라 한다"라 하였고, 《설문》에는 "농서隴西에서는 강아지를 유猶라 한다"라 하였다. 나는 사람이 개를 데리고 나서면 개는 사람 앞으로 나서기를 좋아하며, 주인을 기다려도 오지 않으면 다시 찾아와 맞이하며, 이와 같은 반복을 하루 종일이라도 한다. 이는 바로 예豫자가 미정未定의 뜻을 가진 것이며, 그 때문에 유예라 칭하는 것으로 여겼다.

혹자는 《이아》를 근거로 "유는 궤(麂, 노루의 일종)처럼 생겼으며 나무에 잘 오른다"라 하여, 유는 짐승 이름이며, 사람 소리를 들으면 나무에 근거하여 방비하니, 이와 같이 오르락내리락하기 때문에 유예라 칭한다라 하였다. 여우란 짐승은 의심이 많다. 그 때문에 하수河水가 얼어 물소리가 들리지 않아야 감히 건넌다. 지금 속담에 "여우는 의심을 잘하고, 호랑이는 땅을 긁어 점을 친다"라는 것이 곧 그러한 뜻이다.

《禮》云:「定猶豫, 決嫌疑.」《離騷》曰:「心猶豫而狐疑.」先儒未有釋者. 案:《尸子》曰:「五尺犬爲猶.」《說文》云:「隴西謂犬子爲猶.」吾以爲人將犬行, 犬好豫在人前, 待人不得, 又來迎候,

如此返往, 至於終日, 斯乃豫之所以爲未定也, 故稱猶豫. 或以
《爾雅》曰:「猶如麂, 善登木.」猶, 獸名也, 旣聞人聲, 乃猶緣木,
如此上下, 故稱猶豫. 狐之爲獸, 又多猜疑, 故聽河冰無流水聲,
然後敢渡, 今俗云:「狐疑, 虎卜.」則其義也.

【定猶豫】《禮記》曲禮(上)의 구절.

【尸子】책이름.《隋書》經籍志에 20권으로 저록되어 있으며, 尸佼의 찬으로
되어 있음.

【離騷】戰國시대 屈原의 楚辭 作品.

【爾雅曰】이는《爾雅》釋獸에 들어 있음.

【狐】《水經注》河水에 『《述征記》曰:「孟津, 河津, 恆濁, 方江爲狹, 比淮,
濟爲闊, 寒則冰厚數丈. 冰始合, 車馬不敢過, 要順狐行, 云此物善聽, 冰下
無水乃過, 人見狐行方渡.」』라 함.

【虎卜】호랑이가 점을 침.《虎苑》에「虎知衝破, 每行, 以爪畫地卜食, 觀奇偶
而行, 今人畫地卜曰虎卜」이라 함.

《爾雅》 십삼경주소본

「해점痎痁」

《좌전左傳》에 "제나라 임금이 해병에 걸려 드디어 열이 났다齊侯痎, 遂痁"라 하였는데 《설문》에는 "해痎는 이틀에 한 번씩 나타나는 학질이다. 점痁은 열이 나는 학질이다"라 하였다. 생각건대 제나라 임금의 병은 본래 하루걸러 나타났으며, 점차 가중되었기 때문에 다른 제후들의 근심 거리가 되었던 것이리라. 지금 북방에서는 이를 '해학痎瘧'이라 부르며 해痎는 음이 개皆이다. 그런데 세상에 전하는 판본은 흔히 해痎를 개疥로 쓴다. 두정남杜征南, 杜預 역시 아무런 해석을 하지 않았으며, 서선민徐仙民, 徐邈은 개疥의 음을 개介라 하였다. 속된 선비들은 곧 이에 통용시켜 "개병 疥病을 앓게 되면 사람이 오한이 들며 변하여 학질이 된다"라고들 한다. 이는 억설이다. 개선(疥癬, 옴)은 하찮은 질환인데, 어찌 가히 논할 거리가 되겠으며, 어찌하여 옴이 변하여 학질이 되겠는가?

《左傳》曰:「齊侯痎, 遂痁.」《說文》云:「痎, 二日一發之瘧. 痁, 有熱瘧也.」案: 齊侯之病, 本是間日一發, 漸加重乎故, 爲諸侯 憂也. 今北方猶呼痎瘧, 音皆. 而世間傳本多以痎爲疥, 杜征南 亦無解釋, 徐仙民音介, 俗儒就爲通云:「病疥, 令人惡寒, 變而 成瘧.」此臆說也. 疥癬小疾, 何足可論, 寧有患疥轉作瘧乎?

【左傳曰】이는《左傳》昭公 20년에 실려 있음.

【痎】본음은 '개', 속음은 '해'이다.

【杜征南】杜預를 가리킴. 일찍이 征南大將軍을 역임하였음.

191
(17-10)
「영향影響」

    《상서尚書》에 "길흉의 응보는 그림자나 메아리와 같다惟影響"라 하였고, 《주례周禮》에는 "토규土圭로 해 그림자를 측량한다. 아침저녁의 그림자를 잰다土圭測影, 影朝影夕"라 하였고, 《맹자孟子》에는 "그림 속의 그림자는 실체의 형태가 아니다圖影失形"라 하였으며, 《장자莊子》에는 "도깨비가 그림자에게 묻다罔兩問影"라 하였다. 여기에 쓰인「영影」은 모두가 마땅히 광경光景의 경景자이어야 한다. 무릇 음경陰景이란 빛에 의해 생긴다. 그러므로 경景이라 말하는 것이다. 《회남자淮南子》는 이를 경주景柱라 하였고 《광아廣雅》에는 "구주가 그림자를 걸치고 있다晷柱挂景"라 하였으니 모두가 이것이다. 진晉나라에 이르러 갈홍葛洪의 《자원字苑》에 비로소 곁에 삼彡을 더하였고, 음이「어경반於景反」(영)이 되었다. 그러자 세간에서는 곧 바로《상서》·《주례》·《장자》·《맹자》속의 글자를 고쳐 갈홍이 만든 글자를 따랐으니, 심히 잘못된 것이다.

    《尚書》曰:「惟影響.」《周禮》云:「土圭測影, 影朝影夕.」《孟子》曰:「圖影失形.」《莊子》云:「罔兩問影.」如此等字, 皆當爲光景之景. 凡陰景者, 因光而生, 故卽謂爲景.《淮南子》呼爲景柱, 《廣雅》云:「晷柱挂景.」並是也. 至晉世葛洪《字苑》, 傍始加彡, 音於景反. 而世間輒改治《尚書》·《周禮》·《莊》·《孟》從葛洪字, 甚爲失矣.

【尙書曰】《尙書》大禹謨에 실려 있음.

【周禮云】이는《周禮》地官 大司徒에 실려 있음.「以土圭之法測土深, 正日景以求地中, 日南則景短多暑, 日北則景長多寒, 日東則景夕多風, 日西則景朝多陰」이라 함.

【孟子曰】이는 지금의《孟子》에는 없으며,《孟子外書》孝經에 들어 있음.

【莊子云】《莊子》齊物篇에 실려 있음. 罔兩은 魍魎은로도 쓰며 도깨비·幻影을 나타내는 疊韻連綿語.

【字苑】字書. 晉나라 葛洪이 편찬함.《舊唐書》經籍志와《新唐書》藝文志에 갈홍의《要用字苑》1권이 저록되어 있으나 원본은 이미 사라지고, 지금은 청나라 林大椿의 輯佚本이 전함.

【景】원음이 '영'이며 갈홍이 影이라는 글자를 처음 사용하여 구분함.《楚辭》九章의「入景響之無應兮」의 洪興祖 補注에「景, 於境切, 物之陰影也, 葛洪始作影」이라 함.

192
(17-11)

「진陳」과 「진陣」

　　태공太公의 《육도六韜》에 천진天陳·지진地陳·인진人陳·운조지진雲鳥
之陳 등이 있다. 그리고 《논어論語》에 "위령공이 공자에게 진陳을 물었다"
라 하였으며, 《좌전左傳》에는 "어려지진魚麗之陳을 치다"라 하였다. 그런데
속본에는 흔히 「부阜」방에 거승車乘의 「거車」를 써서 「진陣」으로 쓴다.
생각건대 여러 진대陳隊는 모두가 진정陳鄭의 「진陳」자여야 한다. 무릇
행진行陳의 뜻은 진열陳列이란 말에서 취한 것이다. 이는 육서六書 중의
가차假借이다. 《창힐편蒼頡篇》과 《이아爾雅》 및 근세의 자서字書에는
모두가 따로 별자別字가 없었다. 그런데 오직 왕희지王羲之의 〈소학장小學
章〉에만은 「부阜, ﾓ」옆에 거車를 썼다. 비록 세속에 이미 통행되고는
있지만 그렇다고 이를 근거로 《육도》, 《논어》, 《좌전》을 고치는 것은
마땅치 않다.

　　太公《六韜》, 有天陳·地陳·人陳·雲鳥之陳. 《論語》曰:「衛
靈公問陳於孔子.」《左傳》:「爲魚麗之陳.」俗本多作阜傍車乘
之車. 案諸陳隊, 並作陳·鄭之陳. 夫行陳之義, 取於陳列耳, 此
六書爲假借也, 《蒼》·《雅》及近世字書, 皆無別字; 唯王羲之
〈小學章〉, 獨阜傍作車, 縱復俗行, 不宜追改《六韜》·《論語》·
《左傳》也.

【六韜】兵法書. 姜太公望이 지었다 함.《隋書》經籍志에 5권이 저록되어 있으며 「周文王師姜望撰」이라 함.『六韜』는 文韜·武韜·龍韜·虎韜·豹韜·犬韜를 말함.

【衛靈公問陳】《論語》衛靈公篇에『衛靈公問陳於孔子. 孔子對曰:「俎豆之事, 則嘗聞之矣; 軍旅之事, 未之學也.」明日遂行. 在陳絶糧, 從者病, 莫能興. 子路慍見曰:「君子亦有窮乎?」子曰:「君子固窮, 小人窮斯濫矣.」』라 함.

【魚麗之陳】《左傳》桓公 5년에 실려 있음. 魚麗는 布陣의 명칭.

【蒼雅】《蒼頡篇》과《爾雅》.

【小學章】王羲之가 쓴 字書. 그러나 이는 義義라는 사람이 쓴 것을 잘못 알아 왕희지의 저작이라고 한다 하였음. 趙曦明은《隋書》經籍志:《小學篇》一卷, 晉下邳內史王義撰. 諸本並作王羲之, 乃妄人謬改』라 함.

快雪時晴帖(東晉) 王羲之 臺北故宮博物館 소장

193
(17-12) 「관목灌木」

《시詩》에 『황조우비黃鳥于飛, 집우관목集于灌木』(꾀꼬리가 날아서 관목에 모여 앉네)라 하였고, 《모전毛傳》에는 "관목은 총목叢木이다"라 하였다. 이는 《이아爾雅》에 있는 설명이다. 그 때문에 이순李巡의 주에 "나무가 떨기로 나있는 것은 관灌이라 한다"라 하였고, 《이아》의 끝 부분에는 다시 "나무가 무리지어族 난 것이 관灌이다"라 하였다. 족族은 역시 떨기를 이루어 모여 있는 「총취叢聚」이다. 그 때문에 강남에 전해오는 《시경》 고본은 모두가 총취叢聚의 총叢으로 되어 있다. 그런데 총叢의 고자古字는 「최冣」자와 비슷하다. 이에 근세 유생들은 이를 「최冣」자로 고쳐놓고는 "나무 중에 가장 키가 큰 것"이라 풀이하고 있다. 생각건대 각 가의 《이아》나 《시》를 해석한 중에 이렇게 말한 자는 없다. 오직 주속지周續之의 《모시주毛詩注》에만 음을 「조회반徂會反」 (최, 죄)라 하였고, 유창종劉昌宗의 《시주詩注》에는 음을 「재공반在公反」 (종, 총) 혹은 「조회반祖會反」(죄, 최)라 하였는데 이는 모두가 억지로 천착한 것이며, 《이아》의 풀이와 맞지 않다.

《詩》云:「黃鳥于飛, 集于灌木.」《傳》云:「灌木, 叢木也.」 此乃《爾雅》之文, 故李巡注曰:「木叢生曰灌.」《爾雅》末章又云: 「木族生爲灌.」族亦叢聚也. 所以江南《詩》古本皆爲叢聚之叢,

而古叢字似冣字, 近世儒生, 因改爲冣, 解云:「木之冣高長者.」案: 衆家《爾雅》及解詩無言此者, 唯周續之《毛詩注》, 音爲祖會反, 劉昌宗詩注, 音爲在公反, 又祖會反: 皆爲穿鑿, 失《爾雅》訓也.

【黃鳥于飛】《詩經》周南 葛覃의 구절.

【李巡】《爾雅》에 注를 한 사람.《經典釋文》敍錄에「《爾雅》, 李巡注三卷, 汝南人, 後漢中黃門」이라 함.

【周續之】《毛詩注》를 쓴 사람.《宋書》隱逸傳에「周續之, 字道租, 雁門廣武人也, ……通毛詩六義及禮論公羊傳, 皆傳於世」라 함.

【劉昌宋】晉나라 때 인물이 아닌가 함.《主禮音》,《儀禮音》,《禮記音》,《毛詩音》, 《尚書音》,《左傳音》을 썼다하나 지금은 전하는 것이 없음.

「야也」와 「금衿」

　　「야也」는 말이 끝났거나語已辭, 구절을 돕는 말助句辭로 문적에 널리 나타나고 있다. 그런데 하북河北의 경전經傳에는 모두가 이 글자를 생략하고 있다. 그러나 그 중에는 가히 없어서는 안 되는 것이 있다. 이를테면 『백야집수伯也執殳』나 『어려야어於旅也語』, 『회야루공回也屢空』, 『풍風, 풍야風也. 교야敎也』라든가 《시전詩傳》의 『부집不戢, 집야戢也. 불나不儺, 나야儺也』, 『부다不多, 다야多也』 등인데 이러한 경우 만약 이 글자를 빼버린다면 자못 의미가 폐하고 잘못되게 된다.

《列女傳》漢 劉向(찬)

　　《시詩》에 『청청자금靑靑子衿』이라 하였고, 《전傳》에는 "푸른 옷깃은 청령靑領(푸른 옷섶)이다. 공부하는 자의 옷이다"라 하였다. 생각건대 옛날에는 사령(斜領, 목근처의 옷섶)이 아래로 내려와 옷깃에 닿았다. 그 때문에 영領을 금衿이라 하였던 것이다. 손염孫炎과 곽박郭璞의 《이아》 주, 그리고 조대고曹大家, 班昭의 《열녀전列女傳》에 모두 "긍은 교령(交領, 교차시킨 옷섶)이다"라 하였다. 업하鄴下의 《시詩》에는 「야也」자가 없으며 여러 학자들이 잘못된 설을 근거로 "청금과

청명을 옷의 양쪽 이름이며, 모두가 푸른색으로 장식을 한다"라 하여
「청청靑靑」 두 글자를 해석하고 있으니 크게 잘못된 것이다.

그리고 또 다른 속학들은 경과 전 가운데에 반드시 있어야할 「야也」자
를 자기 임의대로 매번 맞지 않는 곳에 붙이기도 하니 더욱 가소로운
일이다.

「也」是語已及助句之辭, 文籍備有之矣. 河北經傳, 悉略此字,
其間字有不可得無者, 至如「伯也執殳」, 「於旅也語」, 「回也屢空」,
「風, 風也, 敎也」, 及《詩傳》云:「不戢, 戢也; 不儺, 儺也.」「不多,
多也.」如斯之類, 儻削此文, 頗成廢闕.《詩》言:「靑靑子衿.」
《傳》曰:「靑衿, 靑領也, 學子之服.」按: 古者, 斜領下連於衿,
故謂領爲衿. 孫炎·郭璞注《爾雅》, 曹大家注《列女傳》, 並云:
「衿, 交領也.」鄴下《詩》本, 旣無「也」字, 羣儒因謬說云:「靑衿·
靑領, 是衣兩處之名, 皆以靑爲飾.」用釋「靑靑」二字, 其失大矣!
又有俗學, 聞經傳中時須也字, 輒以意加之, 每不得所, 益成可笑.

【伯也執殳】《詩經》衛風 伯兮의 구절.
【於施也語】《儀禮》鄕射禮의 구절.
【回也屢空】《論語》先進篇에『子曰:「回也其庶乎, 屢空. 賜不受命, 而貨殖焉,
億則屢中.」』이라 함.
【不多多也】《詩經》小雅 卷阿의 毛傳.
【靑靑子衿】《詩經》鄭風 子衿의 구절.
【曹大家】班昭를 가리킴. 班固의 여동생. 학문이 높고 재주가 있어 궁중의 保傅가
되었었음. '조대고'로 읽음.
【列女傳】劉向이 지은 여인들의 일화를 모은 책. 모두 15권으로《隋書》經籍志에
저록되어 있음. 그러나 여기에 인용된 것은 조대고가 지은《열녀전》을 말함.

195
(17-14)

촉재주蜀才注의 《역易》

《역易》에 촉재주蜀才注라는 판본이 있다. 강남의 학사들도 끝내 그가 어떤 사람인지 알지 못하였다. 왕검王儉의 《사부목록四部目錄》에는 그의 이름은 언급하지 않은 채, "왕필王弼의 후인"이라고만 제題하였다. 사경謝炅과 하후해夏侯該는 다 같이 수천 권의 책을 읽은 학자로서 모두가 이는 바로 초주譙周라는 사람이 아닌가 의심할 뿐이었다. 그런데 《이촉서李蜀書》는 일명 《한지서漢之書》라고도 하는데, 거기에 "촉재는 성은 범范씨요, 이름은 장생長生으로 스스로 촉재蜀才라 칭하였다"라 하였다. 남방 사람들은 진晉나라가 도강한 후, 북쪽 지역에 전해오는 책들에 대하여 위서僞書라 여겨 살펴 읽기를 귀히 여기지 않았다. 그 때문에 《이촉서》의 내용을 보지 않았던 것이다.

《易》有蜀才注, 江南學士, 遂不知是何人. 王儉《四部目錄》, 不言姓名, 題云:「王弼後人.」謝炅·夏侯該, 並讀數千卷書, 皆疑是譙周; 而《李蜀書》一名《漢之書》, 云;「姓范名長生, 自稱蜀才.」南方以晉家渡江後, 北間傳記, 皆名爲僞書, 不貴省讀, 故不見也.

【蜀才注】《周易》의 주석본.《隋書》經籍志에「《周易》十卷, 蜀才注」라 함.

【四部目錄】남조 宋나라 王儉이 지은 책.《隋書》經籍志에「宋元嘉八年, 秘書監謝靈運造四部目錄, 大凡六萬四千五百八十二卷, 元徽六年, 王儉又造目錄, 大凡一萬五千七百四卷」이라 함.

【謝炅】남조 梁나라 때 인물.

【夏侯該】夏侯詠의 오기. 역시 남조 梁나라 때의 인물.

【譙周】삼국시대 蜀나라 인물. 자는 允南. 경학과 천문에 밝았다 함.《三國志》蜀書 譙周傳 참조.

【李蜀書】《蜀李書》의 오기.《史通》古今正史에「蜀初號曰成, 後改稱漢. 李勢散騎常侍常璩撰《漢之書》十卷, 後入晉秘閣, 改爲《蜀李書》」라 함.

【蜀才】《經典釋文》敍錄에「《周易》蜀才注十卷,《蜀李書》云:『姓范, 名長生, 一名賢, 隱居靑城北, 自號蜀才, 李雄以爲丞相.』」이라 함.

《周易》십삼경주소본

「라고굉贏股肱」

《예禮》 왕제王制에 『라고굉贏股肱』(고굉을 드러내다)이라는 구절이 있다.
정현鄭玄은 "옷을 걷어 그 팔과 정강이를 드러내는 것을 말한다"라
하였다.

지금의 책에는 환/선撋의 글자를 모두 환갑撰甲의 환撰으로 쓰고 있다.
국자박사國子博士 소해蕭該는 이렇게 말하였다. "환撰은 마땅히 환/선撋
으로 써야한다. 음은 선宣이다. 환撰은 옷을 입는다는 말로 팔을 드러낸
다는 뜻이 아니다."

《자림字林》을 상고해 보니 소해의 말이 맞다. 서원徐爰이 음이 환患
이라 한 것은 잘못된 것이다.

《禮》王制云:「贏股肱.」鄭注云:「謂撋衣出其臂脛.」今書皆作
撰甲之撰. 國子博士蕭該云:「撰當作撋, 音宣, 撰是穿著之名,
非出臂之義.」按《字林》, 蕭讀是, 徐爰音患, 非也.

【蕭該】 남조시대 梁나라 鄱陽王 蕭恢의 손자로 경학에 밝았으며, 특히《漢書》에
　　 정통하여《漢書音義》를 지었으며,《文選音義》도 있음.《隋書》75,《北史》권82
　　 등 참조.
【字林】 字書. 남조 宋나라 呂忱이 지었음.
【徐爰】 남조 宋나라 때의 인물로《禮記音》2권을 지음.

197
(17-16)

《한서漢書》에서 알 수 없는 글자

《한서漢書》에 『전긍하상田肎賀上』(전긍이 축하해 올리다)라는 구절이 있다. 강남의 판본에는 모두가 긍肎자가 「소宵」자로 되어 있다. 패국沛國 사람 유현劉顯은 경적을 널리 읽었으며, 특히 반고班固의 《한서》에 밝아 양梁나라 때에 '한성漢聖'이라 일컬어졌다. 이 유현의 아들 유진劉臻도 가업을 실추시키지 않은 자였다. 그가 반고의 《한서》를 읽으면서 「전긍」으로 읽자 양梁 원제元帝가 이상히 여겨 물었다. 유진은 이렇게 대답하였다.

"이는 증명이 될 만한 근거를 찾을 수 없습니다. 그러나 저의 집에 전하는 구본에는 굵고 붉은 글씨로 소宵자는 잘못이라 하여 긍肎자로 고쳐져 있습니다."

원제는 이를 반박할 근거가 없었다. 내가 강북으로 와서 원본을 보니 「긍肎」자로 되어 있었다.

《漢書》:「田肎賀上.」江南本皆作「宵」字. 沛國劉顯, 博覽經籍, 偏精班漢, 梁代謂之漢聖. 顯子臻, 不墜家業. 讀班《史》, 呼爲 田肎. 梁元帝嘗問之, 答曰:「此無義可求, 但臣家舊本, 以雌 黃改『宵』爲『肎』.」 元帝無以難之. 吾至江北, 見本爲「肎」.

【田肯】 田肯. 인명. 《漢書》 高帝紀 참조.

【劉顯】 남조 梁나라 때의 인물. 《隋書》 經籍志에 「梁時明《漢書》有劉顯·韋稜, 陳時有姚察, 隋代有包愷·蕭該, 並爲名家」라 하였고, 유현의 《漢書音》이 저록 되어 있음.

【劉臻】 劉顯의 아들. 《北史》 文苑傳 및 《隋書》 文學傳 참고.

【雌黃】 고대의 染料. 글씨를 잘못 썼을 때 이 염료를 칠한 다음 고쳐 썼음.

198
(17-17) 왕망王莽의 「자색와성紫色蛙聲」

《한서漢書》왕망전王莽傳 찬贊에 "자주색은 정색이 아니며 와성은 정성
正聲이 아니다. 그는 마치 달력에서 윤달과 같은 위치이다"라 하였다.
이는 대체로 왕망이란 자는 현황玄黃의 정색正色도 아니요, 율려律呂에
맞는 음도 아니라는 뜻이다. 근래 어떤 학자는 명성과 학문이 심히 높건만
"왕망은 연박호시鳶髆虎視의 모습일 뿐만 아니라, 다시 피부가 자주 빛이며
목소리는 개구리 울음소리 같다"라 하였다. 역시 그릇된 풀이이다.

《漢書》王莽贊云:「紫色蛙聲, 餘分閏位.」蓋謂非玄黃之色,
不中律呂之音也. 近有學士, 名問甚高, 遂云:「王莽非直鳶髆
虎視, 而復紫色蛙聲.」亦爲誤矣.

【紫色】고대 朱色을 正色으로, 紫色을 間色으로 여겼음.《論語》陽貨篇에『子曰:
「惡紫之奪朱也, 惡鄭聲之亂雅樂也, 惡利口之覆邦家者.」』라 함. 왕망이 漢나라
를 찬탈한 것은 紫色이 朱色을 빼앗은 것이라 본 것임.
【蛙聲】蛙聲. 즉 개구리 울음소리. 왕망의 목소리를 비유한 것.
【玄黃】黑黃. 모두 正色으로 여겼음.
【律呂】正音을 뜻함.
【鳶髆虎視】사람의 어깨가 독수리처럼 솟아있고, 눈이 호랑이처럼 흉악함. 간악
한 모습을 뜻함.

199
(17-18)

「책策, 筴」

간책簡策의 책策자는 죽竹아래에 자朿를 썼다. 후대에 예서隸書에서 기송杞宋의 송宋자 역시 죽竹아래에 협夾을 썼다. 그 때문에 마치 자刺자의 방傍이 자朿여야 함에도 지금은 이를 협夾자로 쓰는 것과 같아졌다. 그러자 서선민徐仙民, 徐邈은《춘추좌씨전음春秋左氏傳音》과《예기음禮記音》에서 드디어 책筴을 정자로 하고 음을 책策이라 하여 특이하게 전도顚倒시키고 말았다.

《사기史記》에는 다시 실悉자가 있는데 이를 잘못하여 술述이라 베끼고, 투妬자를 구姤자로 하자. 배인裴駰·서막徐邈·추탄생鄒誕生 등은 모두 실悉을 술述로 읽고, 투妬를 구姤로 읽게 되었다. 아무리 그렇다 해도 해亥자를 시豕로 읽고, 제帝를 호虎로 읽을 수야 있겠는가?

簡策字, 竹下施朿, 末代隸書, 似杞·宋之宋, 亦有竹下遂爲夾者; 猶如刺字之傍應爲朿, 今亦作夾. 徐仙民《春秋》·《禮音》, 遂以筴爲正字, 以策爲音, 殊爲顚倒.《史記》又作悉字, 誤而爲述, 作妬字, 誤而爲姤, 裴·徐·鄒皆以悉字音述, 以妬字音姤. 旣爾, 則亦可以亥爲豕字音, 以帝爲虎字音乎?

【徐仙民】徐邈을 가리킴.《隋書》經籍志에「《春秋左氏傳音》三卷,《禮記音》三卷,
  並徐邈撰」이라 함.
【裵·徐·鄒】裵駰·徐廣·鄒誕生 세 사람을 가리킴.《隋書》經籍志에「《史記》
  八十卷, 宋南中郞外兵參軍裵駰注.《史記音義》十卷, 宋中散大夫徐野民撰.
  《史記音》三卷, 梁輕車錄事參軍鄒誕生撰」이라 함.

200
(17-19)
「복虙」과 「복宓」

　　장읍張揖은 "복虙은 오늘날 말하는 복희씨伏羲氏이다"라 하였다. 맹강孟康의 《한서漢書》 고문주古文注에도 역시 "복虙은 지금의 복伏자"라 하였으며, 황보밀皇甫謐은 "복희伏羲는 혹 복희宓羲라고도 한다"라 하였다. 여러 경經·사史와 위서緯書·점술서占術書등을 보았으나 끝내 복희宓羲란 호는 없었다. 복虙자는 호虍를 좇아 쓰고 복宓자는 면宀을 좇아 쓰되 아래에 모두 필必자가 있다. 후세에 이를 전사하면서 잘못되어 복虙자를 복宓으로 쓴 것이며, 《제왕세기帝王世紀》에 이것이 이름으로 올라선 것이

氏 義 伏 昊 太

三才圖會

人物卷

九

태호 복희씨 《三才圖會》

다. 무엇으로 이를 증험하겠는가? 공자孔子의 제자에 복자천虙子賤이 선부單父 땅의 재宰가 되었는데 이는 곧 복희伏羲의 후손이다. 속자俗字에 복宓으로 쓰되 혹 산山을 더하여 밀密로 쓰기도 한다. 지금의 연주兗州 영창군성永昌郡城은 옛날 선부 땅으로 동문東門에 〈자천비子賤碑〉가 있다. 한漢나라 때에 세워진 것으로 "제남濟南 사람 복생伏生은 바로 복자천의 후손이다"라 하였다. 이로 보아 복虙과 복伏은 고래로 통용되던 글자였으나 이를 잘못하여 복宓으로 쓴 것이니, 이를 비교하면 가히 알 수 있다.

張揖云:「虙, 今伏羲氏也.」孟康《漢書》古文注亦云:「虙, 今伏.」
而皇甫謐云:「伏羲或謂之宓羲.」按諸經史緯候, 遂無宓羲之號.
虙字從虍, 宓字從宀, 下俱爲必, 末世傳寫, 遂誤以虙爲宓, 而帝王
世紀因更立名耳. 何以驗之? 孔子弟子虙子賤爲單父宰, 卽虙
羲之後, 俗字亦爲宓, 或復加山. 今兗州永昌郡城, 舊單父地也,
東門有〈子賤碑〉, 漢世所立, 乃曰:「濟南伏生, 卽子賤之後.」
是知虙之與伏, 古來通字, 誤以爲宓, 較可知矣.

【張揖】삼국 魏나라 때의 인물.《廣雅》4권,《埤蒼》3권,《三蒼訓詁》3권,《雜字》
　1권,《古文字訓》3권 등이《舊唐書》經籍志와《新唐書》藝文志에 저록되어
　있으나 지금은《廣雅》만 전함.
【孟康】삼국 魏나라 때의 인물. 자는 公休.《漢書音》9권이《隋書》經籍志에
　저록되어 있음.
【皇甫謐】晉나라 때의 학자. 자는 士安.《帝王世紀》,《高士傳》,《逸士傳》,
　《列女傳》 등을 지음.《晉書》皇甫謐傳 참조.
【緯候】緯書를 뜻함.
【虙子賤】虙不齊. 공자의 제자.
【單父】땅 이름. 지금의 山東省 單縣. 單은 음을 '선'으로 읽음.
【兗州】옛날 九州의 하나. 지금의 河北省과 山東省 일부 지역.

201
(17-20)

「영위계구寧爲鷄口, 무위우후無爲牛後」

　태사공太史公의 《사기史記》에 "차라리 닭의 주둥이가 될지언정 소의 궁둥이는 되지 말라"라 하였다. 이는 《전국책戰國策》의 구절을 산정刪定하여 옮긴 것이다. 연독延篤의 《전국책음의戰國策音義》에 "시尸는 닭 무리 중에 으뜸 되는 수컷이요, 종從은 송아지이다"라 하였다. 그렇다면 계구鷄口의 구口는 마땅히 시尸가 되어야 하고, 우후牛後의 후後는 종從자여야 한다. 세속에서 베낄 때에 잘못된 것이다.

　太史公《記》曰:「寧爲鷄口, 無爲牛後.」此是刪《戰國策》耳. 案: 延篤《戰國策音義》曰:「尸, 鷄中之主. 從, 牛子.」然則, 「口」當爲「尸」, 「後」當爲「從」, 俗寫誤也.

【太史公記】司馬遷의 《史記》를 가리킴.
【寧爲鷄口】《史記》蘇秦傳에 실려 있음. 張守節의 正義에 「鷄口雖小, 猶進食; 牛後雖大, 乃出糞也」라 함.
【戰國策】전국시대 策士들의 游說와 일화, 역사기록을 모은 것. 한나라 때 劉向이 정리함. 본문 내용은 韓策(1)의 소진이 「臣聞鄙語曰:『寧爲鷄口, 無爲牛後.』」에서 인용한 것임.

【延篤】後漢 때의 인물로 자는 叔堅. 馬融에게 배워 經史百家에 두루 통달했음.
《戰國策論》을 지음. 《後漢書》延篤傳 참조.
【戰國策音義】이 책은 역대 저록에 나타나지 않아 상고할 수 없음.

戰國策第一
西周

考王封其弟揭於河南是為河南桓公實西周
之始時則東有王西有公而東西之別猶未
立也桓公生威公威公生惠公惠公亦諡惠時尚少

西周為王而趙韓分周各有所食別封則
於是王赧以周之有威公桓武等報王而
一至於此矣而趙韓分周二之不確係之為西周乎

安王
不見乎安王實居東周可係之西周乎

嚴氏為賊而陽竪與焉道周周君智之十四日載

《戰國策》

고점리高漸離의 「기양伎癢」

　　응소應劭의 《풍속통風俗通》에 "태사공의 《사기史記》에 「고점리高漸離가 성명을 바꾸고 남의 머슴이 되어, 송자宋子라는 곳에 숨어 살았다. 오랫동안 고생하여 힘들어 할 때 그 집 당상堂上에서 어떤 객이 축筑을 두드리는 소리를 듣게 되었다. 그는 자신도 재주를 보이고 싶어 손이 근질근질하여伎癢 한마디 하지 않을 수가 없었다"라 하였다. 그런데 여기서 기양伎癢이란 자신의 재능을 표현하고 싶어 내심으로 가려움을 이겨내지 못함을 말한 것이다. 이에 반악潘岳의 〈사치부射雉賦〉에도 "한갓 마음만 안타까워 기양하네"라 하였다. 지금의 《사기》에는 모두 「배회徘徊」로 되어 있거나, 혹은 "방황하며 능히 말을 하지 않을 수 없었다"라 하였는데, 이는 세속에 전사하면서 생긴 오류이다.

　　應劭《風俗通》云:「太史公《記》:『高漸離變名易姓, 爲人庸保, 匿作於宋子, 久之作苦, 聞其家堂上有客擊筑, 伎癢, 不能無出言.』」案: 伎癢者, 懷其伎而腹癢也. 是以潘岳〈射雉賦〉亦云: 「徒心煩而伎癢.」 今《史記》並作「徘徊」, 或作「徬徨不能無出言」, 是爲俗傳寫誤耳.

【應劭】 동한 때의 인물로 자는 仲遠.《風俗通義》를 지음. 본문에 인용된 문장은 聲音篇의 구절임.

【太史公記】《史記》를 가리킴. 본문에 인용된 내용은 刺客列傳·荊軻篇에 실려 있음. 高漸離는 형가가 秦始皇 암살에 실패하자, 다시 나서서 진시황에게 축을 던져 죽이려다가 실패한 자객.

【宋子】 옛 지명. 지금의 河北省 趙縣.

【筑】 고대 악기. 금과 비슷하나 머리 부분이 크고 무거움.

【潘岳】 西晉 때 문인으로 자는 安仁. 그의 〈射雉賦〉는《文選》에 실려 있음.

「미媚」는 「모媢」의 오기이다

　　태사공太史公이 영포英布를 논한 말에 "재앙은 애희愛姬로부터 생겼
으니 이는 투미妬媚에서 비롯되어 나라의 멸망에까지 이른 것이다"라
하였다. 다시《한서漢書》외척전外戚傳에도 "총첩과 결탁하여 투미妬媚한
죄"라 하였다. 여기서 「미媚」자는 모두가 「모媢」자여야 한다. 모媢 역시
투妬이며, 그 뜻은《예기禮記》와《삼창三蒼》을 보라. 그리고《사기史記》
오종세가五宗世家에도 "상산 헌왕憲王의 후后가 투모妬媢하다"라 하였으며,
왕충王充의《논형論衡》에는 "질투하는 지애비와 질투하는 부인이 있으면
그 집안에 분노와 싸움이 끊이지 않는다"라 하였다. 이로써 모媢는
투妬의 또 다른 표현임을 알 수 있다. 영포의 죽음은 원래 비혁賁赫을
의심한 것일 뿐이니, 미媚라 말하는 것은 타당하지 않다.

　　太史公論英布曰:「禍之興自愛姬, 生於妬媚, 以至滅國.」又
《漢書》外戚傳亦云:「成結寵妾妬媚之誅.」 此二「媚」並當作
「媢」, 媢亦妬也, 義見《禮記》·《三蒼》. 且〈五宗世家〉亦云:「常
山憲王后妬媚.」 王充《論衡》云:「妬夫媢婦生, 則忿怒鬪訟.」
益知媢是妬之別名. 原英布之誅爲意賁赫耳, 不得言媚.

【英布】漢나라 때의 인물로 일찍이 黥刑을 받아 黥布로도 부름. 項羽를 따라 공을 세워 九江王에 봉해졌으나 뒤에 劉邦에게 항복하여 淮南王에 봉해지기도 했음. 반란을 도모하다가 끝내 피살됨. 《史記》黥布列傳 참조.

【禮記·三蒼】盧文弨는 「《禮記》大學: 媢疾以惡之, 鄭注: 媢, 妬也」라 하였음. 한편 《史記》五宗世家 索隱에 「郭璞注《三蒼》云: 媢, 丈夫妬也, 又云: 妒女爲媢」 라 하였음.

【王充】《論衡》論死에 「妬夫媢妻, 同室而處, 淫亂失行, 念怒鬪訟」이라 함.

진시황秦始皇의 칭권稱權

《사기史記》진시황본기秦始皇本紀에 "28년 승상 외림隗林과 승상 왕관王綰 등이 바닷가에서 토의하다"라 하였는데, 여러 본에는 모두가 외림의 림林을 산림山林의 림林자를 썼다. 그런데 개황開皇 2년(582년) 5월 장안長安의 평민이 진秦나라 때 철로 된 칭권稱權을 발굴하였다. 그 겉은 구리로 도금되어 있었고, 두 곳에 명문銘文이 새겨져 있었다. 그 한 곳에 이러한 40자의 글씨가 있었다.

"26년 황제가 천하제후를 모두 겸병하니 일반백성이 크게 편안해졌다. 호를 세워 황제皇帝라 하고 이에 승상 상狀과 관綰에게 조서를 내려 법도량칙法度量則에서 통일되지 않았다고 혐의되는 것은 모두 이를 통일하였음을 밝힌다. 廿六年, 皇帝盡幷兼天下諸侯, 黔首大安, 立號爲皇帝, 乃詔丞相狀·綰, 灋度量則不壹歉疑者, 皆明壹之."

그리고 다른 한 곳에는 이렇게 58자가 있었다.

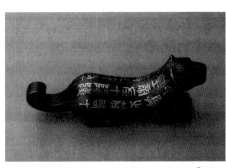

調兵憑證 "甲兵之符, 右在皇帝, 左在陽陵" 秦

"원년 승상 사斯와 관綰에게 제조制詔토록 하여 도량의 법을 정하여 시황제의 뜻대로 하고, 그 내용을 모두 말로 여기에 새긴다. 지금 옛날 왕호를 부를 뿐 글로 새긴 대로 시황제始皇帝라 칭할 만한 임금이 없는지 이미 오래되었다. 만약 뒤를 이은 자가 왕호를 정함에 성공성덕成功盛德이 걸맞지 않음이 있으면 이 조서의 □ 왼쪽에 새겨 의심이 없도록 하라. 元年, 制詔丞相斯·去疾, 灋度量, 盡始皇帝爲之, 皆□刻辭焉. 今襲號而刻辭不稱始皇帝, 其於久遠也, 如後嗣爲之者, 不稱成功盛德, 刻此詔□左, 使毋疑."

廿六年, 皇帝盡幷兼天下諸侯, 黔首大安。立號爲皇帝, 乃詔丞相狀、綰, 法度量則不一, 歉疑者皆明一之。

秦나라 詔版과 해석문

여기서는 한 글자가 마멸되었지만 57자는 드러나 틀림없고 분명하다. 그 글씨는 고예古隷를 겸하고 있다. 나는 임금의 명을 입어 이를 베끼고 판독하였고, 내사령內史令 이덕림李德林과 대조하였으며 직접 이 칭권을 보았다. 지금 이 칭권은 관고官庫에 보관되어 있다. 그 중「승상상丞相狀」은 상모狀貌의 상狀자로써 장爿의 편방에 견犬을 쓴 것이다. 그렇다면 민간에서「외림隗林」이라 쓴 것은 잘못되었음을 알 수 있다. 마땅히「외상隗狀」으로 써야 한다.

《史記》始皇本紀:「二十八年, 丞相隗林·丞相王綰等, 議於海上.」諸本皆作山林之「林」. 開皇二年五月, 長安民掘得秦時鐵稱權, 旁有銅塗鐫銘二所. 其一所曰:「廿六年, 皇帝盡幷兼天下諸侯, 黔首大安, 立號爲皇帝, 乃詔丞相狀·綰, 灋度量則不壹歉疑者, 皆明壹之」凡四十字. 其一所曰:「元年, 制詔丞相斯·去疾, 灋度量, 盡始皇帝爲之, 皆刻辭焉. 今襲號而刻辭不稱

始皇帝, 其於久遠也, 如後嗣爲之者, 不稱成功盛德, 刻此詔□左, 使毋疑.」凡五十八字, 一字磨滅, 見有五十七字, 了了分明. 其書兼爲古隷. 余被敕寫讀之, 與內史令李德林對, 見此稱權, 今在官庫; 其「丞相狀」字, 乃爲狀貌之「狀」, 爿旁作犬; 則知俗作「隗林」, 非也, 當爲「隗狀」耳.

【開皇】隋 文帝 陽堅의 연호. 2년은 582년.
【稱權】진시황의 여러 가지 통일 정책 중에 도량형의 통일을 위해 무게의 표준을 삼아 철로 만들어 명문을 새겨 넣은 것. 지금도 전함. 본장의 내용대로 582년 陝西 長安에서 발견됨.
【李德林】자는 公輔. 文林館에 들어가 顔之推와 함께 일을 하였던 인물.《隋書》李德林傳 참조.

「중외지복中外禔福」

《한서漢書》에 "안팎이 복을 받도다中外禔福"라 하였는데 여기서 지禔는
마땅히 시示을 따라야 한다. 지禔는 편안하다의 뜻이며 음은 시비匙匕의
시匙이다. 뜻은《창힐편蒼頡篇》·《이아》·《방언》을 보라. 하북河北의
학자들도 모두 이와 같이 여기고 있다. 그런데 강남江南의 판본에는
흔히 수手를 좇아 제提로 써서 문장을 지을 때 이를 대우對耦로 삼고
있다. 게다가 이를 제설提挈의 뜻으로 쓰고 있으니 아마 잘못된 듯하다.

창힐《三才圖會》

《漢書》云:「中外禔福.」字當從示. 禔, 安也, 音匙匕之匙, 義見《蒼》·《雅》·《方言》. 河北學士皆云如此. 而江南書本, 多誤從手, 屬文者對耦, 並爲提挈之意, 恐爲誤也.

【中外禔福】《漢書》司馬相如傳의 구절.

《方言》한 揚雄(찬)

206
(17-25) 「금중禁中」과 「성중省中」

혹자가 이렇게 물었다.

"《한서漢書》주에 「효원제孝元帝 황후의 아버지 이름이 금禁이었기 때문에 금중禁中을 성중省中이라 하였다」라 하였는데 무슨 이유로 성省자로써 금禁자를 대신하였습니까?"

나는 이렇게 설명하였다.

"《주례周禮》궁정宮正편에 「궁정은 왕궁의 계령과 규금紈禁을 관장한다」라 되어 있고, 정현鄭玄의 주에 「규紈는 할割과 같으며 살피다察이다」라 하였습니다. 이에 이등李登은 「성省은 살피다察이다」라 하였고, 장읍張揖은 「성省은 지금의 성찰省詧이다」라 하였습니다. 그러니 음은 『소정반小井反』과 『소령반所領反』, 두 가지 있으며 모두가 살핀다는 뜻입니다. 그 곳 궁중은 항상 금위禁衛가 성찰하고 있는 곳입니다. 그 때문에 성省자로 금禁자를 대신한 것입니다. 찰詧은 찰察자의 고자古字입니다."

或問:「《漢書》注:『爲元后父名禁, 故禁中爲省中.』何故以『省』代『禁』?」答曰:「案:《周禮》宮正:『掌王宮之戒令紈禁.』鄭注云:『紈, 猶割也, 察也.』李登云:『省, 察也.』張揖云:『省, 今省詧也.』然則小井・所領二反, 並得訓察. 其處旣常有禁衛省察, 故以『省』代『禁』. 詧, 古察字也.」

【漢書注】《漢書》昭帝紀에「帝姊鄂邑公主, 益湯沐邑爲長公主, 共養省中」라
하였고, 注에「伏儼曰: 蔡邕云: 本爲禁中. ……孝元皇后夫名禁, 避之, 故曰省中」
이라 함.

【禁中】《史記》秦始皇本紀에「於是二世常居禁中, 與高決諸事」라 하였고, 〈集解〉
에 蔡邕의 말을 引用하여「禁中者, 門戶有禁, 非侍御者不得入, 故曰禁中」이라 함.

【省中】《說文解字》段玉裁 注에「省者察也, 察者覈也. 漢禁中謂之省中. 師古曰:
『言入此中者, 皆當察視, 不可妄也.』」라 함.

【糺禁】감찰하고 규찰하는 법령. 禁令.

【李登】《聲類》를 저술한 사람. 王利器는「此蓋出《聲類》, 今佚.《隋書·經籍志》:
『《聲類》十卷, 魏左校令李登撰.』」이라 함.

【張揖】王利器는「段玉裁曰:『此蓋出《古今字詁》, 謂「𥳑」今字作「省」.』」이라 함.

「사성소후四姓小侯」

《후한서後漢書》명제기明帝紀에 "사성四姓과 소후小侯를 위해 학교를 세우다爲四姓小侯立學"라 되어 있다. 상고하건대 환제桓帝가 원복(元服, 관례)을 행할 때 다시 네 가지 성씨와 양후梁侯·등후鄧侯 등에게 선물을 하사하였으니, 여기서 사성과 소후는 모두가 외척임을 알 수 있다. 명제 때에는 외척으로 번씨樊氏·곽씨郭氏·음씨陰氏·마씨馬氏 등 네 개의 성이 있었다. 소후라 말한 것은 혹 나이가 어린 채로 봉封을 받았기 때문일 것이며, 그 때문에 학교를 세울 필요가 있었을 뿐이다. 혹자는 이것이 시사후侍祠侯나 외조후猥朝侯라 여기고 있다. 그러나 이러한 후侯는 왕자와 같은 반열의 후가 아니기 때문에 소후라 한 것이다. 《예기》에 「여러 소후들庶方小侯」라 한 것이 바로 이러한 뜻이다.

《後漢書》(반고) 현대 활자본 鼎文書局 臺北

《漢》明帝紀:「爲四姓小侯立學.」按: 桓帝加元服, 又賜四姓及梁·鄧小侯帛, 是知皆外戚也. 明帝時, 外戚有樊氏·郭氏·陰氏·馬氏爲四姓. 謂之小侯者, 或以年小獲封, 故須立學耳. 或以侍祠猥朝, 侯非列侯, 故曰小侯,《禮》云:「庶方小侯.」則其義也.

【四姓小侯】《後漢書》明帝紀에 「永平九年 ……爲四姓小侯開立學校, 置五經師」라 함.

【元服】冠禮를 뜻함.《後漢書》桓帝紀에 「(建和)二年春正月甲子, 皇帝加元服. 賜…… 公主, 大將軍, 三公, 特進, 侯, 中二千石, 二千石, 將, 大夫, 郎官, 從官, 四姓及梁, 鄧小侯, 諸夫人以下帛, 各有差」라 함.

【四姓】《後漢書》明帝紀에 「爲四姓小侯開立學校」라 하고, 李賢 주에「袁宏《漢紀》曰:『永平中崇尚儒學, ……又爲外戚樊氏, 郭氏 陰氏, 馬氏諸子弟立學, 號四姓小侯, 치五經師.』」라 함.

【庶方小侯】《禮記》曲禮(下)에『五官致貢, 曰享. 五官之長, 曰伯: 是職方. 其擯於天子也, 曰天子之吏. 天子同姓, 謂之伯父; 異姓謂之伯舅. 自稱於諸侯, 曰天子之老; 於外曰公; 於其國曰君. 九州之長, 入天子之國曰牧. 天子同姓, 謂之叔父, 異姓謂之叔舅, 於外曰侯, 於其國曰君. 其在東夷北狄西戎南蠻, 雖大曰子. 於內自稱曰不穀, 於外自稱曰王老. 庶方小侯, 入天子之國曰某人, 於外曰子, 自稱曰孤』라 하였다.

208
(17-27)

「선어鱓魚」와 「전어鱣魚」

《후한서後漢書》에 "관작鸛雀이 세 마리의 선어鱓魚를 물고 간다"라 하였는데 선鱓자를 흔히 가차假借하여 전유鱣鮪의 전鱣자로 쓰고 있어, 세속의 학자들이 이를 근거로 이 선어鱓魚를 전어鱣魚라 여기게 되었다. 그러나 위무제魏武帝의 《사시식제四時食制》를 상고해보니 "선어는 크기가 다섯 말들이 상자 만하며 길이는 한 길이 된다"라 하였다. 그리고 곽박郭璞의 《이아》 주에는 "전어는 길이가 2~3길이 된다"라 하였다. 그러니 관작이 능히 한 마리도 이겨낼 수 없을 터인데, 하물며 어찌 세 마리나 입에 물 수 있겠는가? 선어는 게다가 순회색純灰色이며 무늬가 없다. 그러나 선어鱓魚는 긴 것이라 해도 3척을 넘지 않는다. 크기도 세 손가락에 불과하며 누런 바탕에 검은 무늬가 있다. 그 때문에 도강都講이 "사선蛇鱓은 경대부 복장의 상징입니다"라 말한 것이다. 《속한서續漢書》와 《수신기搜神記》에도 역시 이 사건이 설명되어 있으며 모두가 「선鱓」자로 쓰고 있다. 손경孫卿, 荀子은 「어별추선魚鼈鰌鱣」이라 하였고, 《한비자韓非子》 및 《설원說苑》에도 모두 "선어는 뱀처럼 생겼

《搜神記》四庫全書本

으며 누에는 나방애벌레 같다"라 하되 모두가 「전鱣」자를 썼다. 이처럼 「전鱣」자를 가차하여 「선鱓」으로 쓴 것은 그 유래가 오래 되었다.

《後漢書》云:「鸛雀銜三 鱓魚.」多假借爲鱣鮪之鱣; 俗之學士, 因謂之爲鱣魚. 案: 魏武《四時食制》:「鱣魚大如五斗匳, 長一丈.」 郭璞注《爾雅》:「鱣長二三丈.」安有鸛雀能勝一者, 況三乎? 鱣又純灰色, 無文章也. 鱓魚長者不過三尺, 大者不過三指, 黃地 黑文; 故都講云:「虵鱓, 卿大夫服之象也.」《續漢書》及《搜神記》 亦說此事, 皆作「鱓」字. 孫卿云:「魚鼈鰌鱣.」及《韓非》·《說苑》 皆曰:「鱣似虵, 蠶似蠋.」並作「鱣」字. 假「鱣」爲「鱓」, 其來久矣.

【後漢書云】 이는 《後漢書》楊震傳에 실려 있음.
【四時食制】 책 이름. 《隋志》와 《唐志》에는 저록되어 있지 않음.
【卿大夫服之象】《後漢書》楊震傳에 「震 ……常客居於湖, 不答州君禮命數十年. ……後有冠雀銜三鱣魚, 飛集講堂前, 都講取魚進曰: 蛇鱣者, 어卿大夫服之象也. 數三者, 法三台也. 先生自此升矣.」라 함. 여기서 都講은 양진의 제자 중에 뛰어난 高弟子를 뜻함.
【續漢書】 晉나라 때에 司馬彪가 쓴 책. 모두 83권.
【搜神記】 晉나라 때 干寶가 쓴 책. 30권. 그러나 지금의 《搜神記》에는 이 문장이 없음. 이에 대해 王利器는 「案: 今《搜神記》無此文, 《能改齋漫錄·四》引此文, 《搜神記》作『謝承書』, 《楊震傳·李賢注》亦云:『案續漢及謝承書.』而《御覽· 九三七》引謝承《後漢書》正有此文, 疑當作『謝承書』爲是」라 함.
【孫卿云】《荀子》富國篇에 들어 있음.
【韓非子】 전국시대 法家의 韓非가 쓴 책. 內儲說(上)에 「鱣似蛇, 蠶似蠋」 이라 함.
【說苑】 漢나라 劉向이 편찬한 책. 20권. 叢談篇에 「鱓欲類蛇」라 함.

209
(17-28) 「불탐호혈不探虎穴, 안득호자安得虎子」

《후한서後漢書》에 "혹리酷吏 번엽樊曄이 천수군수天水郡守가 되자 양주涼州사람들이 「차라리 젖먹이고 있는 호랑이 굴을 들여다볼지언정 위현의 관청에는 들어가지 않겠다」라 하였다"는 구절이 있다. 그런데 강남江南의 판본에는 「혈穴」자가 모두 「륙六」자로 잘못되어있다. 학자들이 이 판본을 그대로 답습하면서 미혹한 채로 깨닫지 못하고 있다. 무릇 호표虎豹는 굴에 살고 있으니 사실을 비교해 보면 알 수 있는 것이다. 그래서 반초班超는 "호랑이 굴을 탐색해 보지 않고서 어찌 호랑이 새끼를 잡을 수 있겠는가?"라 한 것이다. 그러니 어찌 그것이 여섯이니 일곱이니 하는 숫자로 논할 수 있는 일이겠는가?

《後漢書》:「酷吏樊曄爲天水郡守, 涼州爲之歌曰:『寧見乳虎穴, 不入冀府寺.』」而江南書本「穴」皆誤作「六」. 學士因循, 迷而不寤. 夫虎豹穴居, 事之較者; 所以班超云:「不探虎穴, 安得虎子?」寧當論其六七耶?

【後漢書】인용된 문장은 酷吏傳에 실려 있음.
【天水郡】漢나라 때의 郡 이름.
【涼州】漢나라 때의 郡 이름.

【乳虎】《後漢書》酷吏傳 李賢 注에「乳, 産也. 猛獸産乳, 護其子, 則博噬過常, 故以爲喩」라 함.

【寺】고대. 衙門. '시'로 읽음. 《說文解字》에「寺, 廷也. 有法度者也」라 함.

【不探虎穴】《後漢書》班超傳의 구절.

210
(17-29) 「풍취삭패風吹削肺」

《후한서後漢書》 양유전楊由傳에 『풍취삭패風吹削肺』라는 구절이 있다. 이는 찰독札牘을 깎아낸 부스러기 나뭇조각일 뿐이다. 고대 글씨를 잘못 쓰면 이를 깎아내었다. 그 때문에 《좌전》에 "깎아서 던져버렸다 削而投之"라 한 것이 이것이다. 혹은 찰札을 삭削이라고도 하니 왕포王褒의 〈동약童約〉이라는 글에 "서각으로 독牘을 대신한다"라 하였고, 소경蘇竟의 편지에 "지난날 편삭編削을 마연하는 재주가 있어"라 한 것이 모두가 그 증거이다.

《시》에 『벌목호호伐木滸滸』라 하였고 《모전毛傳》에는 "호호滸滸는 나무 찍을 때 부스러기가 생기는 모습이다"라 하였다. 그런데 사가史家들이 이를 가차하여 간폐肝肺의 폐肺자로 적었고, 속본俗本에는 더 나아가 모두 포석脯腊의 포脯자로 적었으며, 혹은 반포反哺의 포哺로도 적었다. 학자들은 이를 근거로 "삭포削哺는 병풍이나 가리개屏障의 이름이다"라 풀이하였으니, 증거도 없을뿐더러 제멋대로 한 것이다. 삭포削哺는 풍각風角의 점후占候일 뿐이다. 《풍각서風角書》에 "여러 사람이 입으로 바람을 일으켜 땅의 먼지가 드날릴 때 목간削이 구르는 것을 보고 점치는 것"이라 하였다. 그것이 만약 병풍이나 가리개라면 어찌 사람이 입으로 불어 굴러가게 할 수 있겠는가?

《後漢書》楊由傳云:「風吹削肺.」此是削札牘之柿耳. 古者,
書誤則削之, 故《左傳》云「削而投之」是也. 或卽謂札爲削, 王襃
〈童約〉曰:「書削代牘.」蘇竟書云:「昔以摩研編削之才.」皆其
證也.《詩》云:「伐木滸滸.」《毛傳》云:「滸滸, 柿貌也.」史家假
借爲肝肺字, 俗本因是悉作脯臘之脯, 或爲反哺之哺. 學士因
解云:「削哺, 是屛障之名.」旣無證據, 亦爲妄矣! 此是風角占候耳.
《風角書》曰:「庶人風者, 拂地揚塵轉削.」若是屛障, 何由可轉也?

【楊由傳】《後漢書》方術傳에「楊由字哀侯, 蜀郡成都人也. ……又有風削哺, 太守
以問由. 由對曰:『方當有薦木實者, 其色黃赤.』頃之, 五官椽獸橘數包」라 하였고,
李賢 주에「哺當作柿」라 함. 柿는 柀의 속자로 나무 부스러기를 뜻함. 음은
'비'임.
【王襃】西漢 때의 인물로 자는 子淵. 辭賦에 뛰어나〈聖主得賢臣頌〉·〈甘泉
宮賦〉·〈洞簫賦〉·〈僮約〉등의 작품을 남김.
【蘇竟】후한 때의 인물.《後漢書》蘇竟傳 참조.
【伐木滸滸】《詩經》小雅 伐木의 구절.
【風角】옛날 점치는 법. 사방의 바람으로 길흉을 점쳤다 함.
【占候】日·月·星의 변화를 보고 길흉을 점치는 법.
【風角書】《隋書》經籍志에《風角要占》12권이 저록되어 있으나 이 책인지는
확실치 않음.

211
(17-30) 「염시산과鹽豉蒜果」

《삼보결록三輔決錄》에 "전대前隊 땅의 대부 범중공范仲公은 소금·된장·마늘을 대나무 그릇에 함께 담아 먹을 정도로 청렴하였다前隊大夫范仲公, 鹽豉蒜果共一笥"라 하였는데, 여기서 과果자는 위과魏顆의 과顆자로 써야 한다. 북쪽 지역에서는 한 덩어리의 물건을 통째로 부를 때 이를 한 과顆라 고쳐 말한다. 산과蒜顆는 민간에서 쓰는 평상어이다. 그 때문에 진사왕陳思王의 〈요작부鷂雀賦〉에 "머리는 통마늘 같고 눈은 산초 알을 반으로 잘라 놓은 것 같다"라 하였으며, 《도경道經》에는 "입을 모아 불경 외는 소리 낮게 들리고, 눈에는 눈물이 구슬 알 같다"라 한 것이다. 그 글자는 비록 다르나 음과 뜻은 자못 한 가지이다. 그런데 강남에서는 마늘을 단지 산부蒜符라고만 부를 뿐, 산과蒜顆라는 말은 모른 채 학자들이 서로 이어 받아 이를 과결裹結의 과裹로 읽어 소금과 마늘을 하나로 포장하여 묶어 통속에 넣는 것이라 풀이하였다. 《정사삭번正史削繁》의 음의音義에는 다시 산과의 과顆를 음이 「고과반苦戈反」(과)라 하였는데 모두가 잘못된 것이다.

井鹽圖(宋)《天工開物》삽화

《三輔決錄》云:「前隊大夫范仲公, 鹽豉蒜果共一箇.」「果」當作
魏顆之「顆」. 北土通呼物一凸, 改爲一顆, 蒜顆是俗間常語耳.
故陳思王〈鷂雀賦〉曰:「頭如果蒜, 目似擘椒.」又《道經》云:
「合口誦經聲璏璏, 眼中淚出珠子碌.」其字雖異, 其音與義頗同.
江南但呼爲蒜符, 不知謂爲顆. 學士相承, 讀爲裹結之裹, 言鹽與
蒜共一苞裹, 內箇中耳. 《正史削繁》音義又音蒜顆爲苦戈反,
皆失也.

【三輔決錄】책 이름. 後漢 때 趙岐가 짓고, 晉나라 摯虞가 주를 단 책으로《隋書》
　經籍志에 저록이 있으나 지금은 전하지 않으며, 淸나라 때 張澍·茆泮林의 輯佚本
　이 있음.
【前隊】郡 이름.《漢書》地理志에「南陽郡, 莽曰前隊」라 함. 본문에 인용된 글은
　《太平御覽》977에《三輔決錄》을 인용하여「平陵范氏, 南陵舊語曰:『前隊大夫范
　仲公, 鹽豉蒜異共一篇.』言其廉儉也」라 함.
【魏顆】춘추시대 晉나라 대부.《左傳》宣公 15년 참조.
【顆】흙덩이.《漢書》賈山傳「曾不得蓬顆蔽冢而託葬焉」의 顔師古 주에「顆謂
　土塊」라 함.
【陳思王】曹植을 가리킴. 그의〈鷂雀賦〉는〈雀鷂賦〉라고도 하며《藝文類聚》91에
　실려 있음.
【道經】道家. 道敎의 경전.
【正史削繁】책 이름.《隋書》經籍志에「《正史削繁》九十四卷, 阮孝緒撰」이라 함.

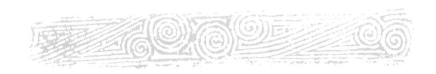

알 수 없는 글자

어떤 사람이 나를 찾아와 이렇게 물었다.

"《위지魏志》에 나오는 장제蔣濟의 상서上書에 『폐귀지민弊劫之民』(백성을 피폐하게 하다)라는 말이 있는데 이는 무슨 글자입니까?"

나는 이렇게 응답해 주었다.

"뜻으로 이 글자는 피곤하게 하다는 뜻의 귀권劫倦의 권劫입니다. 장읍張揖과 여침呂忱은 모두 「지支의 편방에 도검刀劍의 도刀를 넣은 것이며, 역시 기劮자이다」라 하였습니다. 장제가 스스로 지支 편방에 근력筋力의 력力을 넣은 것인지 혹은 기劮의 가차자인지 알 수 없습니다. 그러나 음은 마땅히 「구위반九偽反」(귀)이어야 합니다."

《三國志》東晉 寫本〈吳志〉잔권.
1924 新疆 鄯善縣 출토

有人訪吾曰:「《魏志》蔣濟上書云『弊劫之民』, 是何字也?」
余應之曰:「意爲劫卽是劮倦之劮耳. 張揖・呂忱並云:『支傍作

刀劍之刀, 亦是剞字.』不知蔣氏自造支傍作筋力之力, 或借
剞字, 終當音九偽反.」

【蔣濟】《三國志》魏書 蔣濟傳에「蔣濟字子通, 楚國平阿人也. ……景初中, 外動
　征役, 內務宮室, 怨曠者多, 而年穀饑儉. 濟上疏曰:『……弊边之民, 儻有水旱,
　百萬之衆, 不爲國用.』」라 하였음.
【呂忱】晉나라 때의 문인으로《字林》7권을 지었으나 지금은 전하지 않음.

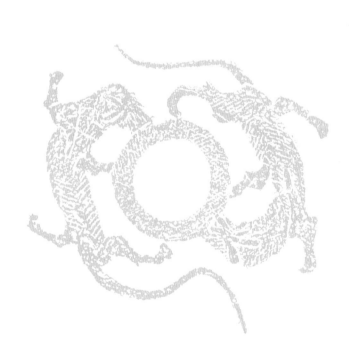

213
(17-32)

「답백鰨伯」의 뜻

《진중흥서晉中興書》에 "태산太山의 양만羊曼은 항상 방종한 임협任俠으로 술 마시고 예절에 방탄하게 놀아, 연주兗州사람들은 그를 답백鰨伯이라 불렀다"라 하였는데, 여기서 답鰨자는 음도 뜻도 알려져 있지 않았다. 양梁 효원제孝元帝가 일찍이 나에게 이런 질문을 하였다.

"이제껏 이 글자를 알지 못하였습니다. 오직 장간헌張簡憲의 가르침을 받았더니 탑갱嗒羹의 탑嗒이라 하더이다. 이로부터 그의 말을 따라 읽고는 있지만 어디에서 출처 된 것인지 모르겠소."

간헌은 상주자사湘州刺史를 지낸 장찬張纘의 시호이다. 그는 강남에서 석학碩學으로 불리는 인물이다. 생각건대 《진중흥서》를 지은 하법성何法盛과는 시대로 보아 아주 가까웠으므로 마땅히 기로耆老들의 전함을 들었을 것이다.

민간에는 다시 답답鰨鰨이라는 말이 있다. 대체로 베풀지 않음이 없고 포용하지 않음이 없다는 뜻이다. 고야왕顧野王의 《옥편玉篇》에는 잘못하여 흑黑 방傍에 답沓을 써서 답黷이라 하였다. 고야왕은 비록 사물에 박식하였지만 장간헌이나 효원제보다는 한 수 아래였다. 두 사람은 모두가 중重자 옆에 써야 한다고 하였다. 내가 살펴본 몇 가지 판본에는 결코 흑黑자를 편방으로 한 글자는 없었다. 중답重沓은 다요적후多饒積厚의 뜻이 들어 있었다. 흑黑을 편방으로 하는 것은 더욱더 내포된 뜻이 없다.

《晉中興書》:「太山羊曼, 常頹縱任俠, 飲酒誕節, 兗州號爲䵎伯.」
此字皆無音訓. 梁孝元帝常謂吾曰:「由來不識. 唯張簡憲見敎,
呼爲嚜羹之嚜. 自爾便遵承之, 亦不知所出.」簡憲是湘州刺史張
纘謚也. 江南號爲碩學. 案: 法盛世代殊近, 當是耆老相傳; 俗間
又有䵎䵎語, 蓋無所不施, 無所不容之意也. 顧野王《玉篇》誤爲
黑傍沓. 顧雖博物, 猶出簡憲・孝元之下, 而二人皆云重邊. 吾所
見數本, 並無作黑者. 重沓是多饒積厚之意, 從黑更無義旨.

【晉中興書】何法盛이 지은 책.《隋書》經籍志에「《晉中興書》七十八卷, 起東晉,
宋湘東太守何法盛撰」이라 함.

【羊曼】晉나라 때의 인물.《晉書》羊曼傳에「羊曼字祖廷, ……小知名, 本州禮命,
太傅辟, 皆不就. ……曼任達積縱, 好飲酒. 溫嶠, 庾亮, 阮放, 桓彝同志友善, 並爲中
興名士. 時州里稱陳留阮放爲宏伯, 高平郗鑒爲方伯, 泰山胡母輔之爲達伯, 濟陰
卞壺爲裁伯, 陳留蔡謨爲朗伯, 阮孚爲誕伯, 高平劉綏爲委伯, 凡八人, 號兗州
八伯, 蓋擬古之八雋也」라 함.

【張纘】《梁書》張緬傳에「纘字伯緒, 緬第三弟也. ……纘好學, 兄緬有書萬餘卷,
書夜披讀, 殆不輟手. ……元帝承制, 贈纘侍中, 中衛將軍, 開府儀同三司. 諡簡
惠公」이라 함.

【顧野王】인명. 자는 希馮,《玉篇》30권이 전함.《陳書》顧野王傳 참조.

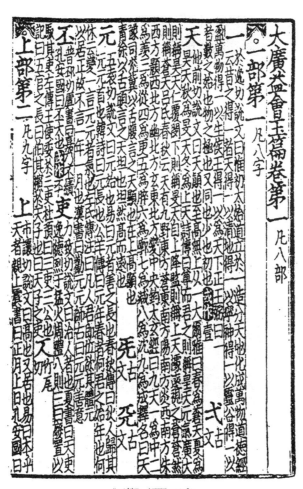

《玉篇》顧野王(찬)

「장인丈人」과 「대인공大人公」

　《고악부古樂府》의 가사歌詞에 먼저 자기의 세 아들을 서술하고 다음 차례로 세 며느리를 언급하였다. 부婦는 시아버지·시어머니에 상대되는 칭호이다. 그 끝장에 "어른丈人은 편안히 앉아 거문고 줄이 가운데로 몰리지 않게 조절하고 있네"라 하였다. 옛날에는 며느리가 시부모를 받들어 모시기에 아침저녁으로 곁에 있어 딸과 다를 바가 없었다. 그 때문에 이러한 가사가 있게 된 것이다.

　그런데 장인丈人은 늙은이를 지목하는 것으로 지금 세속에서 그 조고祖考를 선망장인先亡丈人이라 부르는 것이 그 예이다. 그러니 장丈자는 마땅히 대大자여야 한다고 의심된다. 북쪽 사람들의 풍속에는 며느리가 시아버지를 대인공大人公이라 부른다. 장丈자와 대大자는 쉽게 혼동할 수 있는 글자이다. 근대의 문사들은 자못 〈삼부시三婦詩〉를 지으면서 이에 자신과 짝이 된 여러 처들의 이야기를 쓰고, 게다가 정위지사鄭衛之辭의 음란한 내용을 적고 있는데 대아군자大雅君子가 어찌하여 이러한 오류에 빠지고 있는가?

　《古樂府》歌詞, 先述三子, 次及三婦, 婦是對舅姑之稱. 其末章云:「丈人且安坐, 調絃未遽央.」古者, 子婦供事舅姑, 旦夕在側, 與兒女無異. 故有此言. 丈人亦長老之目, 今世俗猶呼其祖考爲先亡丈人. 又疑「丈」當作「大」, 北間風俗, 婦呼舅爲大人公.

「丈」之與「大」, 易爲誤耳. 近代文士, 頗作〈三婦詩〉, 乃爲匹嫡並耦己之羣妻之意, 又加鄭・衛之辭, 大雅君子, 何其謬乎?

【古樂府】《樂府詩集》相和歌辭 相逢行에「相逢狹路間, 道隘不容軍. ……兄弟兩三人, 中子爲侍郎. 五日一來歸, 道上自生光. 黃金絡馬頭, 觀者盈道傍. 入門時左顧, 但見雙鴛鴦. 鴛鴦七十二, 羅列自成行. 音聲何噰噰, 鶴鳴東西廂. 大婦織綺羅, 中婦織流黃. 小婦無所爲, 挾瑟上高堂. 丈人且安坐, 調絲方未央」이라 하였음.

【未遽央】未央과 같음. 아직 한 가운데에 이르지 않음. 《詩經》小雅 庭燎에「夜未央」이라 하고 鄭玄의 箋에「夜未央, 猶言夜未渠央」이라 하여 未渠央과 같음.

【三婦詩】盧文弨는「宋南平王鑠, 始仿樂府之後作三婦艷詩, 猶未甚猥褻也. 梁昭明太子, 沈約, 俱有『良人且高臥』之句. 王筠, 劉孝綽尙稱『佳人』, 至陳後主乃有十一首之多, 如『小婦正橫陳, 含嬌情未吐』等句, 正顔氏所謂鄭, 衛之辭也」라 하였음.

【大雅君子】王利器는「《文選・西都賦》:『大雅宏達, 於玆爲群.』李善注:『大雅, 謂有大雅之才者, 《詩》有大雅, 故以立稱焉.』」이라 하였음.

215
(17-34) 백리해百里奚를 읊은 노래

《고악부古樂府》에 백리해百里奚를 노래한 가사에 이렇게 되어 있다.
"백리해여, 다섯 마리 양가죽에 팔려 성공하였도다. 지난날 이별할
때 생각하니 알을 품은 암탉조차 잡아먹어야 하였고, 대문 빗장까지
뜯어 때어야 하였네. 그런데 지금 부귀하다고 나를 잊고 있구나!"
　　여기서 취吹는 마땅히 취자炊煮의 취炊여야 할 것이다. 채옹蔡邕의
《예기禮記》 월령장구月令章句를 근거해 보니 "건鍵은 대문을 채우는 빗장
이다. 사립문을 닫을 때 쓰는 것으로, 혹 염이劑移라고도 한다"라 하였다.
그렇다면 빈곤하였던 당시에 문을 채우는 빗장까지도 땔감으로 삼아
불을 때었다는 뜻이다. 《성류聲類》에는 염㕚이라 썼으며, 혹은 점㦿이라
고도 쓴다.

《古樂府》歌百里奚詞曰:「百里奚, 五羊皮. 憶別時, 烹伏雌,
吹㕚㦿; 今日富貴忘我爲!」「吹」當作炊煮之「炊」. 案: 蔡邕〈月令
章句〉曰:「鍵, 關牡也, 所以止扉, 或謂之劑移.」然則當時貧困,
并以門牡木作薪炊耳.《聲類》作㕚, 又或作㦿.

【百里奚】春秋時代 秦穆公의 賢相. 원래 虞나라의 대부로 우나라가 망하자 楚나라로 옮겨 살았음. 진목공이 그의 어짊을 알고 염소 가죽 다섯 장 값으로 그를 사옴. 이로 인해 오고대부(五羖大夫, 五羔大夫)라 불림. 뒤에 그는 진목공의 패업을 이루어 주는 훌륭한 재상의 일을 수행함.《史記》秦本紀 참조. 王利器는 「黃山谷〈戲書秦少遊壁詩〉任淵注, 陳後山〈和黃預久兩詩〉任淵注引此都作『樂府載百里奚妻辭』.」라 하였음.

【月令章句】蔡邕이 지었다고 전해지는 책 이름.《隋書》經籍志에「《月令章句》十二卷, 漢中郎將蔡邕撰」이라 함. 지금은 전하지 않음.

【關牝】대문을 잠그는 빗장.

【聲類】李登이 지은 音韻書.《隋書》經籍志에「《聲類》十卷, 魏左校令李登撰」이라 함. 지금은 전하지 않음.

216
(17-35)
복건服虔이라는 사람

《통속문通俗文》이란 책은 세간에 "하남사람 복건服虔, 자는 자신子愼이 지은 것"이라 되어 있다. 그런데 복건은 한漢나라 때 사람인데 그 서敍에 소림蘇林·장읍張揖의 말을 인용하고 있다. 소림과 장읍은 모두가 위魏나라 때 인물이다. 게다가 정현鄭玄 이전에는 누구도 반어反語, 反切法을 알지 못하였다. 그런데 《통속문》의 반절법은 근세와 아주 부합된다.

이에 완효서阮孝緖는 다시 "이건李虔이 지은 것"이라 하였다. 하북河北에는 이 책을 집집마다 한 권씩 소장하고 있지만 이건이 지었다고 되어 있는 것은 없다.

《진중경부晉中經簿》와 《칠지七志》에는 이런 조목조차 없으니 끝내 누가 지은 책인지 알 길이 없다. 그러나 그 문의文義는 윤당하고 흡족하여 틀림없이 높은 재능을 가진 자가 쓴 것이다. 은중감殷仲堪의 《상용자훈常用字訓》에도 역시 복건이 지었다는 속설을 인용하고 있지만 지금은 이 책이 전하지 않으니, 혹시 이것이 곧 《통속문》인지 혹은 다른 책이었는지 알 수가 없다. 혹 또 다른 복건이란 사람이 있었는지도 밝혀낼 수가 없다.

《通俗文》, 世間題云:「河南服虔字子愼造」. 虔旣是漢人, 其敍乃引蘇林·張揖; 蘇·張皆是魏人. 且鄭玄以前, 全不解反語, 《通俗》反音, 甚會近俗. 阮孝緒又云「李虔所造」. 河北此書, 家藏

一本, 遂無作李虔者.《晉中經簿》及《七志》, 並無其目, 竟不得
知誰制. 然其文義允愜, 實是高才. 殷仲堪《常用字訓》, 亦引服
虔俗說, 今復無此書, 未知卽是《通俗文》, 爲當有異? 或更有
服虔乎? 不能明也.

【通俗文】服虔이 지은 책.《隋書》經籍志에「《通俗文》一卷. 服虔撰」이라 함.
【服虔】《後漢書》儒林傳에「服虔, 字子愼, 初名重, 又名祇, 後改名虔, 河南樂陽
　人也」라 함.
【蘇林】人名. 王利器는「宋景祐校刊本漢書附祕書丞余靖奏文內云:『蘇林, 字孝
　友(一云彦友), 陳留外黃人. 魏給事中, 領祕書監, 散騎常侍, 太中大夫, 黃初中,
　遷博士, 封安成侯.』」라 함.
【阮孝緒】南朝 梁나라의 학자. 자는 士宗. 宋·齊 이래의 私人 藏書의 목록을
　작성한《七錄》이 있음.《梁書》處士傳 참조.
【李虔】李密.《晉書》孝友傳에「李密, 字令伯, 撻爲武陽人也, 一名虔」이라 함.
　〈陳情表〉라는 글로 유명함.
【七志】책 이름. 王儉이 편찬했다 함.《隋書》經籍志에「元徽元年, 祕書丞王儉又
　造目錄, 大凡一萬五千七百四卷. 儉又別撰《七志》: 一曰〈經籍志〉, 紀六藝, 小學,
　史記, 雜傳; 二曰〈諸子志〉, 紀今古諸子; 三曰〈文翰志〉, 紀詩賦; 四曰〈軍書志〉,
　紀六書; 五曰〈陰陽志〉, 紀陰陽圖緯; 六曰〈術藝志〉, 紀方技; 七曰〈圖譜志〉, 紀地
　城及圖書.」殷仲堪常用字訓《隋書·經籍志》:「梁有《常用字訓》一卷, 殷仲堪撰.
　……亡」이라 함.

먼저 나온 책에 뒷사람이 기록되어 있는 오류

혹자가 물었다.

"《산해경山海經》은 하우夏禹와 백익伯益이 지었다고 하는데, 그 책에 장사長沙·영릉零陵·계양桂陽·제기諸暨 등의 지명이 있습니다. 이와 같은 군현郡縣이 적지 않은 것은 어찌된 것입니까?"

나는 이렇게 설명하였다.

"역사에서 문장이 빠지거나 착오가 있어 온지 오래입니다. 게다가 진秦나라 때의 멸학滅學과 동탁董卓의 분서焚書가 가중되어 전적典籍의 착란錯亂은 이 정도에 그치지 않습니다. 비유컨대 《본초本草》는 신농神農이 지었지만 예장豫章·주애朱崖·조국趙國·상산常山·봉고奉高·진정眞定·임치臨淄·풍익馮翊 등의 군현 이름과 그곳에서 생산되는 약초 이름이 나옵니다. 《이아》는 주공周公이 지었지만 『장중張仲의 효도와 우애』가 실려 있으며, 중니仲尼가 《춘추》를 수찬하였건만 거기에는 공자가 죽었다는 내용이 있습니다. 그리고 《세본世本》은 좌구명左丘明이 지은 책인데도 연왕燕王 희喜와 한漢 고조高祖가 실려 있습니다. 그리고 《급총쇄어汲冢瑣語》에는 〈진망비秦望碑〉가 실려 있고, 《창힐편蒼頡篇》은 이사李斯가 지은 것인데도 「한나라가 천하를 겸병하여 해내가 신하가 되었는데 진희陳豨·경포黥布·한신韓信이 반란을 꾀하자 이러한 반신이 토벌되고 잔악한 무리를 없애 버렸다」라 하였습니다. 《열선전列仙傳》은 유향劉向이 지은 것이지만 그 찬贊의 74명은 《불경佛經》에서 나온 것이며, 《열녀전列女傳》역시 유향이 짓고 그 아들 유흠劉歆이 송頌을 붙였으나 조도후

趙悼后로 끝나야 함에도 그 《전傳》에는 경시한부인更始韓夫人과 명덕마후明德馬后·양부인梁夫人 예嬔가 있습니다. 이는 모두가 뒷사람이 마구 끼워 넣은 것으로 본문本文이 아닙니다."

    或問:「《山海經》, 夏禹及益所記, 而有長沙·零陵·桂陽·諸暨, 如此郡縣不少, 以爲何也?」答曰:「史之闕文, 爲日久矣; 加復秦人滅學, 董卓焚書, 典籍錯亂, 非止於此. 譬猶《本草》, 神農所述, 而有豫章·朱崖·趙國·常山·奉高·眞定·臨淄·馮翊等郡縣名, 出諸藥物;《爾雅》, 周公所作, 而云『張仲孝友』; 仲尼修《春秋》, 而經書孔丘卒;《世本》, 左丘明所書, 而有燕王喜·漢高祖;《汲冢瑣語》, 乃載〈秦望碑〉;《蒼頡篇》, 李斯所造, 而云『漢兼天下, 海內并廁, 豨黥韓覆, 畔討滅殘』;《列仙傳》, 劉向所造, 而贊云七十四人出《佛經》;《列女傳》, 亦向所造, 其子歆又作頌, 終于趙悼后, 而《傳》有更始韓夫人·明德馬后及梁夫人嬔: 皆由後人所羼, 非本文也.」

【山海經】 고대 지리서. 신화를 많이 담고 있음.《博物志》(六) 文籍考에 「《山海經》或云禹所作」이라 하였고, 梁玉繩의 《史記志疑》(35)에 「劉秀〈上山海經奏〉,《吳越春秋·無余外傳》,《論衡·別通》,《路史·後紀》並謂《山海經》益作」이라 함.

【長沙~何也】《漢書》地理志에 「長沙國, 秦郡. 零陵郡, 武帝元鼎六年置. 桂陽郡, 高帝置. 會稽郡, 秦置, 有諸暨縣」이라 함.

【史之闕文】《論語》衛靈公篇에 「子曰: 吾猶及史之闕文也」라 하였고, 何晏의 集解에 「包曰: 古之良史, 於書字有疑則闕之, 以待知者」라 함.

【秦人滅學】秦始皇의 焚書를 말함.《史記》秦始皇本紀 참조.

【董卓焚書】《後漢書》董卓傳에「遷天子西都長安, 悉燒宗廟官府居家, 二百里
內, 無復孑遺」라 하였고, 王利器는 集解에서 徐鯤의 말을 인용하여「《風俗通》
逸文:『……卓又燒焫觀閣, 經籍盡作灰燼, 所有餘者, 或作囊帳. 先王之道, 幾湮
滅矣.』」라 함.

【本草】《隋書》經籍志에「《神農本草》八卷.《神農本草》四卷, 雷公集注」라 함.

【豫章~縣名】趙曦明은「《漢書‧地理志》: 豫章郡, 高帝置. 合浦郡, 武帝元鼎
六年開, 縣五, 有朱盧 (《續志》作朱崖). 趙國, 故秦邯鄲郡, 高帝四年爲趙國.
常山郡, 高帝置. 泰山郡, 高帝置, 縣二十四, 有奉高. 眞定國, 武帝元鼎四年置.
齊郡, 縣十二, 有臨淄, 師尙父所封. 左馮翊, 故秦内史, 武帝太初元年更改」라 함.

【爾雅】고대 어휘사전, 13경의 하나. 周公(旦)이 지었다고 알려져 있음. 張揖의
〈上廣雅表〉에「昔在周公, 纘述唐虞, 宗翼文武, 剋定四海, 勤相成王. ……六年
制禮, 以導天下, 著《爾雅》一篇, 以釋其意義」라 함.

【張仲孝友】張仲은 宣王 때 사람으로 그보다 앞선 책에 거론될 수 없음을 뜻함.
《西京雜記》에「郭威, 字文偉, 茂陵人也. 好讀書, 以謂:『《爾雅》, 周公所制,
而《爾雅》有「張仲孝友」, 張仲, 宣王時人, 非周公之制明矣!』」라 함.

【孔丘卒】공자가 쓴 책에 공자의 죽음을 기록한 것은 있을 수 없음을 말함.
《春秋》哀公 16년에「夏四月己卯, 公丘卒」이라 함.

【燕王】전국시대 사건이 한나라 사건에 동시에 기록될 수 없음을 말함. 王利器는
「之推詆《世本》載燕王喜, 漢高祖事, 當出宋衷補綴,《隋志》載《世本》四卷, 宋衷
撰. 蓋衷旣爲之注, 又加綴續也.《史記‧燕召公世家‧索隱》:『案: 今《系本》無燕
代系, 宋衷依《太史公書》以補其闕.』顔氏所謂『後人所屬』是也」라 함.

【汲冢瑣語】책 이름.《晉書》束晢傳에「太康二年, 汲郡人不準盜發魏襄王墓,
或言安釐王冢, 得竹書數十車. ……《瑣語》十一篇, 諸國卜夢妖怪相書也」라 함.

【秦望碑】비석 이름. 王利器는「《墨池篇》曰:『斯善書, 自趙高以下, 或見推伏,
刻諸名山碑璽銅人, 並斯之筆.』斯書《秦望紀功石》云:『吾死後五百三十年間,
當有一人, 替吾跡焉.』」이라 함

【蒼頡篇】《漢書》藝文志에「《蒼頡》七章者, 秦丞相李斯所作也;《爰歷》六章者,
車府令趙高所作也;《博學》七章者, 太史令胡母敬所作也. ……漢興, 閭里書師合
《蒼頡》,《爰歷》,《博學》三篇, 斷六十字以爲一章, 凡五十五章, 並爲《蒼頡篇》」
이라 함.

【豨‧黥‧韓】漢나라 초기의 陳豨‧黥布‧韓信을 가리킴.

【列仙傳】 책 이름. 二卷. 劉向이 지었다 하나 《漢書》藝文志에 저록이 없으며,
古代 神仙 72인을 수록하고 있음. 東漢 말에 위탁한 것으로 보임.

【列女傳】 劉向이 쓰고 劉歆이 頌을 붙임. 《隋書》經籍志에 「《列女傳》十五卷,
劉向撰, 曹大家注. ……《列女傳 頌》一卷, 劉歆撰」이라 함.

【趙悼后】 전국시대 趙悼襄王의 后. 역시 趙王 遷의 어머니. 《史記》趙世家에
「趙王, 遷, 其母倡也」라 하였고, 集解에 徐廣의 말을 인용하여 「《列女傳》曰邯鄲
之倡」이라 하였음.

【韓夫人】 東漢 劉聖公의 寵姬. 《後漢書》劉聖公傳 참조.

【明德馬后】 동한 明帝의 馬皇后. 《後漢書》皇后紀 참조.

【梁夫人】 동한 章帝의 梁貴人(뒤에 恭懷皇后로 추봉됨)의 언니. 和帝의 이모.
《後漢書》皇后紀 참조.

《山海經》 郭璞(주)

218
(17-37)

「치미鴟尾」와 「사미祠尾」

혹자가 이렇게 물었다.

"《동궁구사東宮舊事》에는 어찌하여 치미鴟尾를 사미祠尾라 불렀습니까?"

나는 이렇게 설명하였다.

"《동궁구사》를 지은 장창張敞이란 사람은 오吳나라 인물로 옛것을 상고함에 뛰어나지 못하였습니다. 그는 그렇다고 여기면 그대로 기록하여 향속鄕俗의 오류를 그대로 따라 책을 썼을 뿐입니다. 오나라 사람들은 사사祠祀를 치사鴟祀라 부릅니다. 그 때문에 사祠자로써 치鴟자를 대신한 것이며, 감紺은 금禁이라 합니다. 그 때문에 사糸방에 금禁자를 써서 감紺자를 대신하였습니다. 그리고 잔盞을 「죽간반竹簡反」(잔)이라 읽습니다. 그래서 목木방에 전展자를 써서[㮛] 잔盞자를 대신합니다. 또 확鑊자를 곽霍으로 읽습니다. 그래서 금金방에 곽霍자를 써서 확鑊자를 대신합니다.

그리고 금金방에 환患을 써서 환鐶자로 쓰며, 목木방에 귀鬼를 써서[槐], 괴魁자로 쓰며, 화火방에 서庶자를 써서 자炙자로 쓰고, 기旣자 아래에 모毛를 써서 계髻로 삼습니다. 금화金花는 금金방에 화華를 쓰며, 창선窗扇을 목木방에 선扇을 씁니다. 여러 가지 이와 같은 유형들로써 전첩專輒함이 적지 않습니다."

或問曰:「《東宮舊事》何以呼鴟尾爲祠尾?」答曰:「張敞者, 吳人, 不甚稽古, 隨宜記注, 逐鄉俗訛謬, 造作書字耳. 吳人呼祠祀 爲鴟祀, 故以祠代鴟字; 呼紺爲禁, 故以糸傍作禁代紺字; 呼盞 爲竹簡反, 故以木傍作展代盞字; 呼鑊字爲霍字, 故以金傍作 霍代鑊字; 又金傍作患爲鐶字, 木傍作鬼爲魁字, 火傍作庶爲 炙字, 旣下作毛爲氅字; 金花則金傍作華, 窗扇則木傍作扇: 諸如 此類, 專輒不少.」

【東宮舊事】책 이름. 張敞이 지었다고 알려져 있음.《唐書》經籍志에「《東宮 舊事》十卷, 張敞撰」이라 함.
【鴟尾】건물 처마 끝에 붙여 화재 등 액을 면하기 위해 붙이는 짐승 모양의 장식.
【張敞】《晉書》張茂度傳에「張茂度, 吳郡人, 張良後也, ……父敞, 侍中尙書, 吳國 內史」라 함.

「육색계외六色劇緆」

다시 이렇게 물었다.

"《동궁구사》에 「여섯 가지 색깔의 계외劇緆」라 하였는데, 이것이 어떤 물건이며 어떻게 읽어야 합니까?"

나는 이렇게 설명하였다.

"《설문》에 보면 「군𦸔은 우조牛藻이며 위威자처럼 읽는다」라 하였고, 《음은音隱》에는 「오괴반塢瑰反」(위)라 하였으니, 육기陸機가 말한 바 「취조聚藻는 잎이 쑥과 같다」라 한 것이 이것입니다.

또 곽박郭璞이 주를 단 《삼창三蒼》에도 역시 「온蘊은 마름 풀의 일종으로 가는 잎이 쑥과 같으며, 용모茸毛가 총총히 난다」라 하였습니다. 그렇다면 지금 물속에 이러한 식물이 있으니 한 마디가 몇 촌 정도 길이에, 가는 용모가 실과 같고 둥글게 둘러쳐 있어 예쁘게 생겼습니다. 긴 것은 20~30마디가 되며 이것이 바로 군𦸔이라 부르는 풀입니다. 그리고 오색실을 그 한 촌寸씩 잘라, 옆으로 그 중간을 묶어

```
急就篇

急就奇觚與眾異，孤次
羅列諸物名姓字，
分別部居不雜厠，
用日約少誠快意，
勉力務之必有菁
請道其章。

漢黃門令史游撰

宋延年。
鄭子方。
衛益壽。
```

《急就篇》漢 史游(찬)

군초菎草 모양처럼 하여 이를 장식 무늬로 쓰는데 이것을 일러 군菎이라 합니다. 이에 그 당시 틀림없이 여섯 가지 색깔의 옷감을 묶어 이러한 군菎의 모습을 만들어 곤대緄帶의 장식으로 삼았을 것입니다.

　장창이 이를 두고 사糸방에 외畏를 써서 글자를 만들었을 뿐이며 발음은 외隈로 하는 것이 맞을 것입니다.”

又問:「《東宮舊事》『六色罽緅』, 是何等物? 當作何音?」答曰: 「案:《說文》云:『菎, 牛藻也, 讀若威.』音隱:『塢瑰反.』卽陸機 所謂『聚藻, 葉如蓬』者也. 又郭璞注《三蒼》亦云:『蘊, 藻之類也, 細葉蓬茸生.』然今水中有此物, 一節長數寸, 細茸如絲, 圓繞 可愛, 長者二三十節, 猶呼爲菎. 又寸斷五色絲, 橫著線股間繩之, 以象菎草, 用以飾物, 卽名爲菎; 於時當紺六色罽, 作此菎以飾 緄帶, 張敞因造糸旁畏耳, 宜作隈.」

【音隱】책 이름.《說文音隱》을 말함.《隋書》經籍志에 4권이 저록되어 있으며 작자는 미상. 이미 亡佚되었으며 淸代 畢沅의 輯佚本이 있음.
【陸機】《隋書》經籍志에「《毛詩, 草木蟲魚疎》利權, 烏程令吳郡陸機撰」이라 하였고,《詩經》召南 采蘋「于以采藻」正義에「陸機云: 藻, 水草也, 生水底, 有二種: 其一種葉如雞蘇, 莖大如箸, 長四五尺; 其一種莖大如釵股, 葉如蓬蒿, 謂之聚藻」라 함.
【三蒼】《蒼頡篇》·《爰歷篇》·《博學篇》을 함께 일컫는 말. 모두 고대의 字書·小學文字書임.

「권무산權務山」의 표기와 유래

　백인성柏人城 동북쪽에 하나 외롭게 홀로 서 있는 산이 있는데 옛 서적 어디에도 기록이 없다. 오직 감인闞駰의 《십삼주지十三州志》에 순舜임금이 큰 산의 산록山麓에 추방되었다는 그 산이 바로 이 산이라 여겼다. 그 산 위에는 지금도 요堯임금의 사당이 있다. 민간에서는 이 산을 선무산宣務山이라고도 하고, 혹은 허무산虛無山이라고도 하나 그 유래는 알 수 없다. 조군趙郡의 사족으로써 이목숙李穆叔·이계절李季節 형제와 이보제李普濟 등이 있는데, 역시 학문이 뛰어난 자들이건만 자신들의 고향에 있는 이 산의 이름을 확정짓지 못하고 있었다.

　내가 일찍이 조주좌趙州佐가 되어 태원太原 사람 왕소王邵와 함께 백인성 서문西門안에 있는 비석을 읽어보게 되었다. 이 비는 한漢 환제桓帝 때 백인현 백성들이 현령 서정徐整을 위해 세운 것이었다. 그 비문에 "산으로는 권무산欋務山이 있으니 왕자교王子喬가 선술을 이룬 곳이다"라 되어 있었다. 이에 비로소 이것이 권무산임을 알게 되었다. 권欋자는 그 출처를 알 수 없었다. 그러나 무務자는 여러 자서字書를 보고 모구旄丘의 모旄자임을 알았다. 모旄자는 《자림字林》에는 한 가지 음이 「망부반亡付反」(무)라 되어있으니, 지금 속명俗名대로 한다면 음을 권무權務로 읽어야 할 것이다."

　업鄴에 들어와 위수魏收에게 이를 설명해주었더니 위수는 크게 가상히 여기며 감탄하였다. 그가 마침 〈조주장엄사비명趙州莊嚴寺碑銘〉을 짓게 되자 이를 바탕으로 「권무지정權務之精」이라는 구절을 넣었으니, 이는 바로 나의 설명을 인용한 것이다.

柏人城東北有一孤山, 古書無載者. 唯闞駰《十三州志》以爲舜納於大麓, 卽謂此山, 其上今猶有堯祠焉; 世俗或呼爲宣務山, 或呼爲虛無山, 莫知所出. 趙郡士族有李穆叔·季節兄弟·李普濟, 亦爲學問, 並不能定鄕邑此山. 余嘗爲趙州佐, 共太原王邵讀柏人城西門內碑. 碑是漢桓帝時柏人縣民爲縣令徐整所立, 銘曰:「山有巏嵍, 王喬所仙.」方知此巏嵍山也. 巏字遂無所出. 嵍字依諸字書, 卽旄丘之旄也; 旄字, 《字林》一音亡付反, 今依附俗名, 當音權務耳. 入鄴, 爲魏收說之, 收大嘉歎. 値其爲〈趙州莊嚴寺碑銘〉, 因云:「權務之精.」卽用此也.

【柏人城】지금의 河北省 唐山縣.
【十三州志】책 이름.《隋書》經籍志에「《十三州志》十卷, 闞駰撰」이라 함. 원본은 전하지 않으며 淸代 張澍의 집일본이 전함. 王利器는「闞駰, 字玄陰, 敦煌人, 《魏書》有傳」이라 함.
【李穆叔】《北史》李公緖傳에「公緖, 字穆叔, 性聰敏, 博通經傳. ……公緖弟槃, 字季節, 少好學」이라 함.
【李普濟】《北史》李雄傳에「映子普濟, 學涉有名, 性和韻, 位濟北太守, 詩人語曰:『入虆入細李普濟.』」라 함.
【趙州】지명, 趙曦明은「《通典》:『趙國, 後魏爲趙郡, 明帝兼置殷州, 北齊改殷州爲趙州.』」라 함.
【王喬】王子喬. 周靈王의 太子. 이름은 晉. 신선이 되어 승천했다 함.《列仙傳》참조.
【旄丘】앞이 높고 뒤가 낮은 작은 산.《詩經》邶風 참조.

「오경五更」의 유래

혹자가 물었다.

"하룻밤을 어찌하여 오경五更으로 나누었습니까? 경更이란 무슨 뜻입니까?"

나는 이렇게 설명하였다.

"한漢・위魏이래로 갑야甲夜・을야乙夜・병야丙夜・정야丁夜・무야戊夜라고도 하였고, 또는 고鼓를 붙여 일고一鼓・이고二鼓・삼고三鼓・사고四鼓・오고五鼓라고도 하였으며, 또는 일경一更・이경二更・삼경三更・사경四更・오경五更이라고도 하였는데 모두가 다섯을 한 단위로 하였지요. 〈서도부西都賦〉에도 역시 「보위하되 경更을 엄히 지키는 관서」라 하였습니다. 그렇게 하는 까닭은 가령 정월正月을 건인建寅으로 삼으면 두병斗柄이 저녁에는 인방寅方을 가리키고, 새벽이면 오방午方을 가리키게 됩니다. 인방에서 오방까지는 다섯 곳의 별자리를 지나게 됩니다. 겨울과 여름에 해당하는 달은 비록 장단長短이 참치參差하여 고르지 못하지만 별자리 사이가 요활遼闊하다 해도, 가득 채워도 6자리를 넘지 않으며 줄인다 해도 4자리에 이르지 못합니다. 진퇴는

齊彦槐(1774~1841) 제작 〈天球儀〉

항상 5자리 안에 있게 됩니다. 경更이란 역(歷, 지나는 시간)이며 경(經, 경유)입니다. 그래서 오경五更이라 하는 것입니다."

　或問:「一夜何故五更? 更何所訓?」答曰:「漢·魏以來, 謂爲甲夜·乙夜·丙夜·丁夜·戊夜, 又云鼓, 一鼓·二鼓·三鼓·四鼓·五鼓, 亦云一更·二更·三更·四更·五更, 皆以五爲節. 西都賦亦云:『衛以嚴更之署.』所以爾者, 假令正月建寅, 斗柄夕則指寅, 曉則指午矣; 自寅至午, 凡歷五辰. 冬夏之月, 雖復長短參差, 然辰間遼闊, 盈不過六, 縮不至四, 進退常在五者之間. 更, 歷也, 經也, 故曰五更爾.」

【甲夜】盧文弨는「《文選》陸左公〈新刻漏銘〉:『六日無辨, 五夜不分.』李善注引衛宏≪漢舊儀≫:『晝漏盡, 夜漏起, 省中用火, 中黃門持五夜: 甲夜, 乙夜, 丙夜, 丁夜, 戊夜也.』」라 함.
【西都賦】班固의 작품.《文選》에 실려 있음.

222
(17-41) 「출朮」과 「산계山薊」

《이아爾雅》에 "출朮은 산계山薊이다"라 하였고, 곽박郭璞의 주에는 "지금의 출은 계와 비슷하며 산중에서 자란다"라 하였다. 상고해보건대 출의 잎은 그 모습이 계와 비슷하다. 근세 문사들이 계를 근육筋肉의 근筋으로 읽어 지골地骨과 대우對偶로 이를 사용하고 있으니, 이는 그 본뜻에 어긋난 것이 아닌가 한다.

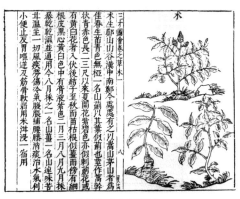

출(朮)《三才圖會》

《爾雅》云:「朮, 山薊也.」郭璞注云:「今朮似薊而生山中.」案: 朮葉其體似薊, 近世文士, 遂讀薊爲筋肉之筋, 以耦地骨用之, 恐失其義.

【爾雅】 釋草에 실려 있음.
【地骨】 枸杞의 별명.《本草綱目》을 볼 것.

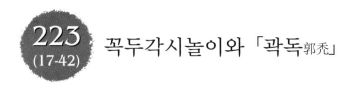

223 (17-42) 꼭두각시놀이와 「곽독郭禿」

혹자가 물었다.

"민간에서 괴뢰희傀儡戲를 하는 이들을 곽독郭禿이라 하는데 어떤 이유가 있습니까?"

나는 이렇게 설명하였다.

"《풍속통風俗通》에 「성이 곽郭씨인 사람은 모두가 독禿자를 피휘한다」라 하였습니다. 이는 전대前代 사람들 중에 성이 곽씨인 사람이 대머리 병을 앓은 자가 골계희滑稽戲에 뛰어나 그 때문에 뒷사람들이 그를 상징으로 삼아 곽독이라 부른 것입니다. 『문강文康』의 악무樂舞를 유량庾亮으로 상징하는 것과 같습니다."

或問:「俗名傀儡子爲郭禿, 有故實乎?」答曰:「《風俗通》云: 『諸郭皆諱禿.』當是前代人有姓郭而病禿者, 滑稽戲調, 故後人爲其象, 呼爲郭禿, 猶文康象庾亮耳.」

【傀儡子】괴뢰는 疊韻連綿語. 꼭두각시를 지칭하는 말. 《通典》146에 「窟礧子, 亦曰魁礧子, 作偶人以戲, 善歌舞. 本喪樂也, 漢末始用之嘉會. 北齊後主高緯尤所好」라 함.

【郭皆諱禿】 王利器는 龔向農의 설을 인용하여「《玉燭寶典・五》引《風俗通》云: 『俗說: 五月蓋室, 令人頭禿. 謹案:《易》・〈月令〉五月純陽, 姤卦用事, 齊麥始死. 夫政趣民收穫, 如寇盜之至, 與時競也.』又云:『除黍稷, 三豆當下, 農功最務, 間不容息, 何得晏然除覆蓋室萬乎? 今天下諸郭皆諱禿, 豈復家家五月蓋室耶?』」 라 함.

【文康】 戲劇 이름. 康亮의 시호가 文康이어서 얻어진 이름.《晉書》康亮傳에 「康亮, 字元規, ……咸康之年薨, 時年五十二, 追贈太尉, 諡文康」이라 함.

224
(17-43)
「장류長流」와 「추관秋官」

혹자가 물었다.

"무슨 연유로 옥사獄事를 다스리는 참군參軍의 명칭을 장류長流라 합니까?"

나는 이렇게 설명하였다.

"《제왕세기帝王世紀》에 「소호少昊가 붕어하고, 그의 신령이 장류산長流山에 강림하여 추제秋祭를 주관하였다」라 하였습니다. 상고해 보건대《주례周禮》 추관秋官에 「사구司寇는 형벌의 업무를 주관한다」라 하였습니다. 장류라는 직책은 한漢·위魏 때에는 도적을 잡는 연掾의 벼슬이었을 뿐입니다. 그러다가 진晉·송宋 이래로 비로소 참군參軍이 되었으며, 위로 사구에 소속되게 되었지

소호금천씨《三才圖會》

요. 그 때문에 추제秋帝인 소호가 거하던 산 이름을 아름답게 여겨 이름을 취한 것입니다."

或問曰:「何故名治獄參軍爲長流乎?」答曰:「《帝王世紀》云: 『帝少昊崩, 其神降于長流之山, 於祀主秋.』」案:《周禮》秋官,

司寇主刑罰. 長流之職, 漢·魏捕賊掾耳. 晉·宋以來, 始爲參軍,
上屬司寇, 故取秋帝所居爲嘉名焉.」

【長流】《宋書》百官志(上)에「今諸曹則有錄事, 記室, 戶曹, 倉曹, 中直兵, 外兵,
　騎兵, 長流賊曹, 刑獄賊曹, 城局賊曹, 法曹, 田曹, 水曹, 鎧曹, 車曹, 士曹, 集右戶,
　墨曹, 凡十八曹參軍, 不署曹者無定員. 江左初, 晉元帝鎭東丞相府有錄事記室,
　……其後又有直兵, 長流, 刑獄, 城局, 水曹, 右戶, 墨曹七曹, 高祖爲相, 合中兵,
　直兵置一參軍, 曹則猶二也. 今小府不置長流參軍者, 置禁防參軍」이라 함.
【少昊】고대의 제왕 金天氏.
【長流山】長留山.《山海經》西山經에「長留之山, 其帝白神 少昊居之」라 함.
【主秋】《禮記》에 月令에 春(太皥), 夏(炎帝), 秋(少昊), 冬(顓頊)이 그 계절에
　해당한다고 하였음.
【周禮】13경의 하나. 주나라 관제와 그 직무를 설명한 것으로 天地春夏秋冬
　6官으로 나누었음. 그중 秋官은 형법을 관장하였음.〈秋官〉司寇 疏에 鄭玄의
　〈目錄〉을 인용하여「象秋所立之官. 寇, 害也; 秋者, 遒也. 如秋義殺害收聚斂藏於
　萬物也. 天子入司寇, 使掌邦刑;刑者, 所以驅恥惡納人於善道也」라 하였음.
【掾】屬官을 지칭하는 말.

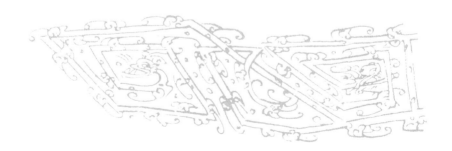

225
(17-44)

《설문해자說文解字》의 가치

어떤 객이 주인을 힐난하며 이렇게 말하였다.

"지금의 경전經典에 대하여 그대는 모두가 그르다고 하면서 《설문說文》에서 말한 바는 모두가 옳다고 하니, 그렇다면 허신許愼이 공자孔子보다 낫다는 것입니까?"

주인은 손뼉을 치고 크게 웃으며 이렇게 응하였다.

"지금의 경전이 모두 공자의 손이 직접 거친 것입니까?"

객이 대답하였다.

"지금의 《설문》은 모두가 허신의 손에서 직접 나온 것입니까?"

이에 이렇게 대답하였다.

"허신은 육서六書로써 문자를 점검하여 부수部首로 전체를 꿰어 오류가 없도록 하였습니다. 오류가 있으면 발견되었을 것입니다. 공자孔子는 그 의義를 존속시켰지 그 문장이나 문자에 대해서는 토론하지 않았습니다. 선유先儒들은 뜻에 맞게 한답시고 문장을 고치기도 하였는데, 하물며 이를 베껴 쓰고 유전流傳하는 경우야 어떻겠습니까? 반드시 《좌전左傳》의 지止와 과戈가 합쳐 무武자가 되었고, 정正자를 뒤집으면 핍乏자가 되며, 명皿과 충蟲이 합하여 고蠱가 된다거나 해亥자는 머리 둘에 몸체가 여섯이라는 것과 같은 경우라며 뒷사람도 스스로 얼른 고칠 수 없는 것이거늘, 내가 어찌 감히 《설문》을 이용하여 그의 옳고 그름을 교정할 수 있겠습니까?

또 나라고 해서 오로지 《설문》만을 옳다고 하는 것은 아닙니다.

《설문》에서 근거로 한 경經과 전傳의 내용이 지금과 괴리가 있는 것은 감히 따를 수 없다는 것입니다.

또 사마상여司馬相如의 〈봉선서封禪書〉에 「한 줄기에 여섯 이삭인 것을 골라 주방에 들이고, 두 뿔이 함께 나란한 짐승을 희생으로 삼는다」라는 구절에서 도導는 택擇이라는 뜻이니, 광무제光武帝의 조서詔書에 「한갓 선택해서 힘써야 할 부분을 미리 기르는 것이 아니다」에서의 도導자가 그것입니다. 그런데《설문》에 「도稻는 벼 이름」이라 하면서 〈봉선서〉를 인용하여 근거로 삼았습니다. 그러나 화禾의 이름 중에 도稻가 있다는 데에 대하여 방해가 되지 않으며 이를 사마상여가 그렇게 사용한 것도 아닙니다. 즉 「벼 한줄기에 여섯 이삭인 것을 주방에」라 하면 문장이 됩니까? 비록 사마상여의 천품이 비루하고 졸렬하다고 해도 억지로 이런 말을 만들었다면, 그 아래 구절은 마땅히 「인의 두 뿔이 함께 가지런한 짐승」이어야 하며, 희생으로 삼다犧라는 말은 쓸 수가 없습니다.

나는 일찍이 허신을 순수한 학자일 뿐 문장의 체제에 대해서는 통달하지 못한 이라 하였는데, 이와 같은 경우는 허신의 이론을 믿을 수 없습니다. 무릇 그 책을 믿고 복종하는 것은 은괄隱括에 조례條例가 있고 그 근원을 분석하기를 끝까지 하였기 때문이며, 정현鄭玄이 경서를 주석하면서 이《설문》을 인용하여 증거로 삼은 때문입니다. 만약 그의 이론을 믿지 않는다면, 어둡고 캄캄하며 일점일획이 무엇을 뜻하는지를 알아낼 수가 없기 때문입니다.”

客有難主人曰:「今之經典, 子皆謂非,《說文》所言, 子皆云是, 然則許愼勝孔子乎?」主人拊掌大笑, 應之曰:「今之經典, 皆孔子手迹耶?」客曰:「今之《說文》, 皆許愼手迹乎?」答曰:「許愼檢以六文, 貫以部分, 使不得誤, 誤則覺之. 孔子存其義而不論其文也. 先儒尙得改文從意, 何況書寫流傳耶? 必如《左傳》止戈爲武, 反正爲乏, 皿蟲爲蠱, 亥有二首六身之類, 後人自不得

輒改也, 安敢以《說文》校其是非哉? 且余亦不專以《說文》爲
是也, 其有援引經傳, 與今乖者, 未之敢從. 又相如〈封禪書〉曰:
『導一莖六穗於庖, 犧雙觡共抵之獸.』 此導訓擇, 光武詔云:
『非徒有豫養導擇之勞』是也. 而《說文》云:『䕼是禾名.』引〈封
禪書〉爲證; 無妨自當有禾名䕼, 非相如所用也.『禾一莖六穗
於庖』, 豈成文乎? 縱使相如天才鄙拙, 强爲此語; 則下句當云
『麟雙觡共抵之獸』, 不得云犧也. 吾嘗笑許純儒, 不達文章之體,
如此之流, 不足憑信. 大抵服其爲書, 隱括有條例, 剖析窮根源,
鄭玄注書, 往往引以爲證; 若不信其說, 則冥冥不知一點一畫,
有何意焉.」

【六文】六書, 象形, 指事, 會意, 形聲, 轉注, 假借로써 文字의 造字原理와 用字原理.
【部分】部首의 구분. 許愼의 《說文解字》敍에「分別部居, 不相雜廁」이라 함.
【止戈爲武】止와 戈의 두 글자가 합쳐 武가 되었다는 뜻으로, 會意字의 造字
   원리를 뜻함. 이는 《左傳》宣公 12년에 실려 있음.
【反正爲乏】正자를 뒤집어 乏자가 되었다는 설. 乏은 원래 射禮에서 화살의
   위험을 막기 위해 가리는 장막이었음.《左傳》宣公 15년 참조.
【皿蟲爲蠱】蟲과 皿이 합쳐 고(蠱)가 되었다는 설.《左傳》昭公 元年 참조.
【亥有二首六身】《左傳》襄公 30년 참조.
【封禪書】《漢書》司馬相如傳에「相如旣病免, 家居茂陵.」天子曰:『司馬相如病甚,
   可往從悉取其書, 若後之矣.』使所忠往, 而相如已死, 家無遺書. 問其妻, 對曰:
   『……長卿未死時, 爲一卷書, 曰有使來求書, 奏之.』其遺札書言封禪事」라 하였음.
【導一莖六穗】注에 鄭玄의 말을 인용하여「導, 擇也. 一莖六穗, 謂嘉禾之美,
   於庖廚以供祭祀也」라 하였고, 다시 服虔의 말을 인용하여「犧, 牲也.觡, 角也.
   抵, 本也. 武帝獲白麟, 兩角共一本, 因以爲牲也」라 하였음.
【光武】東漢의 光武帝. 이 詔書는《後漢書》光武帝紀 建武 13년(37)에 실려 있음.
【豫養導擇】《後漢書》光武帝紀 李賢 注에「豫養謂未至獻時豫前養之, 導亦
   擇也」라 함.

【隱括】 원래 활의 표준을 잡기 위한 기준 틀을 뜻함. 『檃栝』로도 씀. 여기서는 組織, 剪載함을 뜻함.

【鄭玄注】 그 예는 《禮記》 雜記 注, 《儀禮》 既夕禮의 注 등에서 볼 수 있음.

《說文解字》 漢 許愼(저), 淸 段玉裁(주)

226
(17-45)
문자학文字學 연구의 방법

　세간의 소학小學, 文字學을 연구하는 자들은 고금의 변화를 알지 못한 채 반드시 소전小篆에만 의거하여 이로써 경서의 기록을 바로 잡으려 하고 있다.

　무릇 《이아爾雅》·《삼창三蒼》·《설문說文》이 어찌 창힐蒼頡의 본래 의도를 모두 터득하였다 하겠는가? 역시 시대에 따라 줄이고 보태어 서로 간에 같고 다름이 있는 것이다. 서진西晉 시대 이래의 자서字書가 어찌 그릇되었다고 할 수 있는가? 단지 체례體例가 성취되어 멋대로 고치지 않은 것이면 될 뿐이다. 그 시비를 교정함에는 반드시 변화[消息]를 근거해야 한다. 이를테면 「중니거仲尼居」 3자 중에 두 글자는 정자正字가 아니다. 즉 《삼창》에는 니尼자 곁에 구丘를 더하였고, 《설문》에는 거居자를 시尸 아래에 궤几를 더하였다. 이와 같은 부류를 어찌 가히 믿고 따를 수 있겠는가? 고대에는 따로 두 글자씩을 만들지 않았고, 특히 가차假借가 많아 중中으로서 중仲을 대신하였고, 설說로써 열悅의 뜻을 가차하였으며, 소召로써 소邵를 가차하였으며, 한閒으로 한閑을 가차하였다. 이와 같은 것들은 역시 이를 고치는 노고를 없애준다. 그러나 글자 자체의 오류가 있는데도 이것이 비루한 속성俗成이 되고만 경우가 있으니, 란亂자를 설舌로 바꾸어 란乿으로 쓰고, 읍挹을 아래에 이耳를 없애고 다른 글자를 넣으며, 원黿·타鼉에서 민黽을 구龜로 바꾸어 쓰거나 분奮·탈奪에서 대大를 관雚으로 바꾸기도 하고, 석席에서 대帶를 가하기도 하며, 악惡에서 아亞를 서西로 바꾸며, 고鼓에서 오른쪽을 피皮로 바꾸기도 하고, 착鑿의 머리 부분을 훼毁로 고치기도 하고, 리離를 우禹와 짝을 짓기도 하고, 학壑자를 활豁 아래에 토土를 넣어 쓰기도 하며, 무巫를 경經의 방旁으로 쓰기도 하여(巫, 巠), 경巠과 혼동하며, 고皐를 택澤의 조각인 「역睪」으로 쓰기도 하며, 렵獵이 갈獦이 되며 총寵이 「竉」이 되기도 하고, 업業의 왼쪽에 편片을 붙이기도 하고, 령靈의 아래를 기器로 하기도 한다. 그런가 하면 율率자는 본래 스스로 '률'이건만 억지로 다른 음인 '솔'로 고치고, 단單자는 원래 음이 '선'이었건만 이를 분석하여 다른 음인 '단'으로 성립하기도 한다. 이러한 경우들에 대해서는 정리하지 않을 수 없다.

내가 지난날 《설문》을 처음 보았을 때, 세간의 속자에 대하여 별것이 아닌 것으로 여겼으나, 정자正字를 따르면 남이 알아보지 못할까 걱정되고, 속자를 따르면 그 본뜻이 그릇될까 혐의스러웠다. 그래서 대략 붓을 대지 않을 수 없었다. 그런데 눈에 띄는 것이 점점 많아지자 다시 통변通變을 알게 되었고, 종전의 고집을 해결하기 위해 이를 둘로 나누어 보고자 하였다. 만약 문장을 짓거나 저술을 할 때라면 오히려 영향이 적은 것을 택하여 써도 되겠지만 관청의 문서나 세상에 널리 알아보아야 할 척독尺牘의 경우라면 속자俗字를 위배하지 않기를 바란다.

世間小學者, 不通古今, 必依小篆, 是正書記; 凡《爾雅》·《三蒼》·《說文》, 豈能悉得蒼頡本指哉? 亦是隨代損益, 㸦有同異. 西晉已往字書, 何可全非? 但令體例成就, 不爲專輒耳. 考校是非, 特須消息. 至如「仲尼居」, 三字之中, 兩字非體, 《三蒼》「尼」旁益「丘」, 《說文》「尸」下施「几」: 如此之類, 何由可從? 古無二字, 又多假借, 以中爲仲, 以說爲悅, 以召爲邵, 以閒爲閑: 如此之徒, 亦不勞改. 自有訛謬, 過成鄙俗, 「亂」旁爲「舌」, 「揖」下無「耳」, 「黿」·「鼉」從「龜」, 「奮」·「奪」從「雚」, 「席」中加「帶」,

「惡」上安「西」,「鼓」外說「皮」,「鑿」頭生「毀」,「離」則配「禹」,「壑」乃施「豁」,「巫」混「經」旁,「皋」分「澤」片,「獵」化爲「獦」,「寵」變成「竉」,「業」左益「片」,「靈」底著「器」,「率」字自有律音, 强改爲別;「單」字自有善音, 輒析成異: 如此之類, 不可不治. 吾昔初看《說文》, 蚩薄世字, 從正則懼人不識, 隨俗則意嫌其非, 略是不得下筆也. 所見漸廣, 更知通變, 救前之執, 將欲半焉. 若文章著述, 猶擇微相影響者行之, 官曹文書, 世間尺牘, 幸不違俗也.

【冞】互자의 속체.

【率】 '솔'과 '률'의 두 가지 음이 있음을 말함. 王利器 集解에 「《御覽・十六》引《春秋元命包》:『律之爲言率也, 所以率氣令達也.』又引蔡邕《月令章句》曰:『律, 率也.』《廣雅・釋言》:『律, 率也.』」라 함.

【單】 '단'과 '선'의 두 가지 음이 있음. 王利器 集解에 「郝懿行曰:『案:《篇海》:「單, 時戰切, 音善, 姓也」라 하였고, 《廣韻》에는 「單, 單襄公之後.」然則單, 單二文, 作字雖異, 音訓則同, 輒析成異, 非通論也.』」라 하였음.

227
(17-46)

「인십사심人十四心」이 파자하여
「덕德」자가 된다고?

상고하건대 미궁彌亙의 궁亙자는 주舟자 위아래 이二가 있는 글자이다. 《시詩》에 『긍지거비亙之秬秠』(검은 기장 두 말을 널리 심다)가 그것이다. 지금의 예서隸書에는 주舟대신 일日을 넣어 항亘으로 쓴다. 하법성何法盛의 《진중흥서晉中興書》에는 주舟가 이二 사이에 있는 것을 주항舟航의 항航자로 여겼는데 이는 잘못된 것이다.

《춘추설春秋說》에는 『인십사심人十四心』을 덕德자라 하였고, 《시설詩說》에는 이二자가 천天자 아래에 있는 것이 유酉자라 하였으며, 《한서漢書》에는 화천貨泉을 파자破字하여 『백수진인白水眞人』이라 하였으며, 《신론新論》에는 금곤金昆을 묶어 은銀자라 하였고, 《국지國志》에는 천天자 위에 구口를 얹어 오吳자라 하였으며, 《진서晉書》에는 『황두소인黃頭小人』을 묶어 공恭자라 하였고, 《송서宋書》에는 소도召刀를 묶어 소邵자라 하였으며, 《참동계參同契》에는 사람이 등에 고告자를 짊어지고 있는 것이 조造자라 하였는데, 이와 같은 예는 모두가 수술數術의 유어謬語이며 가차하여 부회한 것으로 잡스럽게 웃음을 자아내고자 한 것일 뿐이다.

만약 공貢자를 돌려 항項자가 되고 질叱자의 비匕가 칠七이라 한다면 어찌하여 문자의 음독音讀을 비정比定할 수 있겠는가? 반악潘岳과 육기陸機 등 여러 사람의 〈이합시離合詩〉·〈이합부離合賦〉·《식복栻卜》·《파자경破字經》과 포소鮑昭의 《미자謎字》 등을 모두가 당시의 유속流俗에 부합한 것으로 문자의 형태와 음을 논한 것으로는 족하지 않다.

案: 彌亙字從二閒舟,《詩》云:「亙之秬秠」是也. 今之隸書,
轉舟爲日; 而何法盛《中興書》乃以舟在二閒爲舟航字, 謬也.
《春秋說》以人十四心爲德,《詩說》以二在天下爲酉,《漢書》以
貨泉爲白水眞人,《新論》以金昆爲銀,《國志》以天上有口爲吳,
《晉書》以黃頭小人爲恭,《宋書》以召刀爲邵,《參同契》以人負
告爲造: 如此之例, 蓋數術謬語, 假借依附, 雜以戲笑耳. 如猶轉
貢字爲項, 以叱爲匕, 安可用此定文字音讀乎? 潘・陸諸子〈離
合詩〉・〈賦〉,《杝卜》・《破字經》, 及鮑昭《謎字》, 皆取會流俗,
不足以形聲論之也.

【亙】이 글자를 亘과 같이 씀.《詩經》大雅 生民에「亘之秬秠」라 함.

【春秋說】漢代 緯書의 하나.

【人十四心】『德』자를 破字하여 풀이한 것.

【詩說】역시 漢代 위서의 하나.

【貨泉爲白水眞人】《後漢書》光武帝紀에「論曰: 及王莽篡位, 忌惡劉氏, 以錢文有
金刀, 故改爲貨泉. 或以貨泉字文爲『白水眞人』.」이라 함.

【新論】桓譚이 지은 책. 王利器는 龔向農의 말을 인용하여「《御覽・八百一二》
引桓譚《新論》:『鉛則金之公, 而銀者金之昆弟也.』」라 함.

【天上有口爲吳】《三國志》吳書 薛綜傳에「綜應聲曰:『無口爲天, 有口爲吳, 君臨
萬邦, 天子之都.』」라 함.

【黃頭小人爲恭】이는《宋書》五行志(2)에 실려 있음.「王恭在京口, 民間忽云:
『黃頭小人欲作賊, 阿公在城下, 指縛得.』又云:『黃頭小人欲作亂, 賴得金刀
作蕃?』『黃』字上,『恭』字頭也.『小人』,『恭』字下也. 尋如謠者言焉」이라 함.

【召刀爲邵】邵는 劭를 말함.《史史》元凶劭傳에「元凶劭字休遠, 文帝長子也.
……初命之曰劭, 在文爲召刀, 後惡焉, 改刀爲力」이라 함.

【以叱爲七】王利器集解에「徐鯤曰:《御覽・九百六五》引《東方朔別傳》:「武帝
時, 上林獻棗, 上以所持杖擊未央殿檻, 呼朔曰 ……『叱叱, 先生, 來來, 先生知此

篋中何等物? 朔曰:『上林獻棗四十九枚.』上曰:『何以知之?』朔曰:『呼朔者,
上也; 以杖擊檻兩木, 兩木者, 林也; 來來者, 棗也; 叱叱, 四十九枚.』라 함.

【離合詩】潘岳이 〈離合詩〉는《藝文類聚》56에 실려 있음.「佃漁始化; 人民穴處.
意守醇樸, 音應律呂. 㮤梓被源, 卉木在野. 錫鸞未設, 金石拂擧. 害咎蠲消, 吉德
流普. 谿谷可安, 奚作棟宇. 嫣然以憙, 焉懼外侮. 熙神委命, 已求多祐. 嘆彼季末,
日出擇語. 誰能墨識, 言喪厥所. 䜌嶔之諺, 龍潛巖阻. 㦗義崇亂, 少長失敘」라 함.

【栻占】占術書가 아닌가 함.

【破字經】破字 풀이를 다룬 책으로 보임.

【謎字】수수께끼 식으로 문자를 풀이한 책으로 여김.

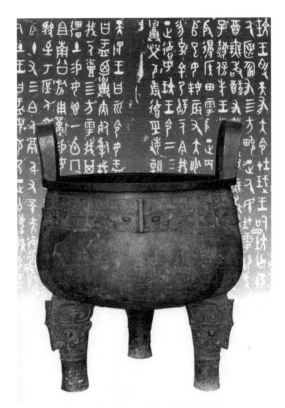

종정문: 〈大盂鼎〉(西周) 陝西 郿縣 출토

228
(17-47)
「暴(폭, 포)」의 두 가지 음과 뜻

하간河間 사람 형방邢芳이 나에게 이렇게 말하였다.

"《한서漢書》 가의전賈誼傳에 『일중필위日中必熭』라 하였고, 주에 「위熭는 폭暴이다」라 하였습니다. 내가 일찍이 다른 사람의 해석을 보았더니 「이는 폭질暴疾의 뜻이다. 일중의 시각은 잠시도 연장시킬 수 없어 태양이 급하게 서쪽으로 기운다」라 하였습니다. 이러한 풀이가 맞습니까?"

나는 형방에게 이렇게 설명하여 주었다.

"이 말은 본래 태공太公의 《육도六韜》에서 나온 것입니다. 자서字書를 상고해 보면 옛날 포새(暴曬, 드러내어 볕에 말리다)의 가 폭질暴疾의 폭暴자와 모양이 비슷하나 다만, 아랫부분이 조금 달랐습니다. 그런데 뒷사람들이 자기 마음대로 일日자를 덧보태었습니다.

일중이 되면 반드시 물건을 말려야 하며, 그렇게 하지 않으면 때를 놓치고 만다는 것을 말한 것입니다. 진작晉灼이 이때 이미 대하여 자세한 주석을 해 놓았습니다."

형방은 웃으며 승복하고 물러섰다.

賈誼 청각본 《歷代名臣像解》

河間邢芳語吾云:「〈賈誼傳〉云:『日中必熭.』注:『熭, 暴也.』
曾見人解云:『此是暴疾之意, 正言日中不須臾, 卒然便昃耳.』
此釋爲當乎?」吾謂邢曰:「此語本出太公《六韜》, 案字書, 古者暴
曬字與暴疾字相似, 唯下少異, 後人專輒加傍日耳. 言日中時,
必須暴曬, 不爾者, 失其時也. 晉灼已有詳釋.」芳笑服而退.

【賈誼】 본문 내용은《漢書》賈誼傳을 볼 것.
【太公六韜】 姜太公의 병법서인《六韜》를 가리킴. 본문내용은 卷一, 文韜, 寸土,
　七을 볼 것.
【晉灼】 인명. 晉나라 때의 인물로《漢書集註》14권,《漢書音義》17권을 지음.

18. 음석音釋

　본편은 성운학聲韻學에 대한 전문적인 논문으로써 앞편(書證篇)과 짝을 이루고 있다. 작자는 각 지역의 방언 차이는 물론, 미세한 성운聲韻의 변천의 문제조차 놓치지 않고 있다. 한편 본 음사편音辭篇은 역대 이래 주석과 연구가 있었지만 워낙 전문적이라 일부 미진함이 있었다. 근래 주조모周祖謨의 《안씨가훈음사편주보顔氏家訓音辭篇注補》가 있어 비교적 상세하게 정리되기 시작하였다.

〈鹿角立鶴〉 (전국) 湖北 隋州 曾侯乙墓 출토

229
(18-1) 손숙연孫叔然과 「반절법反切法」

　무릇 구주九州 사람들의 언어가 같지 않음은 사람이 생겨난 이래 진실로 항상 그러하였다. 《춘추春秋》의 《공양전公羊傳》에는 제齊나라 사람의 말을 표시하였고, 《이소離騷》는 초楚나라 말로 쓴 경經이라 할 수 있으니, 이는 모두가 비교적 명확한 초기의 사례들이다.

　그 뒤에 양웅揚雄이 《방언方言》을 지어 언어가 크게 정비되었다. 그러나 그 책은 모두가 사물 명칭의 같고 다름을 고증한 것으로, 음의 시비是非는 밝혀내지 않았다. 그러다가 정현鄭玄이 육경六經을 주석하고, 고유高誘가 《여람呂覽》과 《회남자准南子》를 풀이하고, 허신許愼이 《설문說文》을 짓고, 유희劉熹가 《석명釋名》을 제작함에 이르러, 비로소 비황법譬況法과 가차법假借法이 있어 글자의 음을 증명하게 되었다. 그러나 고어와 지금 사용하는 말이 아주 달라졌음과, 그 중간에 경중輕重과 청탁淸濁이 있음은 아직 밝히지 못하고 있었다. 게다가 내언內言·외언外言이라는 말과, 급언急言·서언徐言이라는 용어, 또는 독약법讀若法 등의 경우는 사람들을 더욱 의아하게 하였다.

　손숙언孫叔言, 孫炎은 《이아음의爾雅音義》을 지었는데 이는 한말漢末 사람으로 홀로 반절법反切法을 알고 있었다. 그 뒤 위魏나라 때에 이르러 이러한 반절법이 크게 유행하였다. 그러나 고귀향공高貴鄕公은 이 반절법을 이해하지 못한 채 괴이한 것이라 생각하였다.

　그로부터 이후에 음운音韻에 관한 이론이 다투어 나타났으나 각자가 자신의 지역과 풍토의 음을 주장하느라, 서로 그르다하여 비웃곤 하였다.

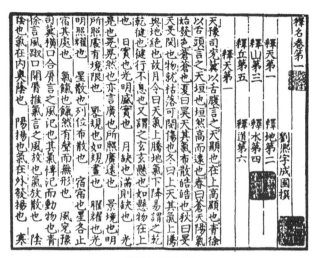

《釋名》劉熙(찬)

그리하여 지마指馬의 비유처럼 되어 누가 옳은 지 알 수 없는 지경에
이르고 말았다. 그러나 모두가 똑같이 제왕帝王의 도읍지인 당시의
서울말로써 방언을 교정하고, 고금을 고핵考覈하여 이를 절충折衷하였다.
이를 깎고 재어보면 오직 금릉金陵, 建康음과 낙하洛下, 洛陽의 음을 위주로
한 것이었다.

　夫九州之人, 言語不同, 生民以來, 固常然矣. 自《春秋》標齊
言之傳,《離騷》目楚詞之經, 此蓋其較明之初也. 後有揚雄著
《方言》, 其言大備. 然皆考名物之同異, 不顯聲讀之是非也.
逮鄭玄注六經, 高誘解《呂覽》·《淮南》, 許愼造《說文》, 劉熹
製《釋名》, 始有譬況假借以證音字耳. 而古語與今殊別, 其間
輕重淸濁, 猶未可曉; 加以內言外言·急言徐言·讀若之類,
益使人疑. 孫叔言創《爾雅音義》, 是漢末人獨知反語. 至於魏世,

此事大行. 高貴鄉公不解反語, 以爲怪異. 自玆厥後, 音韻鋒出,
各有土風, 遞相非笑, 指馬之諭, 未知孰是. 共以帝王都邑, 參校
方俗, 考覈古今, 爲之折衷. 摧而量之, 獨金陵與洛下耳.

【齊言】《春秋》의《公羊傳》에 齊나라 말로 된 것이 있음. 이를테면 登來, 化我
　　등은 고대 齊나라 방언이라 함.

【離騷】이는 많은 부분이 당시 楚나라 말로 되어 있음.

【方言】揚雄이 지은 책. 각 지방의 방언을 수집하여 풀이한 책. 양웅은《論語》
　　를 모방하여《法言》을,《周易》을 모방하여《太玄經》을 짓기도 하였음.

【鄭玄】자는 康成. 東漢 때 인물로《周易》,《尙書》,《毛詩》,《儀禮》,《禮記》,
　　《老經》,《尙書大傳》,《中侯》,《乾象歷》등 백여 만언의 주석을 남김.

【高誘】동한 때의 인물로《戰國策》,《呂氏春秋》,《淮南子》등을 주석함.

【劉熹】《釋名》을 지음. 劉熙로도 쓰며 漢末 사람으로 자는 成國, 그 외에
　　《禮諡法》등도 지음.

【比況】反切 이전의 한자 음 표기법. 당시는 比況法 외에 讀若法, 直讀法 등이
　　있었음.

【內言外言】音韻學에서 洪音과 細音을 구분하여 일컫는 용어. 뒤에 等韻學으로
　　발전하였음.

【急言徐言】역시 洪音과 細音. 그에 따른 介音의 有無 등을 기준으로 분류하는
　　방법.

【孫叔言】孫叔然, 孫炎. 한말 학자로《爾雅音義》를 지었음. 反切 사용의 창시자로
　　文字學에서 거론됨.《隋書》經籍志에《爾雅音義》八卷, 孫炎撰」이라 함.

【反語】反切法을 말함. 反切上字에서는 聲을, 反切下字에서는 韻을 취하여 음을
　　나타내는 방법. 예로『東』자를 注音할 때「德紅切」이라 하여 德의 初聲과 紅의
　　中, 終聲을 결합하여「동」의 음이 나오도록 함.

【高貴鄉公】曹髦. 자는 彦士. 魏文帝(曹操)의 손자. 賈充에게 죽음을 당함. 高貴
　　鄉公은 작위 이름.《三國志》魏志 三少帝紀 참조.

【指馬之喩】《莊子》齊物論에「以指喩指之非指, 不若以非指, 喩指之非指也, 以馬喩馬之非馬, 不若以非馬喩馬之非馬也.」라 함.

【金陵】建康. 남조 시대의 도읍지였던 지금의 南京.

【洛下】洛陽. 남북조시대에 북쪽은 洛陽音을 기준으로 하였고, 남쪽은 建康音을 기준으로 하였음.

230
(18-2) 남북의 음운 차이

　남방은 수토水土가 화유和柔하여, 그 음이 청거淸擧하고 절예切詣하다. 단점이라면 부천浮淺함에 있으며, 그 어휘는 주로 비속鄙俗하다는 것이다.

　북방은 산천山川이 심후深厚하여, 그 음이 침탁沈濁하고 와둔鈍鈍하다. 질박하고 곧음을 가지고 있으며, 그 어휘는 주로 고어古語를 많이 쓴다.

　그 때문에 사대부들의 언어로는 남방이 우수하고, 민간 백성의 언어로는 북방이 낫다. 옷을 바꾸어 입고 이야기를 나눈다 해도 남방에서는 그가 사족인지 서인인지는 몇 마디로 구분해 알아낼 수 있지만, 담을 사이에 두고 보지 못한 채 말소리를 들어보면 북방에서는 하루 종일 들어도 구분해 내기가 어렵다. 그리고 남방 말은 오吳·월越의 언어에 물들었고, 북방 언어는 오랑캐 이민족의 말과 섞여, 모두가 심한 폐단이 있으니 모두 갖추어 일일이 논할 수는 없다.

　그 오류 중에 하찮은 것이지만 예를 든다면 남쪽 사람들은 전錢을 연涎으로, 석石을 석射으로, 천賤을 선羨으로, 시是를 지舐로 발음한다. 그런가 하면 북방 사람들은 서庶를 수戍로, 여如를 유儒로, 자紫를 자姊로, 흡洽을 압狎으로 발음한다. 이와 같은 예는 두 가지 모두 잘못이 심한 경우이다. 내가 업鄴으로 온 이래 오직 최자약崔子約과 최첨崔瞻 숙질, 그리고 이조인李祖仁과 이울李蔚 형제를 알게 되었는데, 그들은 자못 언사 연구에 종사하여 그나마 매우 정확하였다. 이계절李季節이 지은 《음운결의音韻決疑》는 때때로 착오와 실수가 있고, 양휴지陽休之가 지은 《절운切韻》도 심히 소략疎略하다.

우리 집 아이들은 비록 어린아이일 때라도 차례대로 감독과 질정을 받도록 하라. 말 한마디를 잘못 쓰게 되면 이것이 자신의 죄인 줄 알도록 하라. 품물品物을 말할 때 옛 기록을 상고해보지 않은 것은 감히 서둘러 이름을 말하지 않아야 함을 너희들이 알고 있어야 할 바이다.

南方水土和柔, 其音淸擧而切詣, 失在浮淺, 其辭多鄙俗. 北方山川深厚, 其音沈濁而鈋鈍, 得其質直, 其辭多古語. 然冠冕君子, 南方爲優; 閭里小人, 北方爲愈. 易服而與之談, 南方士庶, 數言可辯; 隔垣而聽其語, 北方朝野, 終日難分. 而南染吳・越, 北雜夷虜, 皆有深弊, 不可具論. 其謬失輕微者, 則南人以錢爲涎, 以石爲射, 以賤爲羨, 以是爲舐; 北人以庶爲戍, 以如爲儒, 以紫爲姊, 以洽爲狎. 如此之例, 兩失甚多. 至鄴已來, 唯見崔子約・崔瞻叔姪, 李祖仁・李蔚兄弟, 頗事言詞, 少爲切正. 李季節著《音韻決疑》, 時有錯失; 陽休之造《切韻》, 殊爲疎野. 吾家兒女, 雖在孩稚, 便漸督正之; 一言訛替, 以爲己罪矣. 云爲品物, 未考書記者, 不敢輒名, 汝曹所知也.

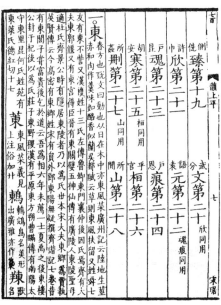

중국 대표적인 운서 《廣韻》

【質眞】 본 바탕이 정직함.《論語》顏淵篇에 「質眞而好義」라 함.

【古語】 陸法言의《切韻序》에 「吳, 楚則時傷輕淺, 燕, 趙則多傷重濁, 秦, 則去聲
爲人, 梁, 益則平聲似去」라 하였고, 郝懿行은 「案: 北方多古語, 至今猶然. 市井
閭閻, 轉相道說, 按之雅記, 與古不殊, 學士老死而不喩, 里人童幼而習知」라 함.

【終日難分】 南北言語의 차이를 말함. 周祖謨은 이에 대해 「蓋自五胡亂華以後,
中原舊族, 多僑居江左, 故南朝士大夫所言, 仍以北音爲主. 而庶族所言, 則多爲
吳語. 故曰: 『易服而與之談, 南方士庶, 數言方辨.』而北方華夏舊區, 士庶語音
無異, 故曰: 『隔垣而聽其語, 北方朝夜, 終日難分.』惟北人多雜胡虜之音, 語多
不正, 反不若南方士大夫音辭之彬雅耳. 至於閭之人, 則南方之音鄙俗, 不若北人
之音爲切正矣」라 하였음.

【至鄴已來】 周祖謨는 이에 대해 「案: 之推入鄴, 當在齊天保八年,《觀我生賦》
自注云: 『至鄴便値陳興.』是也」라 함.

【崔瞻】《北史》(24)에는 崔瞻으로 되어 있음. 자는 彦通.

【李祖仁·李蔚】《北史》李諧傳에 「諧長子缶, 字祖仁, 官中散大夫. 缶弟庶, 方雅
好學, 甚有家風. 庶弟蔚, 少淸秀, 有襟期倫理, 涉觀史傳, 專屬文辭, 甚有時譽.
仕齊, 卒於祕書丞」이라 함.

【音韻決疑】 李季節이 지은 책으로《音譜》가 아닌가 함.《北史》李公緒傳에 「公緒
弟槩, 字季節, 少好學, 然性倨傲. 爲齊文襄大將軍府行參軍, 後爲太子舍人. 撰
《戰國春秋》及《音譜》, 並行於世」라 함.

【陽休之】 자는 子烈.《隋書》經籍志에 「《韻略》一卷, 陽休之撰」이라 함.

231
(18-3) 고금의 음운 차이

　고금古今의 언어는 시대와 풍속에 따라 다르다. 그리고 글 쓰는 사람도 초(楚, 남방), 하(夏, 중원) 등 각기 다르게 마련이다.

　《창힐훈고蒼頡訓詁》에서는 패稗의 반절을 「포매반通賣反」(패)으로 하였고, 와娃의 반절은 「어괴반於乖反」(왜)으로 읽었다.

　《전국책戰國策》에는 문刎을 면免으로 읽었으며, 《목천자전穆天子傳》에는 간諫을 간間으로, 《설문說文》에서는 가夏를 극棘으로, 명皿을 맹猛으로 읽었으며, 《자림字林》에는 간看을 「구감반口甘反」(감)으로, 신伸을 신辛으로 읽었다.

　《운집韻集》에는 성成과 잉仍, 그리고 굉宏과 등登을 묶어 두 개의 운韻으로 하였고, 위爲·기奇·익益·석石은 나누어 네 개의 운으로 하였다. 이등李登의 《성류聲類》에는 계系의 음을 예羿로 하였고, 유창종劉昌宗의 《주관음周官音》에서는 승乘을 승承으로 읽었다. 이러한 예는 아주 많으니 반드시 고증하고 비교해 보아야 할 것이다. 전대의 반절법은 대체로 적절하지 못하여, 서선민徐仙民의 《모시음毛詩音》에서는 취驟의 반절을 「재구반在遘反」(주)로 하였고, 《좌전음左傳音》에서는 연椽을 「도연반徒緣反」(전)으로 하였으니, 이처럼 믿을 수 없는 예가 아주 많았다. 지금의 학자들도 말이 역시 정확하지 않다. 그런데 고대 사람은 어떤 이들이기에 반드시 그들이 잘못한 것을 그대로 따르려 하는가?

　《통속문通俗文》에 "방안에 들어가 찾는 것을 수搜라 한다"라 하였는데, 여기서 수搜의 반절을 「형후반兄侯反」(후)으로 하였다. 그렇다면 형兄자의 반절은 「소영반所榮反」(성)이어야 할 것이다. 지금 북방의 민간에 이러한 음이 통용되고 있으나, 역시 고어로써 사용될 수 없는 것이다.

여번璵璠은 노로나라 사람들의 보옥이며 그 음은 마땅히 여번餘煩이다. 그런데 강남에서는 모두가 번병藩屏의 번藩으로 읽고 있다. 기산岐山의 기岐는 음이 기奇인데 강남에서는 누구나 이를 신지神祇의 지祇로 읽고 있다.

강릉江陵이 함락되자 이 음이 관중關中까지 유입되어, 이 두 글자의 음이 어디에서 연유된 것인지 알지 못하게 되고 말았다. 나의 천학淺學으로는 지난날 들어본 적이 없다.

古今言語, 時俗不同; 著述之人, 楚·夏各異.《蒼頡訓詁》, 反稗爲逋賣, 反娃爲於乖;《戰國策》音刎爲免,《穆天子傳》音諫爲間;《說文》音夏爲棘, 讀皿爲猛;《字林》音看爲口甘反, 音伸爲辛;《韻集》以成·仍·宏·登合成兩韻, 爲·奇·益·石分作四章; 李登《聲類》以系音羿, 劉昌宗《周官音》讀乘若承: 此例甚廣, 必須考校. 前世反語, 又多不切, 徐仙民《毛詩音》反驟爲在遘,《左傳音》切椽爲徒緣, 不可依信, 亦爲衆矣. 今之學士, 語亦不正; 古獨何人, 必應隨其譌僻乎?《通俗文》曰:「入室求曰搜.」反爲兄侯. 然則兄當音所榮反. 今北俗通行此音, 亦古語之不可用者, 璵璠, 魯人寶玉, 當音餘煩, 江南皆音藩屏之藩. 岐山當音爲奇, 江南皆呼爲神祇之祇. 江陵陷沒, 此音被於關中, 不知二者何所承案. 以吾淺學, 未之前聞也.

【楚】西周 시대부터 春秋 戰國까지 남쪽 지역을 차지했던 大國. 남방을 대표함.
【夏】고대 禹가 건설한 나라.

【蒼頡訓詁】동한 때 杜林이 지은 字學書.

【反稗爲逋賣】구체적으로 알 수 없음. 周祖謨는 이에 대해「此音不知何人所加. 稗爲逋賣反, 逋爲幫母字,《廣韻》作傍卦切, 則在幷母, 淸濁有異. 顔氏以爲此字當讀傍卦切, 故不以《蒼頡訓詁》之音爲然」이라 함.

【反娃爲於乖】段玉裁는「娃, 於佳切, 在十三佳, 以於乖切之, 則在十四皆」라 함.

【刎爲免】《戰國策》을 거론했으나 지금은 보이지 않음. 段玉裁는 이에 대해「《國策》音當在高誘注內, 今缺. 佚不完, 無以取證」이라 하였음.

【穆天子傳】책 이름. 周나라 穆王이 八駿馬를 타고 崑崙山의 西王母를 만난 신화적인 내용을 담고 있음. 그 책「道里悠遠, 山川間之」의 郭璞 注에「閒, 音練」이라 함.

【字林】책 이름. 晉나라 呂忱이 지음. 12,824자를 수록하고 있으며《說文解字》의 540개 부수를 그대로 사용함. 지금은 전하지 않음.

【韻集】책 이름.《魏書》江式傳에「呂靜作《韻集》五卷, 宮・商・角・徵・羽各爲一篇」이라 함.

【李登】《聲類》를 지음.《封氏見聞記》에「魏李等撰《聲類》十卷, 凡一萬一千五百二十字, 以五聲命字」라 하였으며,《隋書》潘徽傳에는「李登《聲類》・呂靜《韻集》, 始判淸濁, 纔分宮羽; 而全無引據, 過傷淺局, 詩賦所須, 卒難爲用」이라 하였음.

【劉昌宗】《周官音》1권을 지었다 함.

【徐仙民】徐邈. 자는 仙民.《毛詩音》2권,《春秋左傳音》3권을 지음.

【通俗文】漢나라 때 服虔이 지었다 함.《隋書》經籍志에 저록되어 있음.

【江陵陷沒】梁나라는 처음 江陵에 도읍을 정했었음. 여기서는 梁나라가 망함을 뜻함.

동곽아東郭牙가 거莒를 칠 것임을
알아차린 발음법

　북쪽 사람들은 흔히 거擧나 거莒를 구矩로 읽는다. 오직 이계절李季節
만은 이에 대하여 이렇게 말하였다.
　"제齊 환공桓公이 관중管仲과 함께 대臺에 올라 거莒를 토벌할 일을
모의하고 있었다. 그때 동곽아東郭牙가 환공의 입이 열렸다가 닫히지
않는 것을 보고, 그가 말한 것이 「거」라는 것을 알게 되었다라고 하였다.
그렇다면 거莒와 구矩는 틀림없이 같은 발음이 아니었으리라."
　이는 바로 음에 대하여 아는 자이다.

　北人之音, 多以擧·莒爲矩; 唯李季節云:「齊桓公與管仲於
臺上謀伐莒, 東郭牙望見桓公口開而不閉, 故知所言者莒也.
然則莒·矩必不同呼.」此爲知音矣.

【東郭牙】 이 고사는 《管子》 小問篇과 《說苑》·《呂氏春秋》 重言篇 등에 자세히
　실려 있음. 《韓詩外傳》 권4에 『齊桓公獨以管仲謀伐莒, 而國人知之. 桓公謂管仲
　曰:「寡人獨爲仲父言, 而國人以知之, 何也?」管仲曰:「意若國中有聖人乎! 今東
　郭牙安在?」桓公顧曰:「在此.」管仲曰:「子有言乎?」東郭牙曰:「然.」管仲曰:
　「子何以知之?」曰:「臣聞君子有三色, 是以知之.」管仲曰:「何謂三色?」曰:「歡忻
　愛說, 鐘鼓之色也; 愁悴哀憂, 衰絰之色也; 猛厲充實, 兵革之色也. 是以知之.」

管仲曰: 「何以知其莒也?」 對曰: 「君東南面而指, 口張而不掩, 舌擧而不下, 是以知其莒也.」 桓公曰: 「善. 詩曰:『他人有心, 予忖度之.』」

춘추오패의 수장 齊桓公

東郭先生曰: 「目者, 心之符也; 言者, 行之指也. 夫知者之於人也, 未嘗求知而後能知也, 觀容貌, 察氣志, 定取舍, 而人情畢矣.」詩曰:『他人有心, 予忖度之』라 하였으며, 《呂氏春秋》重言篇에도『齊桓公與管仲謀伐莒, 謀未發而聞於國, 桓公怪之曰: 「與仲父謀伐莒, 謀未發而聞於國, 其故何也?」管仲曰: 「國必有聖人也.」桓公曰: 「譆! 日之役者, 有執蹠痴而上視者, 意者其是邪?」乃令復役, 無得相代. 少頃, 東郭牙至. 管仲曰: 「此必是已.」乃令賓者延之而上, 分級而立. 管子曰: 「子邪? 言伐莒者?」對曰: 「然.」管仲曰: 「我不言伐莒, 子何故言伐莒?」對曰: 「臣聞君子善謀, 小人善意. 臣竊意之也.」管仲曰: 「我不言伐莒, 子何以意之?」對曰: 「臣聞君子有三色, 顯然喜樂者, 鐘鼓之色也; 湫然淸靜者, 衰絰之色也; 艴然充盈, 手足矜者, 兵革之色也. 日者, 臣望君之在臺上也, 艴然充盈, 手足矜者, 此兵革之色也. 君呿而不唫, 所言者莒也, 君擧臂而指, 所當者莒也. 臣竊以慮諸侯之不服者, 其惟莒乎. 臣故言之.」凡耳之聞以聲也, 今不聞其聲, 而以其容與臂, 是東郭牙不以耳聽而聞也. 桓公, 管仲雖善匿, 弗能隱矣』라 하였고,《論衡》知實篇에는『齊桓公與管仲謀伐莒, 謀未發而聞於國. 桓公怪之, 問管仲曰: 「與仲甫謀伐莒, 未發, 聞於國, 其故何也?」管仲曰: 「國必有聖人也.」少頃, 當東郭牙至, 管仲曰: 「此必是已.」乃令賓延而上之, 分級而立. 管仲曰: 「子邪, 言伐莒?」對曰: 「然.」管仲曰: 「我不言伐莒, 子何故言伐莒?」對曰: 「臣聞君子善謀, 小人善意, 臣竊意之」管仲曰: 「我不言伐莒, 子何以意之?」對曰: 「臣聞君子有三色: 驩然喜樂者, 鍾鼓之色; 愁然淸淨者, 衰絰之色; 怫然充滿, 手足矜者, 兵革之色. 君口垂不唫, 所言莒也; 君擧臂而指, 所當又莒也. 臣竊虞國小諸侯不服者, 其唯莒乎! 臣故言之.」夫管仲, 上智之人也,

其別物審事矣. 云「國必有聖人」者, 至誠謂國必有也. 東郭牙至, 云「此必是已」, 謂東郭牙聖也』라 하였으며,《管子》小問篇에는『桓公與管仲闔門而謀伐莒, 未發也, 而已聞于國矣. 桓公怒謂管仲曰:「寡人與仲父闔門而謀伐莒, 未發也, 而已聞于國, 其故何也?」管仲曰:「國必有聖人.」桓公曰:「然夫日之役者, 有執席食以視上者, 必彼是邪?」于是乃令之復役, 毋復相代. 少焉, 東郭郵至, 桓公令儐者延而上, 與之分級而上, 問焉, 曰:「子言伐莒者乎?」東郭郵曰:「然, 臣也.」桓公曰:「寡人不言伐莒而子言伐莒, 其故何也?」東郭郵對曰:「臣聞之, 君子善謀, 而小人善意, 臣意之也.」桓公曰:「子奚以意之?」東郭郵曰:「夫欣然喜樂者, 鐘鼓之色也; 夫淵然淸靜者, 縗絰之色也; 漻然豐滿, 而手足拇動者, 兵甲之色也. 日者, 臣視二君之在台上也, 口開而不闔, 是言莒也; 舉手而指, 勢當莒也. 且臣觀小國諸侯之不服者, 唯莒, 于是臣故曰伐莒.」桓公曰:「善哉, 以微射明, 此之謂乎! 子其坐, 寡人與子同之.」라 하였고,《說苑》權謀篇에도『齊桓公與管仲謀伐莒, 謀未發而聞於國. 桓公怪之, 以問管仲. 管仲曰:「國必有聖人也.」桓公歎曰:「歎! 日之役者, 有執柏杵而上視者, 意其是邪!」乃令復役, 無得相代. 少焉, 東郭垂至. 管仲曰:「此必是也.」乃令儐者延而進之, 分級而立. 管仲曰:「子言伐莒者也?」對曰:「然.」管仲曰:「我不言伐莒, 子何故言伐莒?」對曰:「臣聞君子善謀, 小人善意, 臣竊意之也.」管仲曰:「我不言伐莒, 子何以意之?」對曰:「臣聞君子有三色; 優然喜樂者, 鐘鼓之色; 愀然淸靜者, 縗絰之色; 勃然充滿者, 此兵革之色也. 日者, 臣望君之在臺上也, 勃然充滿, 此兵革之色也, 君吁而不吟, 所言者莒也, 君舉臂而指所當者莒也. 臣竊慮小諸侯之未服者, 其惟莒乎? 臣故言之.」君子曰:「凡耳之聞, 以聲也. 今不聞其聲而以其容與臂, 是東郭垂不以耳聽而聞也. 桓公 管仲雖善謀, 不能隱聖人之聽於無聲, 視於無形, 東郭垂有之矣. 故桓公乃尊祿而禮之.」』라 하여 널리 알려진 고사임.

【莒】춘추시대 소국 이름. 이의 음은 反切로『居許切』. 말할 때 입을 벌리는 모습으로 판단하였음을 뜻함. 여기서는 開口와 撮口의 발음차이에 따라 입의 모양이 달라짐을 말함.

233
(18-5) 「惡(오, 악)」의 차이

무릇 물체는 그 자신이 정밀한 것도 있고 조악한 것도 있다. 이처럼 정밀한 것과 조악한 것을 말로 할 때 좋다(好, 호)·나쁘다(惡, 악)라 표현하기도 한다. 그런데 사람 마음에 버리거나 취할 바가 있을 때, 이 버리고 취할 것은 좋아하다(好, 호), 싫어하다(惡, 오)로 표현하기도 한다. 이 음은 갈홍葛洪과 서막徐邈의 저술에 보인다.

그런데 하북河北의 학사들은 《상서尚書》를 읽으면서 『호생악살好生惡殺』이라 발음한다. 이는 물건의 좋고 나쁨을 말할 때 쓸 수 있는 것이지, 사람의 감정을 표현할 때는 통용될 수 없는 음이다.

夫物體自有精麤, 精麤謂之好惡; 人心有所去取, 去取謂之好惡. 此音見於葛洪·徐邈. 而河北學士讀《尚書》云好生惡殺. 是爲一論物體, 一就人情, 殊不通矣.

【好惡】惡은 오(미워하다, 동사). 악(명사, 형용사)의 두 가지 음이 있음.
【葛洪·徐邈】갈홍은 《要用字苑》 1권을 지었고, 서막은 《毛詩音》, 《左傳音》 등을 지음.

234
(18-6)

「보甫」와 「보父」

보甫는 남자의 미칭美稱으로, 고서에는 흔히 가차하여 보父로 쓰기도 한다. 그런데 북쪽 사람들은 이를 보甫로 발음하는 사람은 하나도 없으며, 그것이 잘못된 것인 줄조차도 모른다.

단지 관중管仲, 仲父과 범증范增, 亞父의 호에 대해서만은 그 글자의 원리에 맞게 읽을 뿐이다.

甫者, 男子之美稱, 古書多假借爲父字, 北人遂無一人呼爲甫者, 亦所未喩. 唯管仲·范增之號, 須依字讀耳.

【管仲】齊桓公의 謀臣. 환공이 그를 높여『仲父』이라 불렀으며, 여기서 父는 甫와 같음. '중보'로 읽음.

【范增】漢 高祖 劉邦의 신하. 역시 亞父로 불렸으며 '아보'로 읽음. 이상에 대해 周祖謨는「北人不知父爲甫之假借, 輒依字而讀, 故顏氏譏之」라 함.

235
(18-7)

「언焉」의 쓰임

상고하건대 여러 자서字書에 언焉자는 새의 이름, 혹은 어사語詞로써 모두가 음을 「어건반於愆反」(언)이라 풀이하고 있다. 그런데 갈홍葛洪의 《요용자원要用字苑》에 언焉자의 음과 훈을 구분하기 시작하였다. 이를테면 훈(뜻)이 어찌何, 어찌安일 경우에는 마땅히 「어건반於愆反」(언)으로 읽어야 한다. 『어언소요於焉逍遙』, 『어언가객於焉嘉客』, 『언용녕焉用佞』, 『언득인焉得仁』 등의 경우가 이것이다. 그러나 송구(送句, 종결어사)나 조사助詞일 경우에는 음이 「의건반矣愆反」(언)으로 읽어야 한다. 즉 『고칭룡언故稱龍焉』, 『고칭혈언故稱血焉』, 『유민인언有民人焉』, 『유사직언有社稷焉』, 『탁시언이託始焉爾』, 『진晉·정언의鄭焉依』 등의 예가 이것이다.

강남江南에서는 지금에 이르도록 이를 구별하여 쓰고 있어, 뚜렷하며 쉽게 알 수 있다. 그러나 하북河北에서는 이를 혼동하여 하나의 음으로 발음하고 있다. 비록 옛날 독음讀音에 근거한 것이기는 하나 그렇게 해서는 안 될 것이다.

案: 諸字書, 焉者鳥名, 或云語詞, 皆音於愆反. 自葛洪《要用字苑》分焉字音訓: 若訓何訓安, 當音於愆反, 「於焉逍遙」, 「於焉嘉客」, 「焉用佞」, 「焉得仁」之類是也; 若送句及助詞, 當音矣愆反, 「故稱龍焉」, 「故稱血焉」, 「有民人焉」, 「有社稷焉」, 「託始焉爾」,

「晉·鄭焉依」之類是也. 江南至今行此分別, 昭然易曉; 而河北混同一音, 雖依古讀, 不可行於今也.

【焉】本意는 원래 새 이름이었음.《說文解字》에「焉鳥, 黃色, 出於江南」이라 함. 의문사로서의『焉』과 종결사로서의『焉』에 대한 미세한 聲母의 차이가 있음을 말한 것임.

【音訓】《晉書》儒林傳(徐邈)에「雖不口傳章句, 然開釋文義, 標明指趣, 撰正五經音訓, 學者宗之」라 함.

【焉用佞, 焉得仁】《論語》公冶張篇에『或曰:「雍也仁而不佞.」子曰:「焉用佞? 禦人以口給, 屢憎於人. 不知其仁, 焉用佞?」』라 함.

【故稱龍焉】《周易》坤卦 文言傳의 구절.

【有民人焉】《論語》先進篇의 구절.

【託始焉爾】《公羊傳》隱公 2년의 구절.

【晉鄭焉依】《左傳》隱公 6년의 구절.

236
(18-8)

「야邪」의 용법

　「야邪」는 미정사未定詞이다. 《좌전左傳》에 "하늘이 노魯나라를 버린 것인가? 아니면 노나라 임금이 귀신에게 죄를 지은 것인가? 이를 알지 못하겠다"라 하였고, 《장자莊子》에 "하늘이냐, 땅이냐?"라 하였으며, 《한서漢書》에 "옳으냐, 그르냐?"라 한 것이 이것이다.

　그런데 북쪽 사람들은 이를 야也로 읽고 있으니 역시 잘못된 것이다. 이에 반박하는 자가 이렇게 물었다.

　"《역易》 계사전繫辭傳에 「건곤은 역의 문호인가?」라 하였는데, 이것도 미정사未定辭 입니까?"

　나는 이렇게 대답하였다.

　"어찌 그렇지 않겠습니까? 위에 먼저 의문을 표시하고, 아래에 비로소 여러 가지 덕목을 내세워 이로써 말을 끊은 것입니다."

　邪者, 未定之詞.《左傳》曰:「不知天之棄魯邪? 抑魯君有罪於鬼神邪?」《莊子》云:「天邪地邪?」《漢書》云:「是邪非邪?」之類是也. 而北人卽呼爲也, 亦爲誤矣. 難者曰:「〈繫辭〉云:『乾坤, 易之門戶邪?』此又爲未定辭乎?」答曰:「何爲不爾! 上先標問, 下方列德以折之耳.」

【邪】 본의 실사는 음이 '사'이나 허사(종결사)일 경우 '야'로 읽음.

【左傳】 본문의 인용 구절은 《左傳》 昭公 26년 傳에 있음.

【莊子云】 이는 《莊子》 大宗師에 있음.

【漢書云】 이는 《漢書》 外戚傳에 있음.

【繫辭】 《周易》 繫辭(下)에 「子曰: 乾坤其易之門邪? 乾, 陽物也; 坤, 陰物也. 陰陽合德, 而剛柔有體, 以體天地之撰, 以通神明之德」이라 함.

237
(18-9)

「패敗」의 두 가지 경우

강남江南 학사들의 《좌전左傳》공부는 입으로 전술하였기 때문에 자신들의 것을 규범이라 여긴다. 그래서 군대가 스스로 패배한 것도 패(敗, 「蒲邁反」)라 하고, 상대의 군대를 깨뜨린 것도 패(敗, 「補敗反」)라 한다.

그러나 여러 가지 기록에 남을 깨뜨렸을 때의 발음인「보패반補敗反」(배)는 보이지 않는다. 그런데 서선민徐仙民, 徐邈의 《좌전음左傳音》에는 유일하게 한 곳에 이 음이 있기는 하나, 스스로 패한 것과 남을 패배시킨 것에 대한 구별은 말하고 있지 않다. 이는 천착한 것일 뿐이다.

江南學士讀《左傳》, 口相傳述, 自爲凡例, 軍自敗曰敗, 打破人軍曰敗. 諸記傳未見補敗反, 徐仙民讀《左傳》, 唯一處有此音, 又不言自敗·敗人之別, 此爲穿鑿耳.

【穿鑿】마구 천착함. 임의로 견강부회함을 뜻함.

238
(18-10) 정확한 발음을 위해 노력하라

　옛사람이 "부잣집 자녀는 성품이 단정하기 어렵다膏粱難整"라 하였다. 이는 교만하고 사치하여 자신에게 만족한 채, 힘써 면려하지 않기 때문이다.

　내가 왕후王侯나 외척外戚을 보건대 흔히 그들이 쓰는 말은 정확하지 못하다. 이는 역시 자라면서 안으로는 자신을 길러준 천한 보부保傅에게 영향을 받으면서, 밖으로는 훌륭한 스승이나 벗이 없는 데에서 연유한 것이다.

　양梁나라 때 하나의 후侯가 일찍이 원제元帝와 상대하여 술 마시며 희학戲謔하다가, 자신을 「치둔癡鈍」하다는 뜻으로 말하면서 발음을 잘못하여 「시단颸段」이라 하고 말았다. 이에 원제가 조롱하여 "시颸는 양풍涼風과 다르고, 단段은 단간목段干木을 가리키는 것은 아니겠지"라 하였다.

　이 사람이 영주郢州를 영주永州로 발음하여 원제가 간문제簡文帝에게 이를 지적하자 간문제는 이렇게 말하였다.

　"이는 마치 경진庚辰과 오자吳子가 영郢 땅으로 들어가, 드디어 사예司隸가 되었다는 것과 같군."

　이와 같은 예는 그가 입을 열면 모두 나타나는 현상이었다. 원제는 몸소 여러 자제들을 가르치는 시독侍讀이 되어 이런 예를 들어 그들을 경계시켰다.

古人云:「膏粱難整.」以其
爲驕奢自足, 不能剋勵也. 吾
見王侯外戚, 語多不正, 亦由
內染賤保傅, 外無良師友故
耳. 梁世有一侯, 嘗對元帝飮
謔, 自陳「癡鈍」, 乃成「颷段」,
元帝答之云:「颷異涼風, 段
非干木.」謂「郢州」爲「永州」,
元帝啓報簡文, 簡文云:「庚
辰吳入, 遂成司隷.」如此之
類, 擧口皆然. 元帝手敎諸子
侍讀, 以此爲誡.

《國語》좌구명(찬)

【膏粱難整】《國語》晉語(七)에「悼公曰:『夫膏粱之性難正也, 故使惇惠者敎之,
使文敏者道之, 使果敢者諗之, 使鎭靖者修之.』」라 하였고, 注에「膏, 肉之肥者;
粱, 食之精者. 言食肥美者, 率多驕傲, 其性難正」이라 함. 六朝 시대에는 이 膏粱을
부귀함을 일컫는 말로 사용하였음. 柳芳의 《論世族》에「凡三世有三公者曰膏粱,
有令僕者曰華諛」라 함.
【元帝】梁元帝(蕭繹). 武帝의 아들로 재위 3년(552~554).
【庚辰吳入】이는《春秋》魯定公 4년 12월 庚午日의 사건.

239
(18-11) 자신의 이름을 바르게 발음하라

 하북河北에서는 공攻자를 「고종반古琮反」(공)으로 읽어 공工·공公·공功 세 글자와는 다르다. 이는 아주 특이한 현상이다.
 당시 어떤 사람의 이름이 섬暹이었는데 자신을 섬纖이라 발음하며, 이름이 곤琨인 사람이 자신을 곤袞이라 발음하고, 이름이 황(洸 혹, 꽝)인 사람이 자신을 왕汪이라 하고, 이름이 약約인 사람이 자신을 석鴟이라 발음하는 것이었다. 이는 음운으로 보아 그릇된 것일 뿐만 아니라 뒷날 그 자손들이 피휘할 때 혼란스럽게 하는 일이다.

 河北切攻字爲古琮, 與工·公·功三字不同, 殊爲僻也. 比世有人名暹, 自稱爲纖; 名琨, 自稱爲袞; 名洸, 自稱爲汪; 名約, 自稱爲鴟. 非唯音韻舛錯, 亦使其兒孫避諱紛紜矣.

【僻】 기이함을 뜻함.
【比世】 當世.

19. 잡예雜藝

  본편은 서예書藝, 회화繪畵, 사전射箭, 복서卜筮, 산술算術, 의학意學, 음악音樂, 박혁博奕, 투호投壺 등 각종 예술과 잡기에 대한 자신의 평소 관점을 밝힌 것이다. 이들은 물질적 생산에 못지않게 중요한 삶의 한 방편임을 인정하며 강조하고 있다.

  그러나 어디까지나 실질적이며 과학적이어야 함을 주장하여, 이에 대한 낱낱의 실증과 예를 들어 후손들로 하여금 바르게 대할 수 있도록 지침을 마련하고 있다.

畵像石(漢) 〈龍戲圖〉 山東 沂南 출토

240
(19-1) 자손들은 글씨를 배우지 말라

진서眞書, 楷書와 초서草書의 서법은 미세한 것도 반드시 주의를 기울여야 한다. 강남江南의 속담에 "편지글의 필적으로도 천리 밖에서 그 면목을 알 수 있다"라 하였다.

우리는 진晉·송宋이 남겨준 기풍을 이어 받아 서로 이를 일거리로 삼았기 때문에 엉뚱한 낭패는 없었다.

나는 어려서부터 가문의 학업을 이어 받았고, 게다가 성격으로도 특히 이 서예를 좋아하였다. 그래서 법첩을 본 것도 역시 많았고, 이를 감상하고 익히느라 노력도 자못 들였다. 그런데도 끝내 훌륭한 성취를 이루지 못한 것은 진실로 천분天分이 없기 때문이었다. 그러나 이 예술은 모름지기 지나치게 정성을 들이지는 말라. 무릇 재주 많은 자는 노고롭고, 지혜로운 자는 우려도 많아 항상 남의 부림을 받게 되며, 더욱이 이런 것이 괴롭고 힘들게 느껴지고 만다. 위중장韋仲將이 남긴 경계는 진실로 깊은 이유가 있다.

眞草書迹, 微須留意. 江南諺云:「尺牘書疏, 千里面目也.」承晉·宋餘俗, 相與事之, 故無頓狼狽者. 吾幼承門業, 加性愛重, 所見法書亦多, 而翫習功夫頗至, 遂不能佳者, 良由無分故也. 然而此藝不須過精. 夫巧者勞而智者憂, 常爲人所役使, 更覺爲累; 韋仲將遺戒, 深有以也.

【眞草】 眞書(諧書)와 草書.《晉書》衛瓘傳에「子恆, 善草隷書, 爲四體書勢」라
하였고, 다시「漢興而有草書, 不知作者姓名」이라 함.

【尺牘】 서신, 편지글. 一尺 길이의 簡牘에 편지를 써서 주고받았음.

【疏書】 上書와 奏疏의 글.

【法書】 法帖과 같음. 훌륭한 글씨를 모아 연습용으로 쓰는 대본.

【韋仲將】 韋誕. 자는 仲長. 자신의 자손에게 서예를 배우지 말도록 한 고사를
남겼음.《世說新語》巧藝篇에「韋仲將能書, 魏明帝起殿, 欲安榜, 使仲將登梯
題之. 旣下, 頭鬢皓然, 因敕兒孫, 勿復學書」라 함.

馮承素 摹本 蘭亭序(唐) 北京故宮博物院 소장

241
(19-2)
왕희지王羲之는 글씨에만 뛰어난 것이 아니었다

　왕일소王逸少, 王羲之는 풍류재사였다. 소산蕭散한 명사인데도 온 세상에는 오직 그의 글씨로만 알려졌으니, 이는 뒤집어보면 그의 재능이 자신의 다른 장점을 가린 것이다.

　소자운蕭子雲은 매번 이렇게 탄식하였다.

　"내가 《제서齊書》를 쓰면서 그 책 한 권을 쓰고 각刻을 하였는데, 문장이 뛰어나 스스로 볼만하다고 자부하였다. 그런데 사람들은 나를 글씨가 뛰어난 것으로만 이름을 알아주니 역시 괴이한 일이다."

　왕포王褒는 본래 집안이 청화淸華하고 재학才學이 뛰어난 자였다. 양梁이 멸망하고 뒤에 비록 관중關中, 北周으로 들어갔지만 역시 예우를

받았다. 그러나 오히려 서법에 뛰어났다는 이유로 비석 글씨나 쓰는 일로 기구하게 보냈고, 붓과 벼루의 일에 고생을 하였다. 일찍이 그는 이런 신세를 한스럽게 여겨 이렇게 말하였다.

　"나로 하여금 글씨를 모르게 하였다면, 오늘날 같은 지경에 이르지 않을 수도 있지 않을까?"

〈王羲之觀鵝圖〉(元) 錢選 뉴욕 메트로 미술관 소장

이로써 보건대 삼가 글씨로써 자신의 운명을 걸지는 말라. 비록 그렇기는 하나 아주 비천하던 자가 글씨에 능한 것 때문에 발탁된 자도 많이 있다. 따라서 "도가 같지 않으면 함께 일을 도모하지 말라"(갈 길이 같지 않은 사람까지 논할 것은 없다)라 말하였다.

王逸少風流才士, 蕭散名人, 擧世惟知其書, 翻以能自蔽也. 蕭子雲每歎曰:「吾著《齊書》, 勒成一典, 文章弘義, 自謂可觀; 唯以筆迹得名, 亦異事也.」王褒地胄淸華, 才學優敏, 後雖入關, 亦被禮遇. 猶以書工, 岐嶇碑碣之間, 辛苦筆硯之役, 嘗悔恨曰: 「假使吾不知書, 可不至今日邪?」以此觀之, 愼勿以書自命. 雖然, 廝猥之人, 以能書拔擢者多矣. 故「道不同不相爲謀」也.

【王逸少】王羲之. 王右軍. 晉나라 때 書聖으로 불린 명필. 자가 逸少였음.《晉書》 王羲之傳에「羲之字逸少, 幼訥於言, 及長辯瞻, 以骨鯁稱. 尤善隷書, 爲古今之冠. 論者稱其筆勢, 以爲飄若浮雲, 矯若驚龍」이라 함.
【蕭子雲】자는 景喬. 梁나라 때의 인물로 草書와 隷書에 뛰어남. 그의 형 蕭子顯이 《齊書》60권을 씀.《梁書》蕭子恪傳 참조.
【關中】長安을 가리킴.
【王褒】北周 때의 인물로 글씨와 학술에 뛰어났었음.《周書》王褒傳에「褒字 子淵, 琅邪臨沂人. 自祖僧至父規, 並有重名於江左. 褒識量淵通, 志懷沈靜, 博覽 史傳, 尤工屬文. 梁國子祭酒蕭子雲其姑夫也, 特善草隷. 褒遂相模範, 而名亞 子雲, 並見重於世. 江陵城陷, 元帝出降. 褒與王克等數十人俱至長安. 太祖謂褒及 克曰:『吾卽王氏甥也. 卿等並吾之舅氏, 當以親戚爲情, 勿以去鄕介意.』俱授車 騎大將軍儀同三司, 並荷恩眄」이라 함. 그 외에《北史》儒林傳(趙文梁傳)에는 「及平江陵之後, 王褒入關, 貴游等翕然並學褒書, 文梁之書, 遂被遐棄. 文深慚恨, 形於言色, 後知好尙難及, 亦改習褒書」라 하였음.

왕희지王羲之는 서법의 연원

양梁나라 무제武帝 때, 비각秘閣의 글씨들이 모두 흩어졌지만 나는 왕희지와 왕헌지王獻之의 진서眞書와 초서草書를 많이 보았으며, 집에도 10권이나 소장하고 있었다.

그러다가 도은거陶隱居, 陶弘景·완교주阮交州, 阮研·소좨주蕭祭酒, 蕭景喬의 여러 서예 작품 중 어느 것 하나 왕희지의 서체를 터득하지 않은 것이 없으며, 따라서 왕희지는 이들 서법의 연원이라는 것을 비로소 알게 되었다.

소자운蕭子雲의 만년에 변화된 서법은 바로 왕우군王右軍, 王羲之의 어린 시절 서체였던 것이다.

梁氏秘閣散逸以來, 吾見二王眞草多矣, 家中嘗得十卷; 方知陶隱居·阮交州·蕭祭酒諸書, 莫不得羲之之體, 故是書之淵源. 蕭晚節所變, 乃右軍年少時法也.

【秘閣】 궁중 도서관을 뜻함. 梁나라가 侯景의 난으로 24만 권의 전적이 사라졌음. 《歷代名畫記》 참조.
【二王】 王羲之와 그 아들 王獻之.《晉書》王羲之傳에 「獻之, 字子敬. 七八歲時 學書, 羲之密從後掣其筆, 不得, 歎曰: 『此兒後當復有大名.』嘗書壁爲方丈大字, 羲之甚以爲能, 觀者數百人」이라 함.

【陶隱居】陶弘景. 자는 通明. 예서와 바둑, 거문고, 의약, 음악, 도술, 음양오행 등 각 방면에 뛰어났으며, 특히 〈예학명(瘞鶴銘)〉 글씨로 유명함.

【阮交州】阮硏. 자는 文幾. 梁나라 때의 인물로 행초서는 왕희지에게, 예서는 鍾繇에게 배워 일가를 이루었음.

【蕭祭酒】蕭景喬. 자는 子雲. 좨주(祭酒)는 그의 벼슬이름. 이상에 대해 張懷瓘의 《書斷》에는 「文幾與子雲齊名, 時稱蕭·阮等各得右軍一體」라 하였고, 陶弘景에 대하여는 「時稱與蕭子雲·阮硏各得右軍一體」라 함.

【右軍年少時】왕희지(右軍)의 글씨는 소년 시절에는 시속에 영합하여 隸書 위주로 썼고(예《蘭亭集序》), 그 뒤에는 眞草 위주로 썼음.

243
(19-4) 글씨 개찬改竄과 오류

　진晉, 송宋이래로 서법에 능한 자가 많았다. 그 때문에 당시의 풍속은 서로 숭상하는 데에로 번져나갔다. 모든 전적들을 해서楷書로 베껴 가히 볼 만하였다. 속자俗字가 없는 것은 아니지만 그렇다고 큰 결함이 있는 것은 아니었다. 양梁나라 천감天監 연간에 이르도록 이러한 유행이 변하지 않았고, 대동大同 말년에 이르러는 오류가 생겨나기 시작하였다. 소자운蕭子雲은 자체字體를 개역改易하였고, 소릉왕邵陵王은 자못 잘못된

글자를 즐겨 쓰기도 하였다. 조야朝野가 이에 휩쓸려 이 잘못된 글자가 해서楷書를 대신하게 되어 범을 그리려다 개가 된 것처럼 되어, 글자에 대한 손상과 패란이 심하였다.

　이를테면 위爲라는 글자를 쓰면 오직 몇 개의 점만 보일 뿐이었으며, 그 외에도 혹 마구 짐작하여 제멋대로 편방偏旁의 위치를 바꾸기도 하였다. 그 때문에 뒤의 전적典籍들은 대체로 해독할 수가 없게 되고 말았다. 북조北朝는 상란喪亂의 여파로 글자가 점차 비루해졌고, 게다가 제멋대로 급하게 글자를 만들어 내기도 하여,

熹平石經 東漢 靈帝 熹平 4년,
七經 46개 碑를 太學에 세움.

잘못되고 졸렬하기가 강남江南보다 심하였다.

이를테면 백념百念을 우憂로, 언반言反을 변變으로, 불용不用을 파罷로, 추래追來를 귀歸로, 경생更生을 소蘇, 甦로, 선인先人을 노老로 썼으니 이러한 예는 일일이 셀 수 없을 정도이며, 경經과 전傳에 두루 넘쳤다. 오직 요원표姚元標만은 해서와 예서隷書에 밝아 소학小學, 文字學에 관심을 기울였으며, 후생後生들 중에 그를 스승으로 모시는 자가 무리를 이루었다.

제齊나라 말기에 이르러서야 조정의 비서가 베껴 쓴 전적들의 글씨가 지난날보다 나아지게 되었다.

晉·宋以來, 多能書者. 故其時俗, 遞相染尙, 所有部帙, 楷正可觀, 不無俗字, 非爲大損. 至梁天監之間, 斯風未變; 大同之末, 訛替滋生. 蕭子雲改易字體, 邵陵王頗行僞字; 朝野翕然, 以爲楷式, 畫虎不成, 多所傷敗. 至爲一字, 唯見數點, 或妄斟酌, 逐便轉移. 爾後墳籍, 略不可看. 北朝喪亂之餘, 書迹鄙陋, 加以專輒造字, 猥拙甚於江南. 乃以百念爲憂, 言反爲變, 不用爲罷, 追來爲歸, 更生爲蘇, 先人爲老, 如此非一, 徧滿經傳. 唯有姚元標工於楷隷, 留心小學, 後生師之者衆. 泊於齊末, 秘書繕寫, 賢於往日多矣.

【邵陵王】 蕭綸. 《梁書》邵陵携王綸傳에 「綸字世調, 高祖第六子, 少聰穎博學, 善屬文, 尤工尺牘」이라 함.

【造字】《魏書》世祖紀에 「始光二年, 初造新字千餘, 頒下遠近, 永爲楷式」이라 함.

【徧滿經傳】 경전에 두루 가득함. 아주 흔한 예를 말함. 《魏書》江式傳에 「世易風移, 文字改變, 篆形謬錯, 隷體失眞, 俗學鄙習, 復加虛巧. ……追來爲歸, 巧言爲辯, 小兒爲䫻, 神龍爲蠶, 如斯甚衆, 皆不合孔氏古書, 史籒大篆, 許氏《說文》, 《石經》之字也」라 함.

244
(19-5)
잘못 알려진 작품

　강남江南의 만간에 〈화서부畫書賦〉라는 것이 있는데, 이는 도은거
陶隱居, 陶弘景의 제자인 두도사杜道士가 지은 것이다. 그는 글자도 제대로
모른 채 경솔하게 글자 쓰는 법칙을 만들어 고귀한 스승의 이름을
가탁한 것이다. 그런데 세속에서는 이를 그대로 유전流傳시켜 믿고
있어, 자못 뒷사람들의 그릇된 오류를 불러일으키고 있다.

　江南閭里間有〈畫書賦〉, 乃陶隱居弟子杜道士所爲; 其人未
甚識字, 輕爲軌則, 託名貴師, 世俗傳信, 後生頗爲所誤也.

【陶隱居】陶弘景(前出).
【軌則】軌範과 法則.《史記》律書에「王者制事立法, 物度軌則」이라 함.
【後生頗爲所誤】林罕의《字源偏傍小說》序에「俗有隷書賦者, 假託許愼爲名,
　頗乖經據.《顔氏家訓》云:『斯實陶先生弟子杜道士所爲, 大誤時俗, 吾家子孫,
　不得收寫.』」라 함.

245
(19-6) 그림에 뛰어나 고생한 사람

회화繪畫에 뛰어난 것도 역시 오묘한 것이다. 자고로 명사들 중에 혹 이에 능한 자가 많았다. 우리 집에는 양梁 원제元帝가 직접 그린 〈선작백단선蟬雀白團扇〉과 〈마도馬圖〉가 있다. 역시 미치지 못할 걸작의 경지이다.

무열태자武烈太子는 초상화에 아주 능하여 자리에 앉은 빈객은 몇 개의 점과 물감으로 즉시 몇 사람씩을 완성하여, 이를 어린아이에게 물어보면 모두 그 성명을 알아낼 정도였다. 소분蕭賁·유효선劉孝先·유령劉靈 등도 모두 문장과 학문 이외에 이와 같은 화법에 뛰어난 인물이었다. 고금의 그림을 감상하는 가운데 나는 특별히 보배로 아낄만한 것이 이 그림이라 생각한다.

그러나 만약 아직 높은 관직에 오르지 않았을 때, 그림 잘 그린다는 이유로 매번 공사公私간에 불리어 노역을 당한다면 이 역시 괴로운 사역이다. 오현吳縣의 고사단顧士端은 상동왕국시랑湘東國王侍郎 출신으로 뒤에 진남부형옥참군鎭南部刑獄參軍에까지 오른 인물이다. 그 아들 고정顧庭은 서조西朝, 江陵의 중서사인中書舍人이었다. 이들 부자는 거문고와 서법에 뛰어났으며, 특히 단청丹靑, 그림에 특출하였다. 그 때문에 그들은 항상 원제元帝의 부림을 당하였다. 이에 매번 부끄럽고 한스럽게 여기곤 하였다.

또 팽성彭城의 유악劉岳은 유탁劉橐의 아들로서 표기부관기驃騎府管記·평씨현령平氏縣令 등의 벼슬을 하였다. 그는 재학才學에 뛰어난 호쾌한

선비로서 그림에 절륜하였다. 그가 뒤에 무릉왕武陵王을 따라 촉蜀에
가게 되었다. 무릉왕이 하뢰下牢에서 패하여, 그만 육호군陸護軍의 명령
으로 지강사支江寺의 벽화를 그리면서 여러 공인工人들과 잡거雜居하는
치욕을 입었다.

　그러니 앞서 세 사람이 모두 그림을 모른 채 곧이 자신의 본디 업만을
하였더라면 이러한 치욕을 당하였겠는가?

　畫繪之工, 亦爲妙矣; 自古名士, 多或能之. 吾家嘗有梁元帝
手畵〈蟬雀白團扇〉及〈馬圖〉, 亦難及也. 武烈太子偏能寫眞,
坐上賓客, 隨宜點染, 卽成數人, 以問童孺, 皆知姓名矣. 蕭賁·
劉孝先·劉靈, 並文學已外, 復佳此法. 翫閱古今, 特可寶愛.
若官未通顯, 每被公私使令, 亦爲猥役. 吳縣顧士端出身湘東王
國侍郎, 後爲鎭南府刑獄參軍, 有子曰庭, 西朝中書舍人, 父子
並有琴書之藝, 尤妙丹靑, 常被元帝所使, 每懷羞恨. 彭城劉岳,
橐之子也, 仕爲驃騎府管記·平氏縣令, 才學快士, 而畵絶倫.
後隨武陵王入蜀, 下牢之敗, 遂爲陸護軍畵支江寺壁, 與諸工
巧雜處. 向使三賢都不曉畵, 直運素業, 豈見此恥乎?

【梁元帝】《歷代名畫記》권7에 내용이 실려 있음.
【武烈太子】이름은 方等, 자는 實相. 그의 서화에 대한 기록은 역시《歷代名畫記》
　　(7)에 실려 있음.
【蕭賁】자는 文奐. 齊나라 竟陵王의 손자. 書畵에 뛰어났음.
【劉孝先】梁나라 때의 人物.《梁書》劉潛傳에「第七弟孝先, 武陵王紀法曹主簿.
　　王遷益州, 隨府轉安西記室. 承聖中, 與兄孝勝俱隨紀軍出峽口, 兵敗, 至江陵,
　　世祖以爲黃門侍郎, 遷侍中. 兄弟並善五言詩, 見重於世. 文集値亂, 今不具存」
　　이라 함.

【西朝】江陵을 가리킴. 梁元帝가 이곳을 도읍으로 정했었음.

【武陵王】蕭紀, 자는 世詢. 梁武帝의 여덟째 아들.

【下牢】지명. 下牢關이 있던 곳. 지금의 湖北省 宜昌縣.

【陸護軍】陸法和를 가리킴. 《北齊書》에 傳이 있음.

246
(19-7)

짐승을 잡기 위한 활쏘기라면 배우지 말라

　호시弧矢의 날카로움은 천하를 위무威武하기 위한 것으로, 선왕先王이 활쏘기를 통해 선비를 뽑을 수도 있었다. 그리고 활쏘기란 자신을 구제하기 위해 급히 익혀야 할 과목이기도 하다.

　강남江南에서는 세상의 늘 있는 활쏘기는 병사로서의 익힐 임무만으로 여겨, 귀족이나 유생은 대체로 이를 익히려 들지 않는다.

　그리고는 따로 내기로서의 활쏘기가 있는데, 이를 약한 활에 긴 화살로 과녁을 정해놓고 서로 읍양揖讓하고 승강昇降하며 예를 행한다. 그러나 이는 실제 구난寇難을 방어하는 데에는 조금도 도움이 되지 않는다.

　그 때문에 난리亂離가 있은 후, 이러한 활쏘기는 드디어 사라지고 말았다. 하북河北의 문인들은 대부분 군인으로서의 활쏘기를 익히 알고 있다. 갈홍葛洪처럼 화살 하나만으로 추격해오는 적병을 흩을 수도 있을 뿐만 아니라, 삼공구경三公九卿의 연회에서 항상 영광스러운 상을 받을 수도 있다. 비록 그렇기는 하나 경계심도 없이 날아다니는 날짐승을 잡거나 마음 놓고 뛰는 짐승을 잡기 위한 활쏘기라면, 나로서는 너희들이 배우지 않기를 원한다.

　弧矢之利, 以威天下, 先王所以觀德擇賢, 亦濟身之急務也. 江南謂世之常射, 以爲兵射, 冠冕儒生, 多不習此; 別有博射,

弱弓長箭, 施於準的, 揖讓昇降, 以行禮焉. 防禦寇難, 了無所益.
亂離之後, 此術遂亡. 河北文士, 率曉兵射, 非直葛洪一箭, 已解
追兵, 三九讌集, 常廁榮賜. 雖然, 要輕禽, 截狡獸, 不願汝輩爲之.

【弧矢】 활과 화살. 무력을 뜻함.《周易》繫辭傳(上)에「弦木爲弧, 剡木爲矢,
　　弧矢之利, 以威天下」라 함.
【觀德擇賢】 활쏘기에서 品德을 보고 어진 이를 선발함.《禮記》射儀에「射者
　　何也? 射以觀德也. 孔子曰:『射者何以射? 何以聽? 循聲而發, 發而不失正鵠者,
　　其唯賢者乎!』」라 함.
【博射】 도박에 빠져듦을 말함.《南史》柳惲傳에「惲嘗與琅琊王瞻博射, 嫌其
　　皮闊, 乃摘梅帖烏珠之上, 發必命中, 觀者驚駭」라 함.
【一箭解追兵】 葛洪의《抱朴子》自敍篇에「昔在軍旅, 曾手射追騎, 應弦而倒,
　　殺二賊一馬, 遂得免死」라 함.
【三九】 三公九卿의 줄임말.

247
(19-8) 점과 금기에 얽매이지 말라

　복서卜筮는 성인의 업무이다. 다만 근세에는 뛰어난 점술가가 없어 많은 이들이 능히 적중해내지 못한다. 옛날에는 의심나는 것을 점으로써 해결하였는데 지금 사람들은 도리어 점을 통해 의심만 생겨난다. 왜 그렇겠는가? 바른 도리를 지켜 계획에 믿음을 가진 채 한 가지 일을 실행하려 하면서 점을 쳤더니 악한 괘가 나왔다면, 도리어 사람을 불안하게 한다. 이를 두고 한 말이니라! 게다가 열 가지 중 예닐곱만을 맞추어도 상수上手라 여기지만 이런 점쟁이는 성글게 그 대의大意만 알 뿐, 그 원인과 곡절은 알지 못한다. 무릇 그 기우奇偶를 던져보면 자연히 반은 맞출 수 있는 것이니 어찌 족히 믿을 게 되겠는가? 세상에 전하기를 "음양을 풀어 아는 자는 귀신의 미움을 받으며, 운명이 고달프고 빈궁하여 편안하지 못한 자가 많다"라 하였다.

　내가 보건대 근고近古 이래로 특히 정묘精妙한 자로는 오직 경방京房·관로管輅·곽박郭璞 등일 뿐이다. 그러나 이들은 모두 관직도 없었으며 주로 재난에 걸렸으니, 사람으로 하여금 앞서의 속담을 더욱 믿게 한다.

　만약 세상의 법률이 엄밀한 때임에도 억지로 점을 잘 친다는 이름으로 자부하게 되면 곧바로 괘오註誤를 퍼뜨린다하여 화를 입는 근원이 되기도 한다.

　별자리, 천문을 보고 점치는 것은 대체로 노고를 들이지 않고 할 수 있다. 나는 일찍이 《육임식六壬式》을 배웠고, 세상에 이름난 점쟁이를 만나 《용수龍首》, 《금궤金匱》, 《옥령변玉軨變》, 《옥력玉歷》 등 10여 종의 책을 수집하여 이를 연구하고 검토해 보았지만 맞는 것이 없어 후회하며 그만두어 버렸다.

무릇 음양陰陽의 도술이란 천지天地와 함께 생겨난 것으로, 길흉吉凶과 덕형德形이란 빌지 않을 수는 없다. 다만 성인이 떠난 지 이미 오래 되었고, 세상에 전하는 술서術書는 모두가 유속流俗에서 나온 것으로, 언사가 비천하며 맞는 것은 적고 엉뚱하게 틀리는 것은 많다. 이를테면 반지일(半支日, 금기일)에는 밖에 나가지 말라 하여 집에 있다가 해를 입는다든지, 집에 돌아가면 안 된다고 꺼려 밖에서 잤다가 흉한 종말을 맞이하기도 한다. 금기에 구속되면 꺼릴 일만 많아진다.

卜筮者, 聖人之業也; 但近世無復佳師, 多不能中. 古者, 卜以決疑, 今人生疑於卜; 何者? 守道信謀, 欲行一事, 卜得惡卦, 反令怵怵, 此之謂乎! 且十中六七, 以爲上手, 粗知大意, 又不委曲. 凡射奇偶, 自然半收, 何足賴也? 世傳云: 「解陰陽者, 爲鬼所嫉, 坎壈貧窮, 多不稱泰.」 吾觀近古以來, 尤精妙者, 唯京房・管輅・郭璞耳, 皆無官位, 多或罹災, 此言令人益信. 儻値世網嚴密, 强負此名, 便有註誤, 亦禍源也. 及星文風氣, 率不勞爲之. 吾嘗學《六壬式》, 亦值世閒好匠, 聚得《龍首》・《金匱》・《玉軨變》・《玉歷》十許種書, 討求無驗, 尋亦悔罷. 凡陰陽之術, 與天地俱生, 亦吉凶德刑, 不可不信; 但去聖旣遠, 世傳術書, 皆出流俗, 言辭鄙淺, 驗少妄多. 至如反支不行, 竟以遇害; 歸忌寄宿, 不免凶終: 拘而多忌, 亦無益也.

【卜筮】점칠 때 거북껍질을 사용하는 것을 卜이라 하고, 시초(蓍草)를 사용하는 것을 筮라 함. 그러나 '점치다'의 일반적인 뜻으로 굳어짐.《書經》洪範에「擇建立卜筮人, 乃命卜筮」라 함.

【上手】高手. 뛰어난 사람.

【奇偶】奇數와 偶數. 奇는 凶險을 뜻하며 偶는 吉利를 뜻함.

【坎壈】'감람'으로 읽으며 疊韻連綿語. 순통하지 못하여 어렵고 힘듦을 뜻함.

【京房】본명은 李君明. 西漢 때 뛰어났던 점술가이며 학자. 그러나 죄에 걸려 옥에 갇혀 죽음.

【管輅】三國시대 魏나라 사람으로 風角占과 方術에 뛰어났던 인물. 자신의 수명을 점쳐 결국 48세에 죽음.

【郭璞】자는 景純. 東晉 때 陰陽易術에 뛰어났었음.《爾雅》와《山海經》의 注가 남아있음. 王敦의 모반을 점쳤다가 피살됨.

【世網】세속의 얽힌 그물.

【六壬式】고대 占卜書.《隋書》經籍志에《六壬式經雜占》9권과《六壬式兆》6권이 저록되어 있음.

【龍首】역시 고대 占術書.《道藏》에《黃帝龍首經》이 있음. 그 序에「令六壬領吉凶」이라 하였고, 注에「言日辰陰陽及所坐所養之御, 三陰三陽, 故曰六壬也」라 함.

【金匱‧玉軨變‧玉歷】 모두 고대의 占術書.

【反支日】漢代 이후 禁忌日로 여기던 날. 月朔을 계산하여 戌亥가 朔日일 경우 1일이 反支日이며, 申酉가 삭일인 경우 2일, 午未일 경우 3일, 辰巳의 경우 4일, 寅卯의 경우 5일, 子丑의 경우 6일을 反支日로 삼았다 함.《潛夫論》참조.

【歸忌】밖에 나갔다가 집에 돌아갈 수 없는 금기일. 이사‧여행 등에도 이러한 금기일이 있었음. 1년 중 4개의 孟月(1, 4, 7, 10)은 丑日, 仲月(2, 5, 8, 11)은 寅日, 季月(3, 6, 9, 12)은 子日을 이 날로 삼았음. 그 예로《後漢書》郭躬傳에「桓帝時, 汝南有陳伯敬者, 行必矩步, 坐必端膝, 行路聞凶, 便解駕留止, 還觸歸忌, 則寄宿鄕亭」이라 함.

【拘而多忌】금기에 얽매여 구속받는 일이 많음.《史記》太史公自序에「竊嘗觀陰陽之術, 大詳而衆忌諱, 使人忌而多畏」라 하였고,《後漢書》方術傳序에「子長亦云:『觀陰陽之書, 使人拘而多忌.』蓋爲此也」라 함.

248
(19-9)
산술算術은 중요한 과목이다

산술算術도 또한 육예六藝 중의 중요한 과목이다.

예로부터 유사儒士들로서 천도天道를 논하고 율력律歷을 정하는 자는 모두가 이 학문에 능통하였다. 그러나 다른 학문과 겸하여 밝아야지 이 산술만을 전업專業으로 해서는 안 된다.

강남江南에는 이 학문에 뛰어난 자가 적으며 오직 범양范陽의 조환祖暅만이 이어 정통하였으며 관직이 남강태수南康太守에 이르렀다. 하북河北에는 이 학술에 밝은 자가 많다.

算術亦是六藝要事; 自古儒士論天道, 定律歷者, 皆學通之. 然可以兼明, 不可以專業. 江南此學殊少, 唯范陽祖暅精之, 位至南康太守. 河北多曉此術.

【六藝要事】《周禮》地官 保氏篇에「六藝: 一曰五禮, 二曰六樂, 三曰五射, 四曰五御, 五曰六書, 六曰九數」라 하였고, 鄭玄의 注에「九數: 方田·粟米·差分·少廣·商功·均輸·方程·贏不足·旁要. 今有重差, 句股」라 하였음.

【自古儒士~皆學通之】西漢의 張蒼, 東漢의 鄭玄·蔡邕·張衡 등도 모두 算術에 능통하였음.

【祖暅】祖暅之. 字는 景爍. 아버지 祖沖之와 함께 天文曆算에 정통하여《天文錄》30권을 저술함.

249
(19-10)

의술과 처방도 조금은 익혀 두어라

의술과 처방에 관한 일은 그 묘법을 찾기가 지극히 어려우니, 너희들은 여기에다가 스스로의 운명을 걸겠다고 나서지 말도록 하라. 약성藥性을 그저 약간 알고 조금씩 조제하여 화합하는 것으로써, 집안에서 급한 구제에 대처하면 그것만으로도 역시 훌륭한 일이다. 황보밀皇甫謐과 은중감殷仲堪이 바로 그런 사람들이었다.

《新修本草》(蘇敬) 日本 소장본

醫方之事, 取妙極難, 勿勤汝曹
以自命也. 微解藥性, 小小和合,
居家得以救急, 亦爲勝事, 皇甫
謐·殷仲堪則其人也.

【皇甫謐】晉나라 때의 학자, 문인. 『玄晏
先生』으로 불렸으며, 《帝王世紀》를 저술
하였고, 醫藥에 밝아 《論寒食散方》 2권,
《黃帝三部鍼經》 12권 등을 저술함. 지금
은 전하지 않음.
【殷仲堪】東晉 때의 인물로 醫術에 뛰어나
《殷荊州要方》 1권을 지음. 이상의 저술은
《隋書》 經籍志 및 《唐書》 藝文志 등을
참조할 것.

藥王 孫思邈 《備急千金要方》
및 《千金翼方》 저술

곁에 거문고를 두고 살아라

《예禮》에 "군자는 달리 할 일이 없으면 금슬琴瑟을 거두지 않는다"라
하였다. 예로부터 명사들은 흔히 이렇게 음악을 애호하였다. 양梁나라
초기부터 의관자손들은 음악을 알지 못하면 모자란 사람으로 불렸다.
대동大同 이후 말엽에 이러한 풍기가 갑자기 사라지고 말았다. 그러나
이러한 음악이 가지고 있는 음음愔愔한 아치雅致는 깊은 맛이 있다.

지금 세상의 곡과 가사는 비록 고대의 것이 변한 것이기는 하나,
그래도 신정神情을 시원히 풀기에 족하다. 오직 이에 능하다는 칭찬이나
명예를 얻기 위하여 하지는 말 것이니라. 그랬다가는 귀족에게 사역을
당하여 아랫자리에 앉은 채, 잔배냉자殘盃冷炙의 치욕을 당하기 일쑤
이다. 대안도戴安道같은 이조차 그러한 일을 당하였는데 하물며 너희들
임에랴!

《禮》曰:「君子無故不徹琴瑟.」古來名士, 多所愛好. 泊於梁初,
衣冠子孫, 不知琴者, 號有所闕; 大同以末, 斯風頓盡. 然而此
樂愔愔雅致, 有深味哉! 今世曲解, 雖變於古, 猶足以暢神情也.
唯不可令有稱譽, 見役勳貴, 處之下坐, 以取殘盃冷炙之辱. 戴安
道猶遭之, 況爾曹乎!

〈伯牙絶絃圖〉

【君子無故不徹琴瑟】《禮記》樂記에「君子不可斯須而去樂, 是以琴瑟無故則 不徹」이라 함.

【愔愔】즐겁고 화락한 모습. 嵆康의 〈琴賦〉에「愔愔琴德」이라 함.

【曲解】琴曲의 가사. 曲은 가사, 解는 가사의 단락 수를 뜻함.

【下坐】아랫자리. 천한 자리를 뜻함. 坐는 座와 같음.

【殘杯冷炙】남이 먹고 난 뒤 남은 술잔과 식은 고기를 먹음. 천하고 낮은 신분, 혹은 그 직책을 뜻함. 남에게 대접받는 主客이 아님을 뜻함. 杜甫의 〈奉贈韋左丞 文二十二韻〉에「殘盃與冷炙, 到處潛悲辛」이라 함.

【戴安道】戴逵. 晉나라 때의 인물. 《晉書》隱逸傳에「戴逵, 字安道, 譙國人. 少博學, 善屬文, 能鼓琴. 武陵王晞使人召之, 逵對使者破琴, 曰:『戴安道不爲王門 伶人.』」이라 함.

251
(19-12)
도박과 내기는 구분할 줄 알아라

《가어家語》에 "군자가 도박을 하지 않는 것은, 그것이 악한 도를 겸하여 행할 수밖에 없는 것이기 때문이다"라 하였다.

《논어論語》에는 "박혁博弈이라도 있지 않느냐? 이를 하는 것이 오히려 아무 것도 아니하고 있는 것보다 낫다"라 하였다. 그러나 성인이 박혁으로 가르침을 삼은 것이 아니다. 다만 학자로서 항상 정진할 수는 없는 것이므로, 때론 피곤하고 권태로울 경우 이를 하는 것이 그저 배불리 먹고 잠에 취해 있거나 멍청히 앉아 있는 것보다는 낫다는 것일 뿐이다.

이를테면 오吳나라 태자는 이러한 박혁이 무익한 것이라 여겨 위소韋昭에게 명하여 무용함을 논하도록 하였고, 왕숙王肅과 갈홍葛洪·도간陶侃같은 이들은 눈으로 보거나 손으로 잡는 것조차 허용치 않았으니, 이들은 모두가 근면하고 독실한 뜻을 가진 자들이다. 너희들도 능히 그렇게 하는 것이 좋다.

옛날에는 대박大博은 여섯 개의 저箸가 있었고, 소박小博은 두 개의 경煢이 있었는데 지금은 이에 통효한 자가 없다. 근세에 유행하는 것은 1경이 12기기로써 술수가 천단淺短하여 즐길만한 것이 못된다.

위기圍棋는 수담手談과 좌은坐隱이라는 요목要目이 있어 자못 아취 있는 놀이이기는 하다. 단지 사람으로 하여금 탐닉하여 빠져들게 하여 실질을 잃게 됨이 많으니, 항상 즐길 것은 아니다.

〈碁局圖〉

《家語》曰:「君子不博, 爲其兼行惡道故也.」《論語》云:「不有博弈者乎? 爲之, 猶賢乎已.」然則聖人不用博弈爲敎; 但以學者不可常精, 有時疲倦, 則儻爲之, 猶勝飽食昏睡, 兀然端坐耳. 至如吳太子以爲無益, 命韋昭論之; 王肅·葛洪·陶侃之徒, 不許目觀手執, 此並勤篤之志也. 能爾爲佳. 古爲大博則六箸, 小博則二煢, 今無曉者. 比世所行, 一煢十二棊, 數術淺短, 不足可翫. 圍棊有手談·坐隱之目, 頗爲雅戲; 但令人耽憒, 廢喪實多, 不可常也.

【家語】《孔子家語》五義解篇에 『哀公問於孔子曰:「吾聞君子不博, 有之乎?」
孔子曰:「有之.」公曰:「何爲?」對曰:「爲其二乘.」公曰:「有二乘則何爲不博?」
子曰:「爲其兼行惡道也.」哀公懼焉, 有問, 復問:「若是乎? 君之惡惡道至甚也.」
孔子曰:「君子之惡惡道不甚, 則好善道亦不甚; 好善道不甚, 則百姓之親上亦

不甚,《詩》云:『未見君子, 憂心惙惙; 亦旣見止, 亦旣覯止, 我心則悅.』《時》之好善道甚也如此.」公曰:「美哉! 夫君子成人之善, 不成人之惡微吾子言焉, 吾弗之聞也.」라 하였다.

【論語】《論語》陽貨篇에『子曰:「飽食終日, 無所用心, 難矣哉! 不有博弈者乎? 爲之, 猶賢乎已.」라 하였다.

【博弈】도박. 博戲와 圍棋.

【兀然】멍청한 모습. 흐리멍덩함.

【吳太子】이는 韋曜(韋昭)가 吳나라 太子를 두고 표현한 말. 이로써 위소는 〈博弈論〉(《文選》52)을 지음.《三國志》吳志 韋曜傳에「曜字宏嗣, 吳郡雲陽人. 爲太子中庶子. 時蔡穎亦在東宮, 性好博弈. 太子和以爲無益, 命曜論之」라 함.

【王肅】三國 魏나라 때의 인물로《孔子家語》를 편찬했다고 알려져 있음. 그가 도박을 질책한 고사는 찾을 수 없음.

【葛洪】晉나라 때의 인물. 그가 도박을 질책한 내용은《抱朴子》自序에「見人博戲, 了不目眄. ……此輩末技, 亂意思而妨日月, 在位有損政事, 儒者則廢講誦, 凡民則忘稼穡, 商人則失貨財」라 하였음.

【陶侃】陶淵明의 선대. 그가 도박을 질책한 내용은《晉中興書》에「陶侃爲荊州, 見佐吏博戲具, 投之於江, 曰:『圍棊, 堯舜以敎愚子; 博, 殷紂所造; 諸君竝國器, 何以此爲?』」라 하였음.

【大博·六箸·小博·二焭】도박에 쓰이는 도구. 鮑宏의《博經》에「博局之戲, 各設六箸, 行六棊, 故云六博. 用十二棊, 六白六黑. 所投骰謂之瓊, 瓊有五采, 刻爲一畫者謂之塞, 兩畫者謂之白, 三畫者謂之黑, 一邊不刻者, 在五塞之間, 謂之五塞」이라 함.

【手談坐隱】바둑은 손으로 대화하고 앉아서 은거하는 경지가 있음을 뜻함.《世說新語》巧藝篇에「王中郎以圍棊是坐隱, 支公以圍棊爲手談」이라 함.

투호投壺와 탄기彈棊놀이

투호投壺의 예법은 근래 이르러 더욱 정밀해졌다. 옛날에는 팥으로 그 속을 채웠으니, 이는 화살이 튕겨 나오는 것을 막기 위해서였다. 그런데 지금은 그것이 튀어 오르도록 하여 나오는 것이 많을수록 더욱 신나게 여긴다. 그리고 의간倚竿·대검帶劍·낭호狼壺·표미豹尾·용수龍首 등의 명칭이 있으며, 그 가운데에 특히 신묘한 것은 연화효蓮花驍라는 것이 있다.

여남汝南의 주괴周璝는 주홍정周弘正의 아들이며, 회계會稽의 하휘賀徽는 하혁賀革의 아들이다. 이들은 능히 하나의 화살로 40여 번이나 튕겨 나오게 할 수 있었다. 하휘는 일찍이 작은 장애물로 가리고 그 밖에 투호를 설치, 보이지 않는 장애물을 사이에 두고 던졌는데도 실수함이 없었다.

업鄴으로 온 이래 역시 광녕왕廣寧王과 난릉왕蘭陵王 등이 이러한 기예 경기의 기구를 가지고 있음을 보았으나, 온 나라를 통틀어, 던져서 튕겨 나오도록 하는 뛰어난 이는 없었다.

탄기彈棊 역시 근세에 아취스러운 놀이가 되어 근심을 풀어주고 있으니, 때때로 가히 즐길 만한 것이라 할 수 있다.

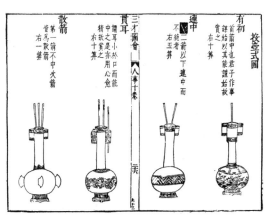

投壺《三才圖會》

投壺之禮, 近世愈精. 古者, 實以小豆, 爲其矢之躍也. 今則唯欲其驍, 益多益喜, 乃有倚竿・帶劍・狼壺・豹尾・龍首之名. 其尤妙者, 有蓮花驍. 汝南周瓚, 弘正之子, 會稽賀徽, 賀革之子, 並能一箭四十餘驍. 賀又嘗爲小障, 置壺其外, 隔障投之, 無所失也. 至鄴以來, 亦見廣寧・蘭陵諸王, 有此校具, 擧國遂無投得一驍者. 彈棊亦近世雅戲, 消愁釋憤, 時可爲之.

【投壺】 항아리에 화살을 던져 넣는 놀이.《禮記》投壺에「壺頸修 (長) 七寸, 腹修五寸, 口徑二寸半, 容斗五升. 壺中實小豆焉, 爲其失之躍而出也」라 함.

【驍】 화살을 던져 다시 튀어나오게 함.《西京雜記》에「武帝時, 郭舍人善投壺, 以竹爲失, 不用棘也. 古之投壺, 取中而不求還. 郭舍人則激失令還, 一失百餘還, 謂之爲驍, 言如博之取梟於掌中爲驍傑也. 每爲武帝投壺, 輒賜金帛」라 함.

【倚竿~龍首】 투호놀이의 각종 용어. 司馬光의《投壺格》에「倚竿, 箭斜倚壺口中. 帶劍, 貫耳不至地者. 狼壺, 轉旋口上而倚倚竿者. 龍尾, 倚竿而箭羽正向己者. 龍首, 倚竿而箭羽正向己者」라 함.

【周瓚】 周弘正의 아들.《陳書》周弘正傳에「子瓚, 官至吏部郎」이라 함.

【賀徽】 賀革의 아들.《梁書》儒林傳에「賀瑒子革, 字文明. 小通三禮, 及長, 徧治《孝經》・《論語》・《毛詩》・《左傳》」이라 하였고,《南史》賀革傳에는「子徽, 美風儀, 能談吐, 深爲革愛. 先革卒, 革哭之, 因遘疾而卒」이라 함.

【廣寧・蘭陵諸王】《北齊書》文襄之王傳에「廣寧王孝珩, 文襄第二子. 愛賞人物, 學涉經史, 好綴文, 有技藝. 蘭陵武王長恭, 一名孝瓘, 文襄第四子. 面柔心壯, 音容兼美. 爲將躬勤細事, 每得甘美, 雖一瓜數果, 必與將士共之」라 함.

【彈棊亦近世雅戲】《藝經》에「彈棊始自魏宮內, 用狀盒戲. 文帝於此戲特妙, 用手巾角拂之, 無不中者. 有客自云能, 帝使爲之; 客著葛巾角, 低頭拂棊, 妙踰於帝」라 하였으며, 傅玄의〈彈棊賦序〉에는「漢成帝好蹴鞠. 劉向謂勞人體, 竭人力, 非至尊所宜御, 乃因其體作彈棊」라 하였음.

20. 종제終制

　본편은 일종의 유언遺言이다. 자신의 일생 유리방랑할 수밖에 없었던 시대상황과 부모 무덤에 대한 안타까움을 시작으로 자신의 죽음에 대한 수용, 그리고 죽은 후 장례 문제, 유족과 친지에 대한 부탁 등으로 이루어져 있다.

　특히 검소한 절차와 실질적인 처리를 유촉遺囑한 언사들은 절절히 가슴에 와 닿는, 고금에 드문 핍절한 내용이다.

〈孔門弟子守喪圖〉

253
(20-1)
쉰 살 정도면 요절은 아니라더라

죽음이란 사람에게 정해진 운명으로써 가히 면할 수 없는 것이다. 나는 나이 19세에 양梁나라의 상란喪亂을 만나, 그 사이에서 번쩍이는 칼날을 대오隊伍로 살아 온 것이 역시 여러 번이었으나, 다행히 조상의 여복餘福을 받아 지금까지 살아 있을 수 있었다.

옛사람들은 "50까지 살면 요절은 아니다"라 하였다. 내 나이 이미 60남짓 되었으니, 그 때문에 마음은 탄연坦然하여 남은 나이를 마음에 두지 않고 있다. 앞서 나에게 풍기風氣의 질환이 있어 항상 곧 죽지 않을까 의심스러워, 애오라지 평소에 품었던 것을 글로 써서 너희들의 훈계로 삼고자 한다.

死者, 人之常分, 不可免也. 吾年十九, 値梁家喪亂, 其間與白刃爲伍者, 亦常數輩; 幸承餘福, 得至於今. 古人云:「五十不爲夭.」吾已六十餘, 故心坦然, 不以殘年爲念. 先有風氣之疾, 常疑奄然, 聊書素懷, 以爲汝誡.

【常分】당연한 본분.《梁書》呂僧珍傳에「汝等自有常分. 豈可妄求叨越?」이라 함.

【値梁家喪亂】繆鉞은「梁武太淸三年, 之推十九歲. 是年三月, 侯景陷臺城. 五月, 武帝崩」라 함.

【五十不爲夭】《三國志》蜀志 先主傳에 「《諸葛亮集》載先主遺詔勅後主曰:『人五
　十不稱夭. 年已六十有餘, 何所復恨? 不復自傷, 但以卿兄弟爲念..』」라 함.
【風氣之疾】中風과 같은 질병.《史記》扁鵲倉公列傳에 「所以知齊王太后病者,
　臣意診其脈, 切其太陰之口, 涇然風氣也」라 함.
【奄然】奄忽. 죽음을 뜻함.

부모 무덤을 옮기지 못한 채

　나의 선군先君과 선부인先夫人은 모두가 아직도 건업建鄴의 옛 선영으로 모셔오지 못한 채, 강릉江陵의 동쪽 외각에 임시로 묻히셨다. 승성承聖 말년에 나는 양도揚都에서 임금에게 계啓를 올려 두 분을 고향으로 옮겨 안장하기를 구하였다. 그때 은銀 백량을 내려주시는 조서詔書의 은덕을 입어, 나는 양주揚州의 작은 교외 북쪽에 묘지 만들 벽돌을 굽고 있었다. 그런데 마침 본조本朝, 양梁나라의 윤몰淪沒을 만나 떠돌아다니다가 이렇게 된 채, 수십 년간 돌아갈 희망이 끊어지고 말았다. 지금 비록 통일이 되었다고는 하나, 집안이 빈궁하게 되었으니 어떻게 이 봉영奉營의 비용을 마련할 수 있겠는가?

　게다가 양도는 지금 짓밟히고 훼손되어 혈유子遺조차 없는데, 그 낮고 습한 데로 되돌아옴이 좋은 계책이라고는 할 수 없다. 스스로 허물로 삼고 자책하며 마음에 맺히고 뼈를 깎는 것 같다. 내 생각으로는 우리 형제가 벼슬길에 나서지 않았어야 했다. 그러나 가문이 쇠락하고 골육은 단조로워 오복五服안에 누구하나 곁에 의지할 만한 자가 없어 타향으로 흩어져 갔으며, 더 이상 음덕을 바랄 대상도 없었다. 그리하여 너희들로 하여금 이러한 낮은 일에 침륜沈倫하도록 하였으니 조상에게조차 부끄럽게 여기고 있다. 그러므로 나는 두꺼운 얼굴로 세상사람 속에 묻혀 벼슬을 하되 감히 실추가 없도록 하고 있다. 아울러 북방은 정교政敎가 엄밀하여 쉽게 그만두고 은퇴할 수 있는 상황도 아니었다.

先君先夫人皆未還建鄴舊山, 旅葬江陵東郭. 承聖末, 已啓求揚都, 欲營遷厝. 蒙詔賜銀百兩, 已於揚州小郊北地燒塼, 便值本朝淪沒, 流離如此, 數十年間, 絶於還望. 今雖混一, 家道罄窮, 何由辦此奉營資費? 且揚都汙毀, 無復孑遺, 還被下溼, 未爲得計. 自咎自責, 貫心刻髓. 計吾兄弟, 不當仕進; 但以門衰, 骨肉單弱, 五服之內, 傍無一人, 播越他鄉, 無復資廕; 使汝等沈淪廝役, 以爲先世之恥; 故靦冒人間, 不敢墜失. 兼以北方政敎嚴切, 全無隱退者故也.

【建鄴】 建康. 지금의 南京市. 顔之推의 九世祖 顔含이 晉元帝의 東渡를 따라 건업에 정착했음.

【承聖】 梁元帝의 연호. (552년)

【遷厝】 遷葬. 禾葬을 뜻함.

【燒塼】 塼은 磚과 같음. 무덤을 조성할 벽돌을 구음.

【本朝】 梁朝를 가리킴. 顔之推는 齊, 周, 隋등을 거쳐 벼슬했지만 신하로서의 겸사를 사용한 것. 顧炎武의 《日知錄》(13)에 「古人謂所事之國爲本朝. 之推仕歷齊・周及隋, 而猶稱梁爲本朝; 蓋臣子之辭, 無可移易」라 함.

【混一】 統一을 뜻함. 隋文帝가 梁, 陳을 멸하고 천하를 통일함.

【奉營】 제사를 받들고 先塋을 살핌.

【五服】 원래 喪服의 제도. 親疎에 따라 차등을 두었으며, 참최(斬縗), 자최(齊縗), 대공(大功), 소공(小功), 시마(緦麻) 등 다섯 가지가 있음.

【播越】 고향을 떠나 유랑함을 뜻함. 《左傳》昭公 26년에 「不穀震盪播越, 竄在荊蠻」이라 함.

【資廕】 資蔭과 같음. 조상의 음덕을 뜻함. 《周書》蘇綽傳에 「今之選擧者, 當不限資蔭, 唯在得人」이라 함.

【廝役】 마구간 청소나 하는 천한 일을 뜻함. 《戰國策》燕策에 「馮几據杖, 眄視指使, 則廝役之人至」라 함.

255
(20-3)
내 죽거든 칠성판 정도면 된다

　지금 나는 늙고 병이 침입하여 갑자기 죽을지도 모르는데 어찌 너희들에게 모든 예를 구비하라 하겠느냐? 어느 날 내가 팔을 놓은 채, 죽으면 내 몸을 깨끗이 시켜주면 그뿐, 노고롭게 다시 혼백을 부르는 일은 하지 말아라. 염殮에는 평소 입던 옷으로 하라.

　선부인(先夫人, 모친)이 세상을 버리고 등졌을 때, 세상이 마침 흉년에 기근이 들어 집안에 아무 것도 없었다. 형제조차 유약幼弱하여 관기棺器가 모두 형편없는 것이었으며, 묘혈 안에는 벽돌조차 쓰지 못하였다.

　그러니 내가 죽으면 소나무 관棺 2촌짜리에, 의모衣帽 이외에는 일체 그 어떤 것도 내 무덤에 함께 넣지 말 것이며, 영상靈床에는 칠성판七星板을 깔아 주면 된다.

　납석으로 만든 노아弩牙나 옥돈玉豚·석인錫人등은 아울러 모두 사용을 중지하고, 양생糧甖이나 명기明器도 본래 조리해 먹을 것도 아니니 넣지 말아라. 비지碑誌나, 유조旒旐같은 만장, 영기靈旗는 말할 것도 없다.

　별갑거鼈甲車에 영구를 싣고 가서 흙에 집적 닿도록 묻으면 되고, 평지처럼 하여 봉분은 없도록 하라. 만약 후손이 참배하고 성묘할 때 그 무덤이 구역을 모를까 걱정이 되거든, 다만 좌우 전후에 낮은 담장을 쌓아 너희들 좋을 대로 표시를 해두면 될 뿐이다.

　집안의 영연靈筵에는 베개나 궤상几床을 만들어 놓지 말아라. 그리고 매월 삭망朔望의 제사에는 오직 흰죽과 맑은 물, 그리고 말린 대추만 차리고, 술이나 고기, 떡, 과일들의 제수는 쓰지 않도록 하라.

친척이나 친구가 찾아와 술을 땅에 뿌리는 의식을 행하고자 하면 한결같이 이를 거절하라.

너희들이 만약 내 마음을 어기고, 돌아가신 선비先妣보다 더하게 되면 이는 나를 불효자로 몰아가는 것이 되니, 너희들인들 어찌 편할 일이겠느냐? 내전(內典, 불경)에 따라, 죽은 이의 공덕을 찬양하는 일도 너희들의 힘이 닿는 데까지만 하는 것으로 한계를 삼아야 한다. 살아있는 사람이 써야할 재齋를 죽은 이에게 쓰느라 춥고 주리게 해서는 안 된다.

長信宮鎏金宮女銅燈(西漢)
1968 河北 滿城 출토

사시四時의 제사는 주공周公과 공자孔子의 가르침이다. 이는 그 돌아가신 어버이를 몰라라하지 않게 하기 위함이요, 효도를 망각하지 않도록 하기 위함이기는 하다. 그러나 내전(內典, 불경)에서 이를 찾아보면 실제로 아무런 이익도 없다. 살아있는 것을 죽여 부모에게 제사를 지내는 것은 오히려 그 죄 값을 증가시키는 것일 뿐이다.

만약 부모의 끝없는 덕을 보답하고, 상로霜露의 슬픔이 복받치거든 때때로 재공齋供하되 7월 보름의 우란분盂蘭盆을 잊지 않기만을 너희들에게 바랄 뿐이다.

今年老疾侵, 儻然奄忽, 豈求備禮乎? 一日放臂, 沐浴而已, 不勞復魄, 殮以常衣. 先夫人棄背之時, 屬世荒饉, 家塗空迫, 兄弟幼弱, 棺器率薄, 藏內無塼. 吾當松棺二寸, 衣帽已外, 一不

得自隨, 床上唯施七星板; 至如蠟弩牙·玉豚·錫人之屬, 並須停省, 糧罌明器, 故不得營, 碑誌旒旐, 彌在言外. 載以鼇甲車, 襯土而下, 平地無墳; 若懼拜掃不知兆域, 當築一堵低牆於左右前後, 隨爲私記耳. 靈筵勿設枕几, 朔望祥禫, 唯下白粥清水乾棗, 不得有酒肉餅果之祭. 親友來餽酹者, 一皆拒之. 汝曹若違吾心, 有加先妣, 則陷父不孝, 在汝安乎? 其內典功德, 隨力所

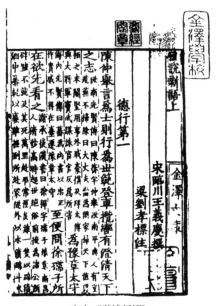

宋本《世說新語》

至, 勿割竭生資, 使凍餒也. 四時祭祀, 周·孔所敎, 欲人勿死其親, 不忘孝道也. 求諸內典, 則無益焉. 殺生爲之, 翻增罪累. 若報罔極之德, 霜露之悲, 有時齋供, 及七月半盂蘭盆, 望於汝也.

【復魂】 喪禮의 절차 중에 招魂을 가리킴.《儀禮》士喪禮에「復者一人」이라 하고 注에「復者, 有司招魂復魄也」라 함.

【棄背】 세상을 버리고 등짐.《三國志》魏志 齊王傳에「烈祖明皇帝以正月棄背天下, 臣子永惟忌日之哀」라 함.

【藏內】 무덤 안. 壽藏이라고도 함.

【七星板】 시신의 밑에 받치는 판자. 죽어서 北斗七星으로 간다고 하여 붙여진 이름.《通典》에《大唐元陵儀注》를 인용하여「加七星板於梓宮內, 其合施於板下者, 並先置之, 乃加席褥於施上」이라 함.

【蠟弩牙~錫人】 蠟弩牙는 蜜蠟(혹은 蠟石)으로 만든 큰 활. 옥으로 만든 작은 돼지모양의 부장품. 錫人은 주석으로 만든 인형. 이상 모두 고대 풍속의 부장품인 明器.

【甒】곡식을 담는 明器.

【明器】冥器와 같음. 다음 세상에서도 살아 사용한다고 믿어 무덤에 함께 묻는 그릇이나 부장품. 明은 신령, 神明의 뜻. 《禮記》 檀弓(下)에 「其日明器, 神明之也. 塗車芻靈, 自古有之, 明器之道也」라 함.

【碑誌】碑文과 墓誌銘.

【旐旗】만장을 뜻함. 《世說新語》 傷逝篇 「庚文康亡何揚卅臨葬」의 注에 「庚公上武昌, 翩翩如飛鳥; 庚公還揚州, 白車牽旐旗」라 함.

【鼈甲車】鼈蓋車와 같음. 수레의 일종.

【平地無墳】封墳을 만들지 않음. 《禮記》 檀弓(下)에 「古也墓而不墳」이라 하고, 注에 「墓謂兆城, 今之封塋也. 古謂殷時也. 土之高者曰墳」이라 함.

【兆域】墓域.

【祥禫】喪忌의 명칭. 고대 죽은 후, 그 신위를 조상신과 함께 모시며 이런 의식을 祔라 함. 祔이후 13개월 후에 小祥을 치르며, 25개월 후 大祥을 치름. 대상 후에는 2개월 후 다시 禫祭를 치르며 이 때 상복을 벗음.

【內典】불교의 가르침. 불교의 경전.

【功德】불교 용어로 善業을 지음. 《大乘義章》(9)에 「功謂功能, 善有資潤福利之功, 故名爲功, 此功是其善行家德, 名爲功德」이라 함.

【罔極之德】罔은 無와 같음. 끝이 없는 은혜. 부모의 은혜를 뜻함. 《詩經》 小雅 蓼莪에 「欲報之德, 昊天罔極」이라 함.

【霜露之悲】서리와 이슬이 내리는 계절 변화로 부모님이 더욱 그리워짐을 뜻함. 《禮記》 祭儀에 「霜 露旣降, 君子履之, 必有悽愴之心, 非其寒之謂也」라 하고, 그 주에 「非其寒之謂, 謂悽愴及怵惕, 皆爲感時念 親也」라 함.

【七月半盂蘭盆】7월 15일 유가족이 盂蘭齋를 올리는 것. 《盂蘭盆經》에 「目蓮見其亡母生餓鬼中, 卽鉢盛飯, 往餉其母, 食未入口, 化成火炭, 遂不得食. 目蓮大叫, 馳還白佛. 佛言:『汝母罪重, 非汝一人所奈何, 當須十方衆僧威神之力, 至七月十五日, 當爲七代父母厄難中者, 具百味五果, 以著盆中, 供養十方大德.』佛勑衆僧, 皆爲施主, 祝願七代父母, 行禪定意, 然後受食. 是時, 目蓮白佛:『未來世佛弟子行孝順者, 亦應奉盂蘭盆供養.』佛言:『大善.』」이라 하였고, 《歲時廣記》(30)에 韓琦의 〈家祭式〉을 인용하여 「近俗七月十五日有盂蘭齋者, 蓋出釋 氏之敎, 孝子之心不忍違衆而忘親, 今定爲齋享」이라 함.

256
(20-4)

옛날에는 묘지만 있었지 봉분은 없었다

공자孔子가 어버이를 묻으면서 이렇게 말하였다.

"옛날에는 묘지만 있었지 봉분을 만들지 않았다. 나는 동서남북을 떠도는 자로서 표식을 해놓지 않을 수 없다."

그리고는 4척 높이의 봉분을 하였다.

그러나 군자가 세상에 응하여 도를 펼침에 역시 분묘를 지킬 수 없는 때가 있으니, 하물며 번거로운 일이 사람에게 몰려드는 경우임에랴?

지금 나는 나그네 신세로 몸이 마치 뜬구름과 같아, 끝내 어느 고을이 내가 묻히는 곳이 될지 알 수는 없다. 다만 내 숨이 끊어지는 그 곳에 나를 묻어주면 될 뿐이다.

너희들은 마땅히 가업을 잇고 이름을 드날리는 것을 의무로 삼아야지, 내 무덤이 무너질까 연연하느라 너희들 이름이 묻히는 그런 쪽을 취해서는 안 될 것이다.

孔子之葬親也, 云: 「古者, 墓而不墳. 丘東西南北之人也, 不可以弗識也.」 於是封之崇四尺. 然則君子應世行道, 亦有不守墳墓之時, 況爲事際所逼也! 吾今羈旅, 身若浮雲, 竟未知何鄉是吾葬地; 唯當氣絶便埋之耳. 汝曹宜以傳業揚名爲務, 不可顧戀朽壞, 以取埋沒也.

【墓而不墳】 고대에는 무덤을 쓰되 봉분은 높이지 않았음. 《禮記》 檀弓(上)에
『孔子旣得合葬於防, 曰:「吾聞之, 古也墓而不墳; 今丘也, 東西南北之人也, 不可
以弗識也.」於是封之, 崇四尺. 孔子先反, 門人後, 雨甚, 至, 孔子問焉曰:「爾來何
遲也?」曰:「防墓崩.」孔子不應. 孔子泫然流涕曰:「吾聞之: 古不修墓.」』라 함.

【東西南北之人】 사람은 한곳에 머물러 살 수 없음을 뜻함. 《孔子家語》 曲禮
子夏問篇에 『季桓子死, 魯大夫朝服而弔, 子游問於孔子曰:「禮乎?」夫子不答,
他日, 又問墓而不墳, 孔子曰:「今丘也, 東西南北之人, 不可以弗識也. 吾見封之若
堂者矣, 又見若坊者矣, 又見履夏屋者矣, 又見若斧形者矣, 吾從斧者焉, 於是封之
崇四尺.」孔子先反, 虞, 門人後, 雨甚至, 墓崩, 修之而歸. 孔子問焉, 曰:「爾來
何遲?」對曰:「防墓崩.」孔子不應, 三云, 孔子泫然而流涕曰:「吾聞之, 古不修墓,
及二十五月而大祥, 五日而彈琴, 不成聲, 十日過禫, 而成笙歌.」』라 함.

【事際】 일상생활에 일거리가 많음.

【浮雲】 뜬 구름과 같음. 《論語》 述而篇에 『子曰:「飯疏食飲水, 曲肱而枕之, 樂亦
在其中矣. 不義而富且貴, 於我如浮雲.」』라 함.

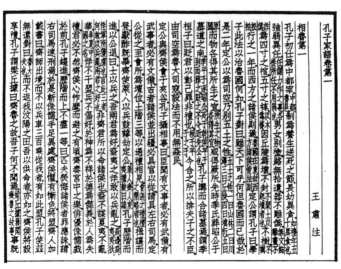

《孔子家語》 四部備要본

부 록

〈黑釉三彩馬〉(唐) 明器 1971 河南 洛陽 출토

I. 관련자료

II. 역대 서발

Ⅲ. 顏氏家訓 佚文

Ⅳ. 顏之推集 輯佚

Ⅰ. 관련자료

1. 《北齊書》 文苑傳 顏之推傳

顏之推, 字介, 琅邪臨沂人也. 九世祖含, 從晉元東渡, 官之侍中·右光祿·西平侯. 父勰, 梁湘東王繹鎭西府諮議參軍. 世善《周官》·《左氏》·之推早傳家業. 年十二, 値繹自講《莊》·《老》, 便預門徒. 虛談非其所好, 還習《禮》·《傳》, 博覽羣書, 無不該洽, 詞情典麗, 甚爲西府所稱. 繹以爲其國左常侍, 加鎭西墨曹參軍. 好飲酒, 多任縱, 不修邊幅, 時論以此少之. 繹遣世子方諸出鎭郢州, 以之推掌管記. 値侯景陷郢州, 頻欲殺之, 賴其行臺郎中王則以獲免. 被囚送建業. 景平, 還江陵. 時繹已自立, 以之推爲散騎侍郎, 奏舍人事. 後爲周軍所破. 大將軍李顯慶重之, 薦往弘農, 令掌其兄陽平公遠書翰. 値河水暴長, 具船將妻子來奔, 經砥柱之險, 時人稱其勇決. 顯祖見而悅之, 卽除奉朝請, 引於內館中, 侍從左右, 頗被顧眄. 天保末, 從至天池, 以爲中書舍人, 令中書郞段孝信將勅書出示之推. 之推營外飲酒, 孝信還以狀言, 顯祖乃曰:「且停.」 由是遂寢. 河淸末, 被擧爲趙州功曹參軍, 尋待詔文林館, 除司待錄事參軍.

之推總穎機悟, 博識有才辯, 工尺牘, 應對閑明, 大爲祖珽所重, 令掌知館事, 判署文書. 尋遷通直散騎常侍, 俄領中書舍人. 帝時有取索, 恒令中使傳旨, 之推稟承宣告, 館中皆受進止. 所進文章, 皆是其封署, 於進賢門奏之, 待報放出. 兼善於文字, 監校繕寫, 處事勤敏, 號爲稱職. 帝甚加恩接, 顧遇逾厚, 爲勳要者所嫉, 常欲害之. 崔季舒等將諫也, 之推取急還宅, 故不連署. 及召集諫人, 之推亦被喚入, 勘無其名, 方得免禍. 尋除黃門侍郞.

及周兵陷晉陽, 帝輕騎還鄴, 窘急計無所從, 之推因宦者侍中鄧長顒進奔陳之策, 仍勸募吳士千餘人以爲左右, 取靑·徐路共投陳國. 帝甚納之, 以告丞相高阿那肱等. 阿那肱不願入陳, 乃云吳士難信, 不須募之. 勸帝送珍寶

累重向靑州, 且守三齊之地, 若不可保, 徐浮海南渡. 雖不從之推計策, 然猶以爲平原太守, 令守河津. 齊亡入周, 大象末爲御史上士. 隋開皇中, 太子召爲學士, 甚見禮重. 尋以疾終. 有文三十卷·撰家訓二十篇, 並行於世. 曾撰〈觀我生賦〉, 文致淸遠, 其詞曰:

『仰浮淸之藐藐, 俯沉奧之茫茫, 已生民而立敎, 乃司牧以分疆, 内諸夏而外夷狄, 驟五帝而馳三王. 大道寢而日隱, 小雅摧以云亡, 哀趙武之作孽, 怪漢靈之不祥, 旄頭玩其金鼎, 典午失其珠囊, 瀍澗鞠成沙漠, 神華泯爲龍荒, 吾王所以東運, 我祖於是南翔. (晉中宗以琅邪王南渡, 之推琅邪人, 故稱吾王.) 去琅邪之遷越, 宅金陵之舊章, 作羽儀於新邑, 樹杞梓於水鄕, 傳淸白而勿替, 守法度而不忘.』

『逮微躬之九葉, 頹世濟之聲芳. 問我良之安在, 鍾厭惡於有梁, 養傅翼之飛獸, (梁武帝納亡人侯景, 授其命, 遂爲反叛之基.) 子貪心之野狼. (武帝初養臨川王子正德爲嗣, 生昭明後, 正德還本, 特封臨賀王. 猶懷怨恨. 經叛入北而還, 積財養士, 每有異志也.) 初召禍於絶域, 重發釁於蕭牆. (正德求征侯景, 至新林, 叛投景, 景立爲主, 以攻臺城.) 雖萬里而作限, 聊一葦而可航, 指金闕以長鎩, 向王路而蹶張. 勤王踰於十萬, 曾不解其搤吭, 嗟將相之骨鯁, 皆屈體於犬羊. (臺城陷, 援軍並問訊二宮, 致敬於侯景也.) 武皇忽以厭世, 白日黯而無光, 旣饗國而五十, 何克終之弗康. 嗣君聽於巨猾, 每凜然而負芒. 自東晉之違難, 寓禮樂於江湘, 迄此幾於三百, 左衽淪於四方, 詠苦胡而永歎, 吟微管而增傷.』

『世組赫其斯怒, 奮大義於沮漳. (孝元帝時爲荊州刺史.) 授犀函與鶴膝, 建飛雲及艅艎, 北徵兵及漢曲, 南發餫於衡陽. (湘州刺史河東王譽, 雍州刺史岳陽王詧並隷荊州都督府.) 昔承華之賓帝, 實兄亡而弟及, (昭明太子薨, 乃立晉安王爲太子.) 逮皇孫之失寵, 歎扶車之不立. (嫡皇孫驩出封豫章王而薨.) 間王道之多難, 各私求於京邑, 襄陽阻其銅符, 長沙閉其玉粒. (河東·岳陽皆昭明子.) 遂自戰於其地, 豈大勛之暇集, 子旣殞而姪攻, 昆亦圍而叔襲, 褚乘城而宵下, 杜倒戈而夜入, (孝元以河東不供船艒, 乃遣子方等爲刺史.

大軍掩至, 河東不暇遣拒. 世子信用羣小, 貪其子女玉帛, 遂欲攻之, 故河東急而逆戰, 世子爲亂兵所害. 孝元發怒, 又使鮑泉圍河東. 而岳陽宣言大獵, 卽擁衆襲荊州, 求解湘州之圍. 時襄陽杜岸兄弟怨其見劫, 不以實告, 又不義此行, 率兵八千夜降, 岳陽於遁走. 河東府褚顯族據投岳陽. 所以湘州見陷也.) 行路彎弓而含笑, 骨肉相誅涕泣, 周旦其病諸, 老武悔而焉及.』

　『方幕府之事殷, 謬見擇於人羣, 未成冠而登仕, 財解履以從軍. (時年十九, 釋褐湘東國右常侍, 以軍功加鎮西墨曹參軍.) 非社稷之能衛. (童汪錡. 闕) 僅書記於階闥, 罕羽翼於風雲. 及荊王之定霸, 始讎恥而圖雪, 舟師次乎武昌, 撫軍鎮於夏汭. (時遣徐州刺史徐文盛領二萬人屯武昌蘆州拒侯景將任約, 又第二十綏寧度方諸爲世子, 拜中撫軍將軍, 郢州刺史以盛聲勢.) 濫充選於多士, 在參戎之盛列, 慚四白之調護, 厠六友之談說, (時遷中撫軍外兵參軍, 掌管記, 與文珪, 劉民英等與世子遊處.) 雖形就而心和, 匪余懷之所說, 繄深宮之生貴, 矧垂堂而倚衡, 欲推心以屬物, 樹幼齒以先聲. (中撫軍時年十五.) 慄敷求之不器, 乃畫地而取名, 仗禦武於文吏, (以虞預爲郢州司馬, 領城防事.) 委軍政於儒生. (以鮑泉爲郢州行事, 總攝州府也.) 值白波之猝駭, 逢赤舌之燒城, 王凝坐而對寇, 向詡以臨兵. (任約爲文盛所困, 侯景自上救之, 舟艦弊漏, 軍饑卒疲, 數戰失利. 乃令宋子仙・任約步道偷郢州城, 預無備, 故陷賊.) 莫不變螗而化鵠, 皆自取首以破腦. 將睥睨於渚宮, 先憑陵於他道, (景欲攻荊州, 路由巴陵.) 懿永寧之龍蟠, (永寧公王僧辯據巴陵城, 善於守禦, 景不能進.) 奇護軍之電掃. (護軍將軍陸法和破任約於赤亭湖, 景退走, 大潰.) 犇虜快其餘毒, 縲囚膏乎野草, 孝先生之無勸, 賴滕公之我保, (之推執在景軍, 列當見殺. 景行臺郎中王則初無舊識, 再三救護, 獲免, 因以還都.) 剷鬼錄於岱宗, 招歸魂於蒼昊, (時解衣訖而獲全.) 荷性命之重賜, 銜若人以終老.』

　『賊棄甲而來復, 肆豺距之鵰鳶, 積假履而弑帝, 憑衣霧以上天, 用速災於四月, 奚聞道之十年. (臺城陷後, 梁武曾獨坐歎曰:「侯景於文爲小人百日天子.」 及景以大寶二年十一月十九日僭位, 至明年三月十九日棄城逃竄, 是一百二十日, 苐天道紀大數, 故文爲百日. 言與公孫述俱禀十二, 而旬歲

不同.) 就狄俘於舊壤, 陷戎俗於來旋, 慨黍離於清廟, 愴麥秀於空廛, 鼗鼓臥
而不考, 景鐘毀而莫懸, 野蕭條以橫骨, 邑闃寂而無煙. 疇百家之或在, (中原
冠帶隨晉渡江者百家, 故江東有百譜, 至是在都者覆略盡.) 覆五宗而翦焉.
獨昭君之哀奏, 唯翁主之悲絃. (公主子女見辱見離.) 經長干以掩抑, (長干
舊顏家巷.) 展白下以流連, (靖侯以下七世墳塋皆在白下.) 深燕雀之餘思,
感桑梓之遺虔, 得此心於尼甫, 信茲言乎仲宣. 逮西土之有衆, 資方叔以薄伐,
(永寧公以司徒爲大都督.) 無鳴劍而雷咤, 振雄旗而雲宰, 千里追其飛走, 三載
窮於巢窟, 屠蚩尤於東郡, 挂郅支於北闕. (既斬侯景, 烹屍於建業市, 百姓食之,
至於肉盡齕骨, 傳首荊州, 懸於都街.) 弔幽魂之冤枉, 掃園陵之蕪沒, 殷道是
以再興, 夏祀於焉不忽, 但遺恨於炎崑, 火延宮而累月. (侯景既走, 義師採穭
失火, 燒宮殿蕩盡也.)』

『指余權於兩東, 侍昇壇之五讓, 欽漢官之復覩, 赴楚民之有望. 攝絳衣以
奏言, 忝黃散於官謗, (時爲散騎侍郎, 奏舍人事也.) 或校石渠之文, (王司徒
表送祕閣舊事八萬卷, 乃詔比校, 部分爲正御・副御・重雜三本. 左民尚書
周弘正・黃門郎彭僧朗・直省學士王珪・戴陵校經部, 左僕射王褒・吏部尚
書宗懷正・員外郎顏之推・直學士劉仁英校史部, 廷尉卿殷不害・御史中丞
王孝紀・中書郎鄧蓋・金部郎中徐報校子部, 右衛將軍庾信・中書郎王固・
晉安王文學宗善業・直省學士周確校集部也.) 時參柏梁之唱. 顧顒顒之不算,
濯波濤而無量, 屬瀟湘之負罪, (陸納.) 兼岷峨之自王. (武陵王.) 竚既定以
鳴鸞, 修東都之大壯, (詔司農卿黃文超營殿.)』

『驚北風之復起, 慘南歌之不暢. (秦兵繼來.) 守金城之湯池, 轉絳宮之玉帳.
(孝元自曉陰陽兵法, 初聞賊來, 頗爲厭勝, 被圍之後, 每歎息, 知必敗.) 徒有道
而師直, 翻無名之不抗. (孝元與宇文丞相斷金結和, 無何見滅, 是師出無名.)
民百萬而囚虜, 書千兩而煙煬, 溥天之下, 斯文盡喪, (北於墳籍少於江東三
文之一, 梁氏剝亂, 散逸湮亡. 唯孝元鳩合, 通重十餘萬, 史籍以來, 未之有也.
兵敗悉焚之, 海內無復書府.) 憐嬰孺之何辜, 矜老疾之無狀, 奪諸懷而棄草,
踣於塗而受掠. 冤乘輿之殘酷, 軫人神之無狀, 載下車以黜喪, 掎桐棺之藁葬,

雲無心以容與, 風懷憤而慅恨. 井伯飮牛於秦中, 子卿牧羊於海上. 留釧之妻,
人銜其斷絶, 擊磬之子, 家纏其悲愴.』

『小臣恥其獨死, 實有愧於胡顔, 牽痾瘝而就路, (時患脚氣.) 策駑蹇以入關.
(官疲驢瘦馬.) 下無景而屬蹈, 上有尋而亟騫, 嗟飛蓬之日永, 恨流梗之無還.
若乃玄牛之旌, 九龍之路, 土圭測影, 璿璣審度, 或先聖之規模, 乍前王之典故,
與神鼎而偕沒, 切仙宮之永慕. 爾其十六國之風教, 七十代之州壤, 接耳目
而不通, 詠圖書而可想, 何黎氓之匪昔, 徒山川之猶曩. 每結思於江湖, 將取
弊於羅網, 聆代竹之哀怨, 聽出塞之嘹朗 對皓月以增愁, 臨芳樽而無賞.』

『自太淸之內釁, 彼天齊而外侵, 始蹙境於淮滸, 遂壓境於江潯, (侯景之亂,
齊氏深斥梁家土宇, 江北·淮北唯餘廬江·晉熙·高唐·新蔡·西陽·齊昌
數郡. 至孝元之敗, 於是盡矣, 以江爲界也.) 獲仁厚之麟角, 剋儁秀之南金,
爰衆旅而納主, 車五百以夐臨, (齊遣上黨王渙率兵數萬納梁貞陽侯明爲主.)
返季子之觀樂, 釋鍾儀之鼓琴, (梁武聘使謝挺·徐陵始得還南, 凡厥梁臣,
皆以禮遣.) 竊聞風而淸耳, 傾見日之歸心, 試拂蓍以貞筮, 遇交泰之吉林.
(之推聞梁人返國, 故有犎齊之心, 以丙子歲旦筮東行吉否, 遇泰之坎, 乃喜曰:
「天地交泰而更習, 坎重險, 行而不失其信, 此吉卦也, 但恨小往大來耳.」後遂
吉也.) 譬欲秦而更楚, 假南路於東尋, 乘龍門之一曲, 歷砥柱之雙岑. 冰夷風
薄而雷呴, 陽侯山載而谷沉, 侔絜龜以憑澮, 類斬蛟而赴深, 昏揚舲於分陝,
曙結纜於河陰. (水路七百里一夜而至.) 追風飇之逸氣, 從忠信以行吟.』

『遭厄命而事旋, 舊國從於採芑, 先廢君而誅相, 訖變朝而易市. (至鄴, 便値
陳興而梁滅, 故不得還南.) 遂留滯於漳濱, 私自憐其何已, 謝黃鵠之迴集,
恧翠鳳之高峙, 曾微令思之對, 空竊彥先之仕, 纂書盛化之旁, 待詔崇文之裏,
(齊武平中, 署文林館待詔者僕射陽休之·祖孝徵以下三十餘人, 之推專掌,
其撰修文殿御覽·續文章流別等皆詣進賢門奏之.) 珥貂蟬而就列, 執麾蓋
以入齒. (時以通直散騎常侍遷黃門郎也.) 疑一相之故人, (故人祖僕射掌機密,
吐納帝令也.) 賀萬乘之知己, 祗夜語之見忌, 寧懷刷之足恃. 諫諝言之矛戟,
惕險情之山水; 由重裘以寒勝, 用去薪而沸止, (時武職疾文人, 之推蒙禮遇,

每搆創痏. 故侍中崔季舒等六人以諫誅, 之推爾日隣禍, 而儕流或有毀之推
於祖僕射者, 僕射察之無實, 所知如舊不忘.)』

『予武成之燕翼, 遵春坊而原始, 唯驕奢之是修, 亦佞臣之云使. (武成奢侈,
後宮御者數百人, 食於水陸貢獻珍異, 至乃壓飽, 棄於厠中. 褌衣悉羅纈錦
繡珍玉, 織成五百一段. 爾後宮掖遂爲舊事. 後主之在宮, 乃使駱提婆母陸氏
爲之, 又胡人何洪珍等爲左右, 後皆預政亂國焉.) 惜染絲之良質, 惰琢玉之
遺祉, 用夷吾而治蘸, 昵狄牙而亂起. (祖孝徵用事, 則朝野翕然, 政刑有綱紀矣.
駱提婆等苦孝徵以法繩己, 譖而出之. 於是教令昏僻, 至于滅亡.) 誠怠荒於
度政, 惋驅除之神速, 肇平陽之爛魚, 次太原之破竹. (晉州小失利, 便棄軍還并,
又不守并州, 犇走向鄴) 寔未改於弦望, 遂□□□□□, 及都□而昇降, 懷墳
墓之淪覆. 迷識主而狀人, 竸已棲而擇木, 六馬紛其顛沛, 千官散於犇逐, 無寒
瓜以療饑, 靡秋螢而照宿, (時在季冬, 故無此物.) 讎敵起於舟中, 胡·越生
於輦轂. 壯安德之一戰, 邀文武之餘福, 屍狼藉其如莽, 血玄黃以成谷, (後主
犇後, 安德王延宗收合餘燼, 於并州夜戰, 殺數千人. 周主欲退, 齊將之降周
者告以虛實, 故留至明而安德敗也.) 天命縱不可再來, 猶賢死廟而慟哭. 乃詔
余以典郡, 據要路而問津, (除之推爲平原郡, 據河津, 以爲犇陳之計.) 斯呼航
而濟水, 郊鄉導於善鄰, (約以鄴下一戰不剋, 當與之推入陳.) 不羞寄公之禮,
願爲式微之賓. 忽成言而中悔, 矯陰疏而陽親, 信譖謀於公王, 竸受陷於姦臣.
(丞相高阿那肱等不願入南, 又懼失齊主則得罪於周朝, 故疏間之推. 所以
齊主留之推守平原城, 而索船渡濟向青州. 阿那肱求自鎭濟州, 乃啓報應齊
主云:「無賊, 勿忽忽.」遂道主君追齊王而及之.) 曩九圍以制命, 今八尺而由人,
四七之期必盡, 百六之數溘屯. (趙郡李穆叔調妙占天文算術, 齊初踐阼計
止於二十八年. 至是如期而滅)』

予一生而三化, 備荼苦而蓼辛, (在揚都值侯景殺簡文而篡位, 於江陵逢孝元
覆滅, 至此而三爲亡國之人.) 鳥焚林而鎩翮, 魚奪水而暴鱗, 嗟宇宙之遼曠,
愧無所而容身. 夫有過而自訟, 始發矇於天眞, 遠絶聖而棄智, 妄鎖義以羈仁,
舉世溺而欲拯, 王道鬱以求申. 旣衒石以塡海, 終荷戟以入秦, 亡壽陵之古步,

臨大行以逡巡. 向使潛於草茅之下, 甘爲畎畝之人, 無讀書而學劍, 莫抵掌以膏身, 委明珠而樂賤, 辭白璧以安貧, 堯·舜不能榮其素樸, 桀·紂無以汙其清塵, 此窮何由而至, 茲辱安所自臻. 而今而後, 不敢怨天而泣麟也.』

之推在齊有二子, 長曰思魯, 次曰敏楚, 不忘本也. 之推集在, 思魯自爲序錄.

2. 《北史》文苑傳 顔之推傳

顔之推, 字介, 琅玡臨沂人也. 祖見遠, 父協, 並以義烈稱. 世善周官左氏學, 俱南史有傳. 之推年十二, 遇梁湘東王自講莊老, 之推便預門徒. 虛談非其所好, 還習禮傳, 博覽書史, 無不該洽, 辭情典麗, 甚爲西府所稱. 湘東王以爲其國右常侍, 加鎮西墨曹參軍. 好飲酒, 多任縱, 不修邊幅, 時論以此少之. 湘東遣世子方諸鎮郢州, 以之推爲中撫軍府外兵參軍, 掌管記. 遇侯景陷郢州, 頻欲殺之, 賴其行臺郎中王則以免. 景平, 還江陵. 時湘東即位, 以之推爲散騎侍郎, 奏舍人事. 後爲周軍所破, 大將軍李穆重之, 送往弘農, 令掌其兄陽平公遠西翰. 遇河水暴長, 具船將妻子奔齊, 經砥柱之險, 時人稱其勇決. 文宣見悅之, 即除奉朝請, 引於內館中, 侍從左右, 頗被顧眄. 後從至天泉池, 以爲中書舍人. 令中郎段孝信將敕示之推, 之推營外飲酒, 孝信還, 以狀言. 文宣乃曰:且停. 由是遂寢. 後待詔文林館, 除司徒錄事參軍. 之推聰穎機悟, 博識有才辯. 工尺牘, 應對閑明, 大爲祖珽所重, 令掌知館事, 判署文書, 遷通直散騎常侍, 俄領中書舍人. 帝時有取索, 恒令中使傳旨, 之推稟承宣告, 館中皆受進止. 所進文書, 皆是其封署, 於進賢門奏之, 待報方出, 兼善於文字, 監校繕寫, 處事勤敏, 號爲稱職. 帝甚加恩接. 爲勳要者所嫉, 嘗欲害之. 崔季舒等將諫也, 之推取急還宅, 故不連署. 及召集諫人, 之推亦被喚入, 勘無名得免. 尋除黃門侍郎. 及周兵陷晉陽, 帝輕騎還鄴, 窘急計無所從. 之推因宦者侍中鄧長顒進奔陳策, 仍勸募吳士千餘人, 以爲左右, 取青徐路共投陳國. 帝納之, 以告丞相高阿那肱等. 阿那肱不願入陳, 乃云吳士難信, 勸帝送珍寶累重向青州, 且守三齊地. 若不可保, 徐浮海南度. 雖不從之推策, 然猶以爲平原太守, 令守河津. 齊亡入周. 大象末, 爲御史上士. 隋開皇中, 召爲文學, 深見禮重. 尋以疾終. 有文集三十卷, 撰家訓二十篇, 並行於世. 之推在齊有二子, 長曰思魯, 次曰敏楚, 蓋不忘本也. 之推集, 思魯自爲序.

3. 淸, 文津閣『四庫全書』本 提要及辯證

《顔氏家訓》二卷(江西巡撫採進本)

舊本題北齊黃門侍郞顔之推撰. 考陸法言《切韻》序, 作於隋仁壽中, 所列同定八人, 之推與焉, 則實終於隋. 舊本所題, 蓋據作書之時也.

余嘉錫〈四庫總目提要辯證〉曰:「謹案:《北齊書》文苑傳有之推傳, 云: 『隋開皇中, 太子召爲學士, 甚見禮重. 尋以疾終.』《北史》文苑傳同.《陳書》文學阮卓傳云:『至德元年, 聘隋. 隋主夙聞其名, 遣河東薛道衡·琅玡顔之推等, 與卓談宴賦時.』《南史》文學傳略同. 然則之推終於隋, 史傳且有明文; 不知〈提要〉何以捨正史不引, 而必旁徵《切韻》也. 考《切韻》序末, 雖題大隋仁壽元年, 然其序云:『昔開皇初, 有儀同劉臻等八人, 同詣法言門宿. 夜氷酒闌, 論及音韻, 蕭·顔多所決定(蕭該·顔之推也), 魏著作(著作郞魏淵)謂法言曰:「向來論難處悉盡, 何不隨口記之?」法言卽燭下握筆, 略記綱紀. 十數年間, 未遑修集. 今返初服, 私訓諸弟子. 凡有文藻, 卽須明聲韻. 屏居山野, 交遊阻絶, 疑惑之所, 質問無從. 亡者則生死路殊, 空懷家作之歎; 存者則貴賤禮隔, 以報絶交之旨. 遂取諸家音韻, 古今字書, 以前所記者定之, 爲《切韻》五卷.』是則法言之書, 雖作於仁壽元年, 而其與之推等論韻, 實在開皇之初. 本傳云:『開皇中, 太子召爲學士, 尋以疾終.』法言亦有『亡者生死路殊』之語, 蓋之推卽卒於開皇時. (錢大昕《疑年錄》卷一云:「顔之推, 六十餘, 生梁中大通三年辛亥, 卒隋開皇中.」自注云:「本傳不書卒年, 據《家訓》序致篇云: 『年始九歲, 便丁荼蓼.』以《梁書》顔協卒年證之, 得其生年. 又終制篇云: 『吾已六十餘.』則其卒蓋在開皇十一年以後矣.」)〈提要〉乃云:『《切韻》序作於仁壽中, 所列同定八人, 之推與焉.』一若之推至仁壽時尚存者; 亦誤也.《切韻》序前所列八人姓名, 有內史顔之推(《古逸叢書》本作「外史」, 內史之官, 本傳不書.《史通》正史篇云:『齊天保二年勅祕書監魏收勒成一史, 成《魏書》百三十卷, 世薄其書, 號爲穢史. 至隋開皇, 勅著作郞魏澹, 與顔之推·辛德源,

更撰《魏書》，矯正收失，總九十二篇.』此亦之推入隋後逸事之可見者. 唐顏
眞卿撰《顏氏家廟碑》云：『北齊給事黃門侍郎・待詔文林館・平原太守・隋東
宮學士諱之推, 字介, 著《家訓》廿篇,《冤魂志》三卷,《證俗音字》五卷, 文集
卅一卷, 事具本傳.』(撰拓本, 亦見《金石萃編》卷一百一.) 又〈顏勤禮神道碑〉
亦云：『祖諱之推, 北齊給事黃門郎・隋東宮學士,《齊書》有傳.』(北碑僅見於
《集古錄》, 他家皆不著錄, 近時始復出土.) 敍之推官職, 皆與史合; 提要謂：
『舊本題北齊黃門侍郎, 爲據作書之時.』考《家訓》屢敍齊亡時事, 其〈終制篇〉
云：『先君先夫人, 皆未還建鄴舊由; 今雖混一, 家道罄窮, 何油辦此奉營經費.』
則《家訓》實作於隋開皇九年平陳之後.〈提要〉以爲作於北齊, 蓋未嘗一檢
原書, 姑以臆說耳. 顏眞卿所撰〈殷夫人顏氏碑〉云：『北齊黃門侍郎之推.』
(據拓本,「齊」字「推」字泐, 亦見《萃編》卷一百一) 與《家訓》署銜同.〈家廟碑〉
雖書隋官, 而下又云：『黃門兄之推』, 仍舉齊官爲稱; 豈非以之推在齊頗久,
且官位尊顯耶?《新唐書》顏籒傳云：『祖之推, 終隨黃門郎.』其以官黃門爲
隋時事固誤, 然亦可見從來舉之推官爵必署黃門矣.《隸釋》卷九〈司隸校尉
魯畯碑跋〉云：『漢人所書碑誌, 或以所重之官揭之. 司隸權尊而職淸, 非列校
可比; 亦猶馮緄捨廷尉而用車騎也.』余謂唐人之以黃門稱之推, 亦從所重
言之耳. 盧文弨補《家訓》趙曦明注〈例言〉曰：『黃門始任蕭梁, 終於隋代,
而此書向來惟題北齊, 唐人修史, 以之推入《北齊書》文苑傳中. 其子思魯旣
纂其父之集, 則此書自必亦經整理, 所題當本其父之志.』此言是也. 然則此
書之題北齊黃門侍郎, 不關作書之時, 亦明矣.」

　　陳振孫《書錄解題》云：「古今家訓, 以此爲祖; 然李翺所稱太公家教, 雖屬
僞書, 至杜預家誡之類, 則在前久矣. 特之推所撰, 卷帙較多耳.」

　　余氏辨證曰：「案: 李翺《文公集》卷六〈答朱載言書〉云：『其理往往有是者,
而詞意不能工者, 有之矣. 劉氏《人物志》・王氏《中說》・俗傳《太公家教》
是也.』并未嘗指爲齊之太公所作, 更未言其眞僞,〈四庫〉旣不著錄, 作〈提要〉
者未見其書, 何從知其爲僞書耶? 宋王明淸《玉照新志》卷三云：『世傳《太公

家教》, 其書極淺陋鄙俚, 然見之唐李習之《文集》, 至以《文中子》爲一律, 觀其中猶引周・漢以來事, 當是有唐村落間老校書爲之. 太公者, 猶曾高祖之類, 非謂渭濱之師臣明矣.』然則此所謂太公, 并非呂望, 宋人辨之甚明, 〈提要〉不考, 而以爲僞書, 誤矣. 考《八旗通志》阿什坦傳云:『阿什坦翻譯《大學》・《中庸》・《孝經》及《通鑑總論》・《太公家敎》等書刊行之. 當時翻譯者, 咸奉爲準則. 卽僅通滿文者, 亦得藉爲考古資.』是其書淸初尙存, 其後不知何時佚去. 宣統間, 敦煌石室千佛洞發現古寫本書中, 有《太公家敎》一卷, 上虞羅氏得之, 影印入〈鳴沙石室古佚書〉中, 其書開卷卽云:『代(此句上缺五字), 長値危時. 望鄕失土, 波迸流離, 只欲隱山居住, 不能忍凍受飢, 只欲揚名後代, 復無晏嬰之機, 才輕德薄, 不堪人師, 徒消人食, 浪費人衣, 隨緣信業, 且逐時之隨. 輒以討其墳典, 簡擇《詩》・《書》, 依傍經史, 約禮時宜, 爲書一卷, 助幼兒童, 用傳於後, 幸願思之.』觀其自序, 眞王明淸所謂『村落間老校書』也, 何嘗有僞託古人之意哉? 王國維跋云(在本卷後, 亦見《觀堂集林》卷二十一):『原書有云:「太公未遇, 釣漁水, (原注:「『水』上疑脫『渭』字.」) 相如未達, 賣卜於市, 口天(嘉錫案:「此字似脫上半, 恐非『天』字.」)居山, 魯連海水, 孔鳴(原注:「『明』字之誤.」)盤桓, 候時而起.」書中所用古人事止此, 或後人取太公二字冠其書, 未必如王仲言曾高祖之說也.』嘉錫案: 古人摘字名篇, 多取之第一句, 否則亦當在首章之中. 今王氏所引, 在其書之後半, 未必摘取以名其書. 且其前尙有『唐・虞雖聖, 不能化其明主; 微子雖賢, 不能諫其暗君: 比干雖惠, (「惠」字疑是「忠」字之誤)不能自免其身』云云, 亦是用古人事, 不獨太公數句也. 名書之意, 仍當以王明淸說爲是. 要之, 無論如何, 絕非僞託爲齊太公所撰, 則可斷言也.』

　　晁公武《讀書志》云:「之推本梁人, 所著凡二十篇, 述立身治家之法, 辨正時俗之謬, 以訓世人.」今觀其書, 大抵於世故人情, 深明利害, (器案: 此絕似紀昀語, 於所評黃叔琳〈節鈔〉本中數見不鮮, 則此〈提要〉, 或出其手.)而能文之以經訓, 故《唐志》・《宋志》俱列之儒家. 然其中〈歸心〉等篇, 深明因果,

不出當時好佛之習；又兼論字畫音訓，竝考正典故，品第文藝，曼衍旁涉，不專爲一家之言，今特退之雜家，從其類焉．又是書《隋志》不著錄，《唐志》·《宋志》俱作七卷，今本止二卷，錢曾《讀書敏求記》載有宋鈔淳熙七年嘉興沈揆本七卷，以閩本·蜀本及天台謝氏所校五代和凝本參定，末附考證二十三條，別爲一卷，且力斥流俗幷爲二卷之非．今沈本不可復見，(器案：明萬曆間何鎧刊〈漢魏叢書〉，卽用七卷本，清唐熙間武林何允中覆刻之，稱爲〈廣漢魏叢書〉，此非罕見之書，何云不可復見也!) 無由知其分卷之舊，姑從明人刊本錄之．然其文旣無異同，則卷帙分合，亦爲細故．惟《考證》一卷，佚之可惜耳．」

Ⅱ. 역대 서발

1. 宋本《顔氏家訓》序傳 ·· 繆鉞

　　北齊黃門侍郞顔之推, 學優才贍, 山高海深. 常雌黃朝廷, 品藻人物, 爲書七卷, 式範千葉, 號曰《顔氏家訓》. 雖非子史同波, 抑是王言蓋代. 其中破疑遣惑, 在廣雅之石; 鏡賢燭愚, 出《世說》之左. 唯較量佛事一篇, 窮理盡性也. 余曾於官舍, 論公製作弘奧. 衆或難余曰: 「小小者耳, 何是爲懷?」余輒請主人紙筆·便錄擘(烏煥反)·撏(宣)·䵎(歲)·藭(藥)·猲(鑠)·嬫(於計反)·㦲(剡)·㢋(移)·㠀(疋來反)等九字以示之, 方始驚駭. 余曰: 「凡字以詮義, 字猶未識, 義安能見? 旋云小小, 頗亦忽忽.」衆乃謝余, 令爲解識. 余遂作音義以曉之, 豈慚《法言》之論, 定卽定矣; 實愧孫炎之侶, 行卽行焉云爾. (序中「王言」義未詳.)

　　盧文弨曰: 「此序宋本所有, 不著撰人, 比擬多失倫, 行文亦武法, 今依宋本校正, 卽不便棄之. 有疑『王言蓋代』, 未詳所出者. 案:《家語》有王言解, 或用此矣.」

　　器案:《家語》王言解係襲《大戴記》王言篇, 宋本《大戴記》「王言」譌「主言」;《管子》亦有王言篇, 今佚.

宋本校刊名銜

鄕貢士州學正	林憲	同校
迪功郞司戶參軍	趙善悳	監刊
從事郞特添差軍事推官	錢慶祖	
從事郞軍事推官	王栴	
承直郞軍事判官	崔曷	

迪功郎州學教授	史昌祖	同校
承議郎添差通判軍州事	樓鑰	
朝請郎通判軍州事	管銳	
朝請郎權知台州軍州事	沈揆	

錢大昕《竹汀先生日記鈔》一:「讀《顏氏家訓》, 淳熙刊本凡七卷, 前有序一篇, 不題姓名, 當是唐人手筆. 後有淳熙七年二月沈揆跋(云去年春來守天台郡), 及《攷證》一卷; 後列『朝奉郎權知台州軍州事沈揆‧朝請郎通判軍州事管銳‧承議郎添差通判軍州事樓鑰‧迪功郎州學教授史昌祖同校』; 又有『監刊』‧『同校』諸人銜, 皆以左爲上, 蓋台州公庫本也. 而前序後又有長記云:『廉台田家印』, 則是宋槧元印, 故于宋諱間有不缺筆者耳.」

又《十駕齋養新錄》十四:「《顏氏家訓》七卷, 前有序一篇, 不題姓名, 當是唐人手筆. 後有淳熙七年二月沈揆跋. 又有《攷證》一卷, 後列『朝奉郎權知台州軍州事沈揆‧朝請郎通判軍州事管銳‧承議郎添差通判軍州事樓鑰‧迪功郎州學教授史昌祖同校』, 又有『監刊』‧『同校』諸人銜, 皆以左爲上, 蓋台州公庫本也. 淳熙中, 高宗尚在德壽宮, 故卷中『構』字, 皆注『太上御名』而關其文. 前序後有墨長記云:『廉台田家印.』宋時未有廉訪司, 元制乃有之; 意者, 元人取淳熙本印行, 間有修改之葉, 則于宋諱不避矣.」

孫星衍宋刻本《顏氏家訓》跋:「此即宋嘉興沈揆本, 錢曾但得其鈔本, 錄入《讀書敏求記》. 〈四庫全書〉載明刻二卷本, 當時求宋本未得也. 前代列此書於儒家, 國朝因其〈歸心篇〉不出當時好佛之習, 退之雜家, 衡鑑之公, 上符睿斷; 惜纂書時未進此本, 他時擬彙以上呈, 謹記於後.」

又:「過南陽湖舟覆, 載舟數十籠俱沈溼, 但如此本, 顧千里告余:『何義門家藏書, 亦皆沈水者.』此有義門跋, 蓋兩經水厄矣. 序文不知何人所作. 近有仿宋刊本, 款式悉相同, 惟版較小, 亦精本也.」(《戊寅叢編》)

2. 宋本《顔氏家訓》跋 ·· 沈揆

　　顔黃門學殊精博. 此書雖辭質義直, 然皆本之孝弟, 推以事君上, 處朋友鄉黨之間, 其歸要不悖六經, 而旁貫百氏. 至辯析援證, 咸有根據; 自當啓悟來世, 不但可訓思魯・愍楚輩而已. 揆家有閩本, 嘗苦篇中字譌難讀, 顧無善本可讎. 比去年春, 來守天台郡, 得故參知政事謝公家藏舊蜀本; 行間朱墨細字, 多所竄定, 則其子景思手校也. 迺與郡丞樓大防取兩家本讀之, 大氐閩本尤謬誤:「五皓」實「五白」, 蓋「博名」而誤作「傳」;「元歎」本顧雍字, 而誤作「凱」;「喪服經」自一書, 而誤作「経」; 馬牝曰「騍」, 牡曰「騭」, 而誤作「驔駱」. 至以「吳趨」爲「吳越」,「桓山」爲「恆山」,「僮約」爲「童幼」, 則閩・蜀本實同. 惟謝氏所校頗精善, 自題以五代宮傅和凝本參定, 而側注旁出, 類非取一家書. 然不正「童幼」之誤; 又秦權銘文「則」實古「則」字, 而謝音制, 亦時有此疏舛; 讎書之難如此. 於是稍加刊正, 多采謝氏書, 定著爲可傳. 又別列《攷證》二十有三條爲一卷, 附於左. 若其轉寫甚譌與音訓辭義所未通者, 皆存之, 以俟治聞君子. 淳熙七年春二月, 嘉興沈揆題.

　　(案:《中興館閣續錄》七:「沈揆, 字虞卿, 嘉興人, 紹興三十年梁克家榜進士出身. 治書. 淳熙十一年十一月除, 十四年五月爲祕閣修撰・江東運判.」《赤城志》九:「淳熙六年正月二十三日, 沈揆以朝奉郎知嘉興, 人號儒者之政. 官至禮部侍郎, 七年十二月一日召.」《文淵閣書目》十:「沈虞卿《野堂集》一部(二冊完全).」桑世昌《蘭亭考》六審定上有沈揆文. 俞松《蘭亭續考》一有沈虞卿題二首, 紹熙壬子仲冬四日揆題一首, 檇李沈揆題二首, 又紹興癸丑正月十日書於姑蘇郡齋一首. 勞格《讀書雜識》卷十一宋人有考.

　　錢遵王《讀書敏求記》卷三:「《顔氏家訓》七卷.《顔氏家訓》流俗本止二卷, 不知何年爲妄庸子所殽亂, 遂令舉世罕覩原書. 近代刊行典籍, 大都率意剜改, 俾古人心髓面目, 晦昧沈錮於千載之下, 良可恨也. 嗟嗟, 秦火之後, 書亡有二,

其毒甚於祖龍之炬: 一則蒙師之經解, 逞私說, 憑臆見, 專門理學, 人自名家,
漢唐以來諸大儒之訓詁注疏, 一概漫置不省, 經學幾幾乎滅熄矣. 一則明朝
之帖括, 自制義之業盛行, 士人專攻此以取榮名利祿,《五經旁訓》之外, 何從
又有九經‧十三經? 而況四庫書籍乎! 三百年來, 士大夫劃肚無書, 撑腸少字,
皆制義誤之, 可爲痛惜者也. 是書爲宋人名筆所錄, 淳熙七年嘉興沈揆取閩本‧
蜀本互爲參定, 又從天台故參知政事謝公所校五代和凝本辨析精當, 後列
《考證》二十三條爲一卷. 沈君學識不凡, 讐勘此書, 當時稱爲善本, 兼之繕
寫精妙, 古香襲人, 置諸几案間, 眞奇寶也.」)

(案:《愛日精廬藏書志》卷二十一所著錄舊鈔本, 即據宋本鈔.)

3. 宋 呂祖謙雜說 ································· 呂祖謙

《顔氏家訓》雖曰平易, 然出於胸臆, 故雖淺近, 而其言有味, 出於胸臆者, 語意自別.(《呂東萊先生遺集》卷二十)

4. 明 嘉靖 甲申 遼陽傅氏(太平)刻本

《顏氏家訓》序 ⋯⋯⋯⋯ 張璧

　　史璧曰：書靡範，曷書也？言靡範，曷言也？言書靡範，雖聯篇縷章，贅焉亡補. 乃北齊顏黃門《家訓》，質而明，詳而要，平而不詭. 蓋序致至終篇，罔不折衷今古，會理道焉，是可範矣. 璧少時，家君東軒公嘗授引爲訓，俾知嚮方. 顧其書雖晦菴《小學》間見一二，然全帙寡傳，莫獲考見. 頃得中祕本，手自校錄. 適遼陽傅太平以報政來，就予索古書，予出之觀，且語之故. 太平曰：「吾志也. 是惡可弗傳諸？」亟持歸刻焉. 夫振古渺邈，經殘教荒，馴至于今，變趨愈下. 豈典範未嘗究耶？孰謂古道不可復哉？乃若書之傳，以褆身，以範俗，爲今代人文風化之助，則不獨顏氏一家之訓乎爾！茲太平刻書之意也. 太平名鑰，以司諫作郡，有治行，今爲浙江副使. 嘉靖甲申夏六月望吉. 賜進士出身翰林院侍講承德郎經筵國史官南郡陽峯張璧序.

　　（案：是本分上下卷，大題下題「北齊黃門侍郎顏之推撰，明蜀榮昌後學冷宗元校」. 考明敬思堂刊本《白虎通德論》二卷，新都兪元符重校，書前有刻《白虎通》序云：「予寅長遼陽傅公希準，乃正其誤而刻之；太平可謂文以飭史，而爲用世之通儒也夫！公名鑰，以給諫出守，得士民心，而名位功業殆未涯云. 後學蜀昌冷宗元序.」據比，則傅太平且刻有《白虎通德論》，亦冷宗元爲之序也. 兪元符所刻之《白虎通德論》，卽據其本，故稱「重校」云.）

5. 明, 萬曆 『顔嗣愼刻本』序跋,
《重刻顔氏家訓》序 ·················顔嗣愼

嘗聞之: 三代而上, 敎詳於國; 三代而下, 敎詳於家. 非敎有殊科, 而家與國
所繇異道也. 蓋古到隆之世, 自國都以及鄕遂, 靡不建學, 爲之立官師, 辨時物,
布功令, 故民生不見而異物, 而胥底於善. 彼其敎之國者, 已粲然詳備. 當是時,
家非無敎, 無所庸其敎也. 迫夫王路陵夷, 禮敎殘闕, 悖德覆行者, 接踵於世;
于是爲之親者, 恐恐然慮敎勑之亡素, 其後人或納於邪也, 始丁寧飭誡, 而家訓
所由作矣. 斯亦可以觀世哉!《顔氏家訓》二十篇, 黃門侍郎顔公之推所撰也.
公閱天下義理多, 以此式穀諸子, 後世學士夫亟稱述焉. 顧刻者訛誤相襲,
殊乏善本. 公裔孫翰博君嗣愼, 重加釐校, 將託梓以傳, 迺來問序. 余手是編
而三歎, 蓋歎顔氏世德之遠也. 昔孔子布席杏壇之上, 無論三千, 卽身通六
藝者, 顔氏有八人焉. 無論八人, 卽杞國・克國父子, 相率而從之游, 數畝之
田不暇耕, 先人之廬不暇守, 贏糧于齊・楚・宋・衛・陳・蔡之郊, 艱難險阻,
終其身而未嘗舍. 意其家庭之所敎詔, 父子之所告語, 必有至訓焉, 而今不及
聞矣. 不然, 何其家之同心慕誼如此邪? 嗣後淵源所漸, 代有名德, 是知家訓
雖成於公, 而顔氏之有訓, 則非自公始也. 乃公當梁・齊・隋易代之際, 身嬰
世難, 間關南北, 故幽思極意而作此編, 上稱周・魯, 下道近代, 中述漢・晉,
以刺世事. 其識該, 其辭微, 其心危, 其慮詳, 其稱名小而其指大, 擧類邇而見
義遠. 其心危, 故其防患深; 其慮詳, 故繁而不容自己. 推此志也, 雖與〈內則〉
諸篇並傳可也. 或因其稍崇極釋典, 不能無疑. 蓋公嘗北面蕭氏, 飫其餘風;
且義主諷勸, 無嫌曲證, 讀者當得其作訓大旨, 玆固可略云. 昔子思居衛, 衛人
曰:「愼之哉! 子聖人之後也, 四方于子乎觀禮.」顔氏爲復聖後, 而翰博君提
身好禮, 蓋能守家訓者; 乃猶以遏佚爲懼, 汲汲欲廣其傳. 余由此信顔氏之裔,
無復有失禮, 而足爲四方觀矣. 傳不云乎:「國之本在家.」「人人觀其親・長其
長而天下平.」若是, 則《家訓》之作, 又未始無益於國也. 萬曆甲戌仲秋之吉.
翰林國史修撰新安張一桂稚圭甫書.

兹《家訓》一書, 予先祖復聖顏子三十五代孫北齊黃門侍郎之推撰也. 自唐·宋以來, 世世刊行天下.

迨我聖朝成化年間, 建寧府同知程伯祥, 通判羅春等, 嘗命工重刊, 但未廣其傳耳. 今予幸生六十四代宗嫡, 叨襲翰林博士, 竊念此刻誠吾家之天球河圖也, 罔敢失墜, 遂夙謁張公玉陽, 于公谷峯乞敍其始末, 將繡梓以共天下. 觀者誠能擇其善者, 而各教于家, 則訓之爲義, 不特曰顏氏而已. 峕萬曆三年, 歲次乙亥, 孟春之吉. 復聖六十四代嫡孫世襲翰林院博士不肖嗣慎頓首謹識. (以上二首, 載原書之首.)

是書歷年旣久, 翻刻數多, 其間字畫, 頗有差謬. 今據諸書, 暨取證於先達李蘭皋諸公. 尤有未盡, 姑闕以俟知者. (以上載原書之末.)

(案: 是本分上下二卷, 上卷大題下題「北齊黃門侍郎顏之推撰, 建寧府同知績溪程伯祥刊」, 下卷大題下題「北齊黃門侍郎顏之推撰, 建寧府通判廬陵羅春刊」.)

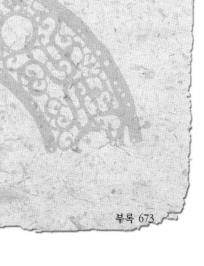

6. 明, 萬曆 『顔嗣愼刻本』序跋,

《顔氏家訓》後敍 ┄┄┄┄于愼行

余觀《魯顔氏世諜記》, 自復聖之先, 有爵邑於國者, 固十數世矣. 迨素王作, 及門之徒, 顔氏八人焉, 斯已盛矣. 其後歷晉・宋・隋・唐千餘年, 名人碩士, 垂聲實載籍者, 固不可勝數; 北齊顔之推, 其著者也. 語曰:「芝草無根, 醴泉無源.」豈然哉! 侍郎博雅閎達, 爲六朝人望, 所著書甚衆, 其逸或不傳, 顧獨有《家訓》二十篇. 翰林博士顔君, 今所爲奉復聖祀者也, 雅重其家遺書, 顔此編無藏者. 而魯望洋王孫故好積書, 嘗購得一帙. 博士君造其門請觀, 迺其故本, 多闕不可讀, 博士奉而藏焉, 又懼其逸也, 於是重加校定, 梓之其家以傳. 甲戌秋入賀詣闕下, 以觀于子曰:「此吾家天球赤刀也, 願子綴之一言.」于子受卒業, 嘅曰:「嗟淵哉渢渢乎, 其有先賢之遺耶! 非令德之後, 言固不能若是. 然其說著者, 先儒各往往采摭之矣. 未其言閫以內, 原本忠義, 章敍內則, 是敦倫之矩也; 其上下今古, 綜羅文藝, 類辨而不華, 是博物之規也; 其論涉世大指, 曲而不詘, 廉而不劌, 有《大易》・《老子》之道焉, 是保身之詮也; 其撮南北風土, 儔俗具陳, 是考世之資也. 統之, 有關於世教, 其粹者考諸聖人不繆, 儒先之慕用其言, 豈虛哉? 然予嘗竊怪侍郎, 當其時, 大江以南, 踵晉・宋遺風, 學士大夫, 操盈尺之簡, 日夜雕畫其中, 窮極綺麗, 卽有談說先王, 則裂眥扼腕, 塞耳而不願聞. 江以北, 故胡也, 民控弦椎髻, 王公大人, 擁氈裘飮酪者居什五; 卽士流名裔, 且將裂冠而從之. 此何時也! 侍郎故遊江南, 已又栖遲關・洛之間, 乃能不沒溺于俗, 而秉禮樹風, 以準繩榘籞, 脩之于家, 不隕先世之聲問, 豈不超然風氣之外者哉? 然余竊又以悲其不遇焉. 以彼其材, 毋論得遊聖人之門, 藉令遭統一之主, 深謀朝廷, 矩範當世, 卽漢世諸儒, 何多讓焉, 然而播越戎馬, 羈旅秦・吳, 朝綰一紱, 夕更一綬, 其志何悲也! 夫河自龍門・砥柱而下, 天下之水皆河也, 濟獨以一葦之流, 橫貫其中, 淸濁可望而辨. 夫濟固不能不河也, 然無失其濟固難矣, 侍郎之所遭則是哉! 昔虞卿去趙, 困于梁, 不得意, 乃著書以自見. 故虞卿非羈旅, 其言不傳. 侍郎倘亦其指與? 抑以察

察之跡, 而浮遊世之汶汶, 固將有三閭大夫之憤而莫宣耶! 恨不見其全書,
使其志沕沒而不章, 竊又以悲其不傳也. 侍郎子若孫, 則思魯・師古, 並以文雅
著名; 其後眞卿・杲卿兄弟, 大節皎皎如日星, 至今在人耳, 斯又聖賢之澤也.
然謂非垂訓之力, 烏乎可哉? 博士名嗣愼, 兗國六十四代裔孫, 醇雅而文,
通達世故, 能世其訓者也. 梓不漫矣. 萬曆甲戌季秋望日, 賜進士翰林院脩
撰承務郎同脩兩朝國史魯人于愼行謹敍.

7. 明, 程榮 『漢魏叢書本』序跋,

《顔氏家訓》序 ·················顔志邦

昔我皇祖迪哲, 垂範立訓, 有典有則, 以貽子孫. 子孫克遵厥訓, 明徵定保, 至於今有成法. 予小子欽念哉! 粵我皇祖邁種德: 在齊有黃門侍郎公, 在唐有魯國常山公, 在宋有潭州安撫公, 文章節義, 昭回於天壤, 揚耿光而垂休裕, 用大庇於我後人. 而黃門公所著《家訓》, 迪我後人德業尤切, 子孫靈承厥志, 曰惟我祖之德, 是彝是訓, 罔敢遏佚前人光, 兹予其永保哉! 自時厥後, 寖微寖昌, 子孫有弗若厥訓, 亦弗克保厥家, 則訓教之不立也. 凡民性非有恆, 善惡罔不在厥初; 圖惟厥初, 莫先教訓. 詩曰:『螟蛉有子, 果蠃負之. 教誨爾子, 式穀似之.』言子必用教, 教必用善也. 教之以善, 猶懼弗率, 況導之以不軌不物, 俾惟慆淫是卽, 其何善之有? 故子之在教也, 猶金之有鎔, 水之有源也; 鎔正則正, 源清則清, 弗可改世已! 我黃門祖恭立厥訓, 佑啓後人; 後人有弗獲覿厥訓, 以閑於有家, 若瞽之無相, 伥伥乎其曷所底止哉? 邦大懼祖德之克宣, 子孫之弗迪也, 爰求《家訓》善本, 重鋟諸梓, 俾子孫守焉. 是本乃宗人如環同知蘇州時所刻, 婁江王太史萬書閣所藏, 而出以示余. 維時余緝家譜, 未獲《家訓》全書, 竊以爲憾. 兹得之如獲拱璧. 厥惟我顔氏之文獻乎! 子孫如是乎有徵焉, 罔或失墜, 則我顔氏忠義之家風, 與《家訓》俱存而不泯. 兹刻也, 維清熙, 迄用有成, 惟我顔氏之禎祥也, 豈曰小補之哉? 萬曆戊寅季冬, 茶陵平原派三十四代孫顔志邦書於東海佐儲公署.

8. 明, 程榮 『漢魏叢書本』序跋,

《顏氏家訓》序 ·················翁廣烈

《家訓》二十篇, 自吾黃門侍郎祖始著, 去今蓋九百餘年, 失傳已久. 吾弟四會掌教士英, 嘗有志訪刻而未遂, 以囑其子如瓚. 正德戊寅, 如瓚同知蘇州之三年, 獲全本重校刊之, 既自識其後矣, 復以書來請曰:「祖訓重刊, 首序非異人任, 吾伯父其成之!」謹按: 侍郎既著是訓, 繼而其子諱思魯, 以博學善屬文, 官至校書東宮學士; 愍楚直內史; 遊秦校祕閣; 再傳至虁府長史贈虢州剌史諱勤禮 · 弘文館學士師古 · 相時 · 司經校定經史育德, 三傳至侍讀曹王屬贈華州剌史諱昭甫, 以至濠州剌史贈秘書監元孫 · 暨通議大夫贈國子祭酒太子少保諱惟眞, 遂生我魯國公諱眞卿 · 常山太守杲卿 · 與夫司丞春卿 · 淄川司馬曜卿 · 胤山令旭卿 · 犍爲司馬茂曾 · 杭州參軍缺疑, 金鄉男允南 · 富平尉喬卿 · 左清道兵曹幼輿 · 荊南行軍允臧; 其後復生彭州司馬威明昆季, 佐父破土門, 同時爲逆胡所害者八人. 建中改元, 魯國遷秩之際, 子姪同封男子亦八人. 又其後魯國五世孫諱翊, 爲台州招討使, 詡爲永而新令, 是皆奕葉重光, 聯芳並美, 顏氏於斯爲盛. 謂非《家訓》所自, 不可也. 自是而後, 歷宋而元, 仕籍雖不乏, 而彰顯不逮前, 豈非《家訓》失傳之故歟? 追入國朝, 文廟靖內難時, 沛縣令伯瑋父子死忠, 則我招討使之後自永新徙廬陸之派者也. 其猶有魯國 · 常山之餘烈, 而得《家訓》之墜緒乎! 乃今如瓚克繼父志, 是訓復續, 意者天將復興顏氏乎!《書》曰:『母忝爾祖, 聿修厥德.』《易》曰:『積善之家, 必有餘慶.』顏氏之子若孫, 其遵承是訓, 而脩德積善, 則前日之盛, 未必不可復也. 是固吾弟若姪之所願望者也. 是爲序. 正德戊寅冬十二月丙寅. 前睢寧學諭八十五翁廣烈拜手謹序. (案: 以上二首見卷首.)

9. 明, 程榮 『漢魏叢書本』序跋,

《顏氏家訓》後序 ....如瓃

　　如瓃齠年時, 受小學於先君, 習句讀, 至《顏氏家訓》, 請曰:「豈先世所遺? 何不授全書?」先君笑曰:「童子能知問此, 可敎矣. 此北齊黃門侍郎祖諱之推所著, 世遠書亡, 家藏宋本, 篇章斷缺. 吾每留意訪求全本弗獲; 汝能讀書成立, 它日求諸好古積書之家, 當必得之.」又曰:「侍郎祖五世生魯國公諱眞卿‧常山太守諱杲卿, 並以忠義大顯于唐, 世居金陵. 魯國五世生永新今諱詡, 與弟招討使諱詡, 因家永新. 招討十二世生祖諱子文, 又自永新徙居安福, 流傳至今. 自吾去魯國, 蓋二十七世, 去侍郎, 蓋三十一世, 具載家譜可考. 此書苟得, 其重刻之, 以承先志, 以貽子孫, 母忽!」如瓃謹識不敢忘. 旣而宦遊南北, 雖嘗篤意訪求, 亦弗獲. 正德乙亥, 自陝州轉宦姑蘇, 遍訪始得宋董正工續本于都太僕玄敬, 繼得宋刻抄本于皇甫太守世庸, 乃合先君所藏缺本, 參互校訂, 而是訓復完. 因命工重刻以傳, 蓋庶幾少副先君遺志, 而於顏氏之後, 或有裨焉.〈序致〉篇曰:「非敢軌物範世也, 業以整齊門內, 提撕子孫.」如瓃仰述先君重刻之意, 亦此意也. 爲顏氏子孫者, 其尙愼行之哉! 正德戊寅冬十月望日. 如瓃謹識.

10. 明, 程榮 『漢魏叢書本』序跋,

《顔氏家訓》小跋 ·········顔志邦

余, 楚産也. 《家訓》, 楚未有刻也. 雖散見諸書旁引, 而恆以不獲全書爲憾.
余倅東倉, 迎家君至養. 時王太史鳳洲翁以詩贈, 有「家訓傳來舊姓顔」之句,
因走弇山園以請, 迺出是書, 如獲拱璧. 閱之, 則前以戊寅刻, 以今又以戊寅
遘也. 如環其有以俟我乎! 奇矣! 奇矣! 王太史旣出是訓, 又貽余以家廟碑,
而爲之跋. 他日請余《家譜》, 又云:「《家訓》未列諸顔及杲卿傳.」而屬余以梓.
太史公之益我顔氏, 亦遠矣哉! 因奉命鋟諸梓, 以淑來奇, 以永保太史相成
之意云. 崑萬曆戊寅季冬. 茶陵顔志邦又言.

11. 明, 程榮『漢魏叢書本』序跋,
《重刊顏氏家訓》小引 ··········顏陽星

星兄弟每侍先人側, 先人必擧黃門祖《家訓》提撕星兄弟曰:「兒輩當以聖賢自命, 黃門祖《家訓》, 所以適於聖賢之路也. 世間無操行人, 口誦經史, 擧足便差; 總由游心千里之外, 自家一個身子, 都無交涉, 猖狂齷齪, 慚負天地, 斷送形骸, 可爲寒心哉! 黃門祖《家訓》僅二十篇, 該括百行, 貫穿六藝, 寓意極精微, 稱說又極質樸. 蓋祖宗切切婆心, 諄諄誥誡, 迄今千餘年, 只如當面說話, 訂頑起懦, 最爲便捷. 兒輩於六經子史, 豈不當留心? 但『同言而信, 信其所親; 同命而行, 行其所服』, 黃門祖於《家訓》篇首, 曾揭是說, 以引誘兒孫矣. 今日親聽祖宗說話, 便要思量祖宗是如何期望我, 我如何無憾于祖宗; 悚敬操持, 不徒作語言文字觀, 則六經子史, 皆《家訓》註脚也. 念之! 念之!」又曰:「兒輩得讀《家訓》不容易! 《家訓》我世世寶之. 正統間, 思聰公曾經校刊, 以授兒孫. 無如兵燹之餘, 散軼頗多, 苦無善本. 戊午春, 坐徐認齋書屋, 抽架上得《家訓》全集, 喜心翻淚; 又以中多訛舛, 攜至京師, 獲與東魯學山先生, 參互攷訂, 手錄成編, 乃得與兒輩共讀之. 目前艱於梨棗, 待我纂修通譜時, 重刻譜端, 俾我顏氏一家人, 各各奉爲寶訓, 以無忝厥祖志可也. 念之! 念之!」嗚呼! 先人言猶在耳也. 奈何竟齎志以沒哉! 余小子風木增悲, 堂構滋愧, 先人欲成未成之志, 余小子未克負荷者多矣, 重刻《家訓》, 遑敢遏佚哉! 歲辛卯, 綜脩《通譜》, 自沔水走吉郡數千里, 伯叔昆季出如環公同知蘇州時所得《家訓》全集, 後爲吉人公三修譜牒內重加校刊一帙擧似余, 證驗符同, 相得益彰, 迺命梓人將魯公朝《事實》,《文集》及《東魯陋巷志》, 俱行刊刻, 與《家訓》同列譜端. 星願環家人相與悚敬操持, 不徒作語言文學觀, 以自棄於聖賢之外. 此先人志, 卽黃門祖志也. 當今上御極之五十年, 歲在辛卯. 三十九裔楚沔陽星識.

(案: 此爲康熙十五年.)

12. 明, 程榮 『漢魏叢書本』序跋,

三刻黃門《家訓》小引 ………顏思聰

　　記有之:「太上立德, 其次立功, 其次立言.」則立言似爲末務矣. 嗟乎,
立言豈易哉! 彼夫掞藻摛華, 引商刻羽, 非勿工麗也, 長江大河, 一瀉千里,
非勿博大也, 尺牘寸楮, 短兵犀利, 非勿遒勁也; 然而不出風雲之狀, 盡皆月露
之形, 無益於當時, 莫裨於後世, 言之者雖爲得意, 聞之者未足爲戒也. 若我
三十五世祖黃門子介公之《家訓》則不然, 惟恐後人或懈於克己復禮之功,
或愆於視聽言動之準; 故不惜繁稱博引之諄諄, 庶幾動有法, 守克馴, 至於
道耳. 顧或者曰:《易》奇而法,《詩》正而葩,《春秋》謹嚴,《左氏》浮夸,《尙書》
則紀政治也,《戴記》則明經典(原誤「曲」)也, 誰則非訓萬世者, 公之爲此,
不亦贅乎? 而不知非也. 六經之文, 非不本末兼該, 大小具備; 而詞旨深遠,
義理蘊奧, 必文人學士, 日親師友之講論, 始能通之. 若公之爲訓, 則自鄉黨
以及朝廷, 與夫日用行習之地, 莫不有至正之規, 至中之矩; 雖野人女子, 走卒
兒童, 皆能誦其詞而知其義也. 是深之可爲格致誠正之功者, 此訓也; 淺之
可爲動靜語默之範者, 此訓也; 誰不奉爲暮鼓晨鐘也哉? 古所稱立言不朽者,
其在斯與! 其在斯與! 時嘉慶丁丑廿二年仲春月吉旦, 潙寧四十三派孫邦城
謹識. 嗣孫邦特·邦輝·邦耀·懷德·邦昱·振泗·邦屛同刊.

13. 淸, 朱軾 『評點本』《顔氏家訓》序 ·····················朱軾

　始吾讀顔侍郎《家訓》, 竊意侍郎復聖裔, 於非禮勿視·聽·言·動之義庶
有合, 可爲後世訓矣, 豈惟顔氏寶之已哉? 及覽〈養生〉·〈歸心〉等(《朱文
端公集》卷一載此序「等」作「二」)篇, 又怪二氏樹吾道敵, 方攻之不暇, 而附
會之, 侍郎實忝厥祖, 欲而垂訓可乎? 雖然, 著書必擇而後言, 讀書又言無不擇.
軾不自量, 敢以臆見, 逐一評校, 以滌瑕著媺, 使讀者黜其不可爲訓而寶其可
爲訓, 則侍郎之爲功於後學不少矣. 康熙五十八年冬至日, 高安後學朱軾序.

14. 清, 黃叔琳刻『顏氏家訓節鈔本』

《顏氏家訓節鈔》序 ······黃叔琳

人之愛其子孫也, 何所不至哉! 愛之深, 故慮焉而周; 慮之周, 故語焉而詳. 詳於口者, 聽過而忘, 又不如詳於書者, 足以垂世而行遠, 此《家訓》所爲作也. 然歷觀古人詔其後嗣之語, 往往未滿人意. 叔夜《家誡》, 骯骰逢時, 已絶巨源交, 而又幸其子之不孤; 淵明責子, 付之天理, 但以杯中物遣之; 王僧虔慮其子不曉言家口實; 徐勉屑屑以田園爲念; 杜子美云「詩是吾家事」,「熟精《文選》理」, 其末已甚; 卽卓犖如韓退之, 亦惟以公相潭府之榮盛, 利誘其子, 而未及於道義. 彼數賢者, 豈慮之不周, 語之不詳哉? 識有所不足, 而愛有所偏狥故也. 余觀《顏氏家訓》廿篇, 可謂度越數賢者矣. 其誼正, 其意備. 其爲言也, 近而不俚, 切而不激. 自比於傅婢寡妻, 而心苦言甘, 足令頑秀並遵, 賢愚公曉. 宜其孫曾數傳, 節義文章, 武功吏治, 繩繩繼起, 而無負斯訓也. 惟〈歸心〉篇闡揚佛乘, 流入異端; 〈書證〉篇·〈音辭〉篇, 義瑣文繁, 有資小學, 無關大體; 他若古今風習不同, 在當日言之, 則切近於事情, 由今日視之, 爲閒談而無當. 不揣謭陋, 重加決擇, 薙其冗雜, 掇其菁英, 布之家塾, 用啓童蒙. 蘇子瞻云:「藥雖進於醫手, 方多傳於古人. 若已經效於世間, 不必皆從于己出.」竊謂父兄之敎子弟, 亦猶是也, 以古人之訓其家者, 各訓乃家, 不更事逸而功倍乎? 此余節鈔是書之微意也. 時雍正二年歲次甲辰, 仲春旣望. 北平黃叔琳序.

15. 淸, 盧文弨『抱經堂刊本』

《注顔氏家訓》序 ······················盧文弨

士少而學問, 長而議論, 老而家訓, 斯人也, 其不虛生於天地間也乎! 余友江陰趙敬夫先生, 方嚴有氣骨, 與余遊處十餘年, 八十外就鍾山講舍, 取宋本《顔氏家訓》而爲之注. 余奪於他事, 不暇相助也. 又甚惜其勞, 謂姑置其易明者可乎? 先生曰:「此將以教後生小子也. 人卽甚英敏, 不能於就傅成童之年, 聖經賢傳, 擧能成誦; 況於歷代之事蹟乎? 吾欲世之教子弟者, 旣令其通曉大義, 又引之使略涉載籍之津涯, 明古今之治亂, 識流品之邪正. 他日依類以求, 其於用力也亦差省.」書成未幾, 而先生捐館矣. 余感疇昔周旋之雅, 又重先生惓惓啓迪後人之意至深且摯, 烏可以無傳? 就其孫同華索是書, 一再閱之, 翻然變余前日尙簡之見, 而更爲之加詳, 以從先生之志. 則是書也, 匪直顔氏之訓, 亦旣趙先生之訓也. 先生之學問, 先生之議論, 不卽於是書有可想見者乎? 嗚呼! 無用之言, 不急之辯, 君子所弗貴. 若夫六經尙矣, 而委曲近情, 纖悉周備, 立身之要, 處世之宜, 爲學之方, 蓋莫善於是書, 人有意於訓俗型家者, 又何庸舍是而疊牀架屋爲哉? 幹隆五十四年歲在己酉, 重陽前五日, 杭東里人盧文弨書於常州龍城書院之取斯堂.

例 言

一, 黃門始仕蕭梁, 終於隋代, 而此書向來唯題北齊. 唐人修史, 以之推入《北齊書》文苑傳中. 其子思魯旣纂父之集, 則此書自必亦經整理, 所題當本其父之志可知, 今亦仍之.

一, 黃門九世祖從晉元南度, 江寧顔家巷, 其舊居也, 則當爲江寧人, 而此書向題琅邪. 唐人修史, 例皆不以土斷, 而遠取本望, 劉知幾爲史官, 曾非之, 不能革也. 故《北齊書》亦曰琅邪臨沂人, 今亦故仍其舊.

一, 此書爲江陰趙敬夫注, 始余覺其過詳. 敬夫以啓迪童子, 不得不如是. 余甚韙其言, 故今又從而補之, 凡以成敬夫眞切爲人之志, 非敢以求勝也.

一，黃門篤信《說文》，後乃從容消息，始不過於駭俗．然字體究屬審正，歷經轉寫，譌謬滋多．今於甚俗且別者正之，其非《說文》所有，而爲世所常行者，一仍其舊，亦黃門志也．

一，此書〈音辭〉篇，辯析文字之聲音，至爲精細．今人束髮受書，師授不能皆正；又南北語音各異，童而習之，長大不能變改，故知正音者絕少．近世唯顧寧人・江愼修・戴東原，能通其學，今金壇段若膺，其繼起者也．此篇實賴其訂正云．

一，此書段落，舊本分合不清．今於當別爲條者，皆提行，庶幾眉目瞭然．

一，宋本經沈氏訂正，誤字甚少；然俗間通行本，亦頗有是者．今擇其義長者從之，而注其異同於下．後人或別有所見，不敢卽以余之棄取爲定衡也．

一，沈氏有《考證》一卷，繫此書之後；今散置文句之下，取繙閱較便，勿以缺漏爲疑．

一，黃門本傳中，載所作〈觀我生賦〉，家國際遇，一生艱危困苦之況，備見於是，此卽其人事蹟，不可略也．句下有自注，盡皆當日情事；其辭所援引，今爲之考其出處，目爲加注，使可識別．但賦中尚有脫文，別無他書補正，意猶缺然．

一，涉獵之弊，往往不求甚解，自謂了然．余於此書，向亦猶夫人之見耳．今再三閱之，猶有不能盡知其出處者．自愧寡啙，尚賴博雅之士，有以教我焉．

一，敬夫先生以諸生終，隱德不曜，余爲作〈瞰江山人傳〉，今並繫於後（今省），使人得因以想見其爲人．

一，此書經請定於賢士大夫，始成定本；友朋間復互相訂證，厥有勞焉．授梓之際，及門諸子又代任校讎之役；而剞劂之費，深賴衆賢之與人爲善，故能不數月而訖功．今於首簡各載姓名，以見懿德之有同好云．抱經氏識，時年七十有三．

顏氏家訓注

鑒定　嘉定錢大昕莘楣　仁和孫志祖怡谷　滄州李廷敬寧圃

參訂　金壇段玉裁懋堂　孝感程明愫薇園　新會譚大經敷五　仁和潘本智鏡涵
　　　江陰周宗學象成
讎校　江陰楊敦厚仲偉　江陰陳宏度師儉　江陰王　璋秉政　江陰湯　裕岵瞻
　　　(趙門人) 江陰沙照耀滄 (趙門人) 武進臧鏽堂在東　武進丁履恆基士
　　　　　　　　　　　　　　　　　　　　　　　暨江孫趙同華俊章校梓

16. 淸, 盧文弨『抱經堂刊本』

壬子年重校《顏氏家訓》序 ……盧文弨

　向刻在己酉年, 但就趙氏注本增補, 未及取舊刻本及鮑氏所刻宋本詳加比對, 致有譌脫. 今旣省覺, 不可因循, 貽誤觀者. 故凡就向刻改正者, 與夫爲字數所限不能增益者, 以及字畫小異, 咸標明之, 庶已行之本, 尙可據此訂正; 注有未備, 兼亦補之. 七十六叟盧文弨識.

17. 清, 盧文弨『抱經堂刊本』
《顏氏家訓》趙跋 ·······················趙曦明

　北齊黃門侍郞顏公, 以堅正之士, 生穢濁之朝, 播遷南北, 他不暇念, 唯繩祖詒孫之是切, 爰貫穿古今之識, 發爲布帛菽粟之文, 著《家訓》二十篇. 雖其中不無疵累, 然指陳原委, 愷切丁寧, 苟非大愚不靈, 未有讀之而不知興起者. 謂當家置一編, 奉爲楷式. 而是書先有姚江盧礬齋之分章辨句, 金壇段懋堂之正誤訂譌; 區區短才, 遂不揣鄙陋, 取而註釋之. 年當耄耋, 前脫後忘, 必多缺略, 第令儉於腹笥者, 不至迷於援據, 退然自阻, 則亦不爲無益. 至於補厥挂漏, 俾臻完善, 不能無望於將伯之助云. 乾隆五十一年歲次丙午冬十月十日, 甌江山人趙曦明書於容膝居, 是年八十有二.

18. 翁方綱《復初齋文集》
卷十六書盧抱經刻《顏氏家訓》注本後 ····王利器

同年盧弓父學士以其友趙君所注《顏氏家訓》校正精槧，其益人神智，頗有出宋本上者．然如第六卷內詔內下，沈校宋本空格，此云沈氏不空；飯字注作飯，此云作飯，則疑弓父所見沈校宋本者，特偶見一鈔本，而非原本耳．沈氏《攷證》二十三條．自爲一卷，而盧刻皆散置文句之下，雖於學者繙閱較便，然愚謂古書當存其舊式；即如沈氏《攷證》內「孟子曰：『圖景失形．』」一條，盧刻竟刪去之，雖於義無害，然古書之面目，竟不存矣．又沈跋前一紙，係於末一行緊貼跋語書「朝奉郎知台州軍事沈揆」，又前一行「通判軍州事管銃」，又前一行「添差通判樓鑰」，皆又低一格書之，又再前又低一格，則「教授·判官·推官·參軍」，其最前最低格書者，則「鄉貢進士州學正林憲同校」，凡九人，前七行皆總書「同校」，後二行則曰「監刊」，又曰「同校」，乃是鋟木時之覆校耳．愚攷宋時牒後系銜，皆自後而前，官尊者在後，卑者在前，此其式也．以今所傳影宋槧本，如《說文》卷末雍熙三年進狀後，徐鉉在句中正前，其牒尾平章事李昉在參知政事呂蒙正·辛仲甫之前；又如《羣經音辨》載寶元二年牒後，平章事二人，亦在最前也．必宜依其原樣，末尾一行緊貼〈跋語〉書之，乃可依次自後而前讀之耳．今盧本將沈跋另刻於前紙，而又自起一紙，題曰「宋本校刊名銜」，則疑於自前而後者，殊乖其式矣．乃先曰「同校」，次曰「監刊」又次以七人「同校」，則最前之「同校」二字，爲不可通矣．昔弓父校李雁湖《王荊公詩注》，將其卷尾所謂「補注」者，皆移置於本詩之下；及予攷其補注，乃別是臨川曾景建所爲，非出雁湖之手；以語弓父，弓父始追悔而已，無及矣．今校閱此書，故縷縷及之，以爲古書刊式不可更動之戒．沈揆，字虞卿，見桑澤卿《蘭亭攷》．錢遵王《讀書敏求記》云：『沈君讐勘此書，當時爲宋人名筆，繕寫精妙，古香襲人者也．』末谷進士從其友某君家借觀，是影寫宋槧之本，前後有汲古毛氏諸印．予因得轉假，詳校一遍，附識於此．

宋晁公武《郡齋讀書志》儒家

《顏氏家訓》七卷

北齊顏之推撰. 之推本梁人, 所著凡二十篇, 述立身治家之法, 辨正時俗之謬, 以訓子孫.

宋陳振孫《直齋書錄解題》雜家類

《顏氏家訓》七卷

北齊黃門侍郎琅邪顏之推撰. 古今家訓, 以此爲祖; 而其書崇尙釋氏, 故不列於儒家.

19. 魯巖所學集卷十一跋《顏氏家訓》⋯⋯⋯⋯⋯張宗泰

〈提要〉所收《顏氏家訓》爲二卷本, 此書則作七卷, 乃原本也. 〈提要〉惜
《考證》一卷不可得見, 而此本則附書後, 蓋此書出在〈提要〉之後故也. 卷一
「思魯等從舅」云云, 卷三「愍楚友壻」云云. 按: 思魯‧愍楚爲之推之二子,
之推祖籍瑯琊之臨沂, 名長子曰思魯, 不忘本也. 之推爲梁之臣子, 元帝亡
于江陵, 江陵楚地名, 次子曰愍楚, 以志痛也. 又卷二〈風操〉條下云:「北朝頓
丘李」下注「太上御名」, 凡四處皆然. 卷五〈誠兵〉條下云:「兵革之時扇反覆」,
「扇」上注「太上御名」. 考《家訓》作於高齊之世, 齊諸帝中惟武成帝湛禪位
於太子緯, 自稱太上皇, 而湛字於文理未合, 然則此書是南宋時嘉興沈揆收
藏之本, 特避高宗諱耳. 又卷一〈後娶〉篇云:「我不及曾參, 子不如華元.」
「華元」字少來歷, 當是「曾元」也. 《隋書》經籍志云:「梁有《爾雅音》三卷,
孫炎‧郭璞撰.」孫炎字叔然, 而〈音辭〉篇:「孫叔言創《爾雅音義》.」則「言」
爲「然」之譌. 卷四〈文章〉篇:「君輦辭藻.」「輦」當作「輩」. 卷六〈書證〉篇云:
「通俗反音, 甚會近俗.」句不可解, 惑是「附會近俗」也.

20. 徐北溟《顏氏家訓補注》題記 ·····························向楚

渭南嚴君谷聲重刊抱經堂《顏氏家訓》趙注本，舉盧學士補注重校各條，散入本文，又錄刻錢辛楣・孫頤谷已下七八人之說及自案語，共爲補校注一卷，可謂勤矣。癸未冬，出江安傅氏沅叔藏園羣書中徐北溟鯤補注《顏氏家訓》下冊鈔本視余，屬爲校理，於抱經所謂「不能盡知其出處」者，俾得充實補苴，成完帙焉。藏園此鈔自汪氏振綺堂，殘本有嚴九能手跋兩通，乃九能之父半庵先生移寫於眉間者也。世但知趙敬夫曦明與抱經學士補注《家訓》，得此鈔又知有蕭山徐君於《家訓》外並補注〈觀我生賦〉，多所糾正，九能雅服其賅博。又謂：「北溟腹笥饒富，注書是其所長，不知抱經先生何以不刻。」蓋北溟客武林，與抱經學士・頤谷侍御相友善，兩先生極推重之。北溟以乾隆乙卯冬下世，此書補注，計學士猶及見之也。乾隆壬午秋，儀徵阮公方巡撫浙江，招客校經，時元和顧君廣圻・李君銳・武進臧君鏞堂與北溟皆在詁經精舍。　孫淵如〈詁經精舍題名碑〉記，蕭山徐鯤名在詁經精舍講學之士九十一人中，今檢《詁經文集》有徐鯤〈六朝經術流派論〉一篇，翻李延壽「南人約簡，得其英華，北學深蕪，窮其枝葉」之案，誠別具裁斷。而北溟在阮公提學時，分纂《經籍纂詁》・輯《廣雅》・《楚辭》・《文選》注，及《纂詁補遺》姓氏中又爲總校，兼纂《史記》三家注・《兩漢書》顏，李注，蕭該音義・《文選注》諸書，誠如九能所言「注書是其所長」也。而此注鈔本五卷已前既佚闕，嚴君補校注卷三〈勉學〉八「三九公讌」一條，孫侍御《讀書脞錄》猶引北溟說，《後漢書》郎顗傳「三九之位」注謂「三公九卿」，抱經補注曰：「公家之讌云三句，則各有常日矣。」此望文臆說。其他如卷五〈省事〉第十二「事途迴穴」，盧補注以「穴」爲「宂」字，作而隴切。卷六〈書證〉第十七「七十四人出佛經」一條，　盧注謂今所傳此本七十一人贊無「出佛經」之語，一讀北溟所補注，即知盧學士所補多俴陋失考。九能疑學士必及見此注，私怪其不刻，而致上卷散亡爲可惜也。昔人有言：「中流失船，一壺千金。」特爲鬦識於諸家之注，先後異同，閒坿案語於當文條下，以原稿歸嚴君再刊，加補校注後，便學者攷覽焉。民國三十三年夏，巴縣向楚記。（《渭南嚴氏孝義家塾集書》）

21. 藏園羣書題記徐北溟補注《顏氏家訓》跋 ········傅增湘

　　余辛亥殘臘獨遊武林，於何氏修本堂書坊中見殘書數架，因略檢取舊鈔數百冊，捆載以歸．其中殘本多得自汪氏振綺堂，故特多名人批校之筆．此《顏氏家訓》僅存下冊，緣喜初印精善，將携之入都，俾配成完帙，然閉置篋笥已二十餘年固未嘗發視也，頃以修補殘書，隨手檢置案頭，偶瀏覽及之，見眉間訂正之語凡數十則，末葉有嚴九能手跋兩通，乃知眉間諸語爲徐北溟補注，而九能之父半庵先生所手錄者也．（半庵名樹蕚，字茂先，錢竹汀爲撰墓志．）爰就眉間批注分條錄存之，而九能跋語亦附箸於後，俾覽者知其原委焉．

　　蕭山徐君北溟爲抱經學補注《家訓》，並補注〈觀我生賦〉，多所糾正，予服其賅博，借其稿來閱，大人爲度錄于此本，爲書其後．北溟名鯤，赤貧，旅寓武林，與抱經學士·頤谷侍御相友善，兩先生極推重之．余去冬與鮑以文在杭州，遂與北溟訂交，又嘗爲我校《麟角集》，極精細．乾隆六十年乙卯仲春廿九日，元照識．

　　予於壬戌初秋游西湖，時巡撫阮公招客校經，元和顧君廣圻·李君銳·武進臧君鏞堂與北溟皆在詁經精舍．其時，北溟性情改易，雖與予無閒言，予亦謹避之，不敢屢相昵．予歸未幾，北溟遂下世，聞其死之狀甚可悲也．止一子，蠢不知書，北溟所有書冊，盡屬諸他人．其子今不知作何狀．北溟腹笥饒富，注書是其所長．此書補注，不知抱經先生何以不刻．先生乙卯冬下世，計猶及見之．此書上方字先君手寫，先君下世已十年矣，展讀一過，心焉如割．嘉慶十五年庚午歲七月初三日，際壽謹識．

22. 『關中叢書第三集本』 .... 宋聯奎 등

　　右《顏氏家訓》二卷, 北齊顏之推撰. 之推先世居瑯琊臨沂, 《舊唐書》謂其入周卽家關中, 爲長安人. 其自署皆云瑯琊者, 不忘本也. 之推博通古今, 歷經世變, 知無才不足成名, 肆才又不足保身, 乃著《家訓》二十篇, 反復告誡, 以貽子孫. 固宜代有傳人. 常山魯公更以忠義大節, 震轢千古. 是書流澤, 可謂遠矣. 按《崇文書目》書本七卷, 嘉定錢侗謂今本二卷. 《敏求記》亦言七卷, 流俗本止二卷. 宋淳熙七年, 嘉定沈揆又取各本互爲參定, 始稱善本. 自時厥後, 傳刻寢夥. 茲用顏氏明萬曆本付印, 訛字則取沈本校正. 沈注所謂一本作某云云, 以證此本, 適與吻合. 雖分上下二卷, 而篇目仍爲二十, 所不同者, 字句間有增損, 大意不致懸殊. 《敏求記》以爲近代庸妄淆亂, 不亦過歟? 世衰俗頹, 變亂相踵, 卽就〈治家〉·〈勉學〉·〈止足〉·〈誡兵〉等篇讀之, 國本在家, 家本在身, 一以貫之矣. 此又所以亟 欲印行之意也. 民國二十四年一月校.

長安宋聯奎

蒲城王健

渭南武樹善

23. 郝懿行《顏氏家訓斠記》序跋 ....王大隆

(1) 郭象升(序)

山左經業之盛, 三百年來, 蓋與江·浙爭雄; 蘭皋先生尤爲卓絕, 迹其浮沈郎署, 白首不遷, 無日不以箸書爲事, 蓋古之所謂沈冥者. 歿後數十年, 遺書始次第刊布. 然通人讀書, 展卷即見癥結, 隨手訂正, 皆關學問, 計先生平日校勘之書多矣, 若仿何義門·姚南靑之例, 掇次爲書, 于後學未云無補也, 玉如從太原市上得先生所校顏黃門《家訓》, 首尾不具名姓, 且無印記, 而考索校語, 確定爲先生眞蹟無疑, 余閱之亦以爲然也.《家訓》善本, 淸代凡有數刻, 其有廉臺田家琴式長印者, 原出宋槧, 尤號僞善. 先生此校, 但據程榮本發疑正讀, 皆自以他書證之, 不復引及諸刻也, 先生與高郵王伯申尙書爲同年, 曾從伯申尊人懷祖給事問故, 其作《爾雅義疏》, 自謂本之高郵; 高郵校書, 雖不廢宋·元舊刻, 而大旨主以羣籍展轉發明, 與盧拘經·顧千里等家法不同, 先生固有所受也. 吾嘗謂使不學人得善本書, 益以助其不學, 何則, 彼固恃所藏者不誤, 不須再勞心手也; 使學人得劣本書, 則誤書思之, 更是一適, 訂正一過, 朽腐亦化神奇矣. 然非有先生之學, 此事亦殊未易言, 義門之識, 尙見笑於兪理初, 況孫月峯·鍾伯敬一輩妄人耶? 批點家與校讐家異趣, 而校讐僅列同異者, 亦微傷迂拘寂寥, 惟高郵一宗得其中流, 先生眞其冢嗣哉! 玉如以先生文孫聯薇所刊遺書不及《家訓校語》, 爰排比諸條, 以爲一書, 刊而布之, 甚盛擧也. 近世樸學墜地, 北方尤爲衰微, 人人自詡心得, 而鄙視此等書爲瑣碎, 山左聖人之鄉, 異說滋出, 求如孔·郝·桂·王諸老實事求是, 渺乎難再矣, 此正黃之所歎息于九泉者也.《家訓》舊有盧抱經·趙敬夫校本, 有能合此諸校重刊黃門之書, 其于冥行擿埴之徒, 當有挽回之力, 即以玉如此刊爲嚆矢可也. 辛酉四月, 晉城郭象升序.(《戊寅叢編》)

(2) 張長(序)

右郝蘭皐先生《顏氏家訓斠記》一卷, 陽城田君玉如得其手跡於太原書肆, 原用《漢魏叢書》本校記於眉端, 前後均無款識, 惟記內自稱某某名者三, 又與牟黙人商榷數事, 均可信其爲郝先生也. 〈書證〉篇引詩『參差荇菜』·『誰謂荼苦』二條, 『荇非蕁也, 芺乃是蕁, 蕁葉如馬蹄, 荇圓如蓮錢, 有大小之異』, 又證以《大觀本草》「苦蘵比苦蒇差小」. 長嘗參攷先生所著《爾雅義疏》, 其說與此書所記符合, 益信《斠記》出於郝先生無疑矣. 顏黃門之學, 得力一誠字, 嘗曰『巧僞不如拙誠』, 故其〈歸心〉釋氏, 標明宗旨, 不作一毫欺人之語, 而能潛硏古義, 破疑遣惑, 鏡賢燭愚, 精博乃遠邁後之陽儒陰釋者, 其製作弘奧, 浩浩乎若無津涯, 以深寧之淹贍, 且以訓中『曾子七十乃學之語, 不能所出』. 先生於『劉字之有昭音』, 亦反復商訂, 而後瞭然, 究其中疑義數十事, 得先生一一勘斠, 眞如撥雲霧而睹靑天. 是書沈薶蓋數十年, 茲玉如得茲瑰寶, 殷勤收拾, 謀授梓以餉來學, 誠盛業也. 玉如壯年氣盛, 其網羅放失, 日進靡已. 玉如愛之重之, 異日如復得前賢名箸如此書之比者, 辛仍不煩余告, 長日翹首望之. 辛浴佛日, 武昌張長識. (《戊寅叢編》)

(3) 田九德(跋)

《顏氏家訓斠記》, 棲霞郝蘭皐先生撰. 先生精硏故訓, 湛深經術, 生平行略, 具載國史, 所著名書亦次第刊布, 風行海內矣. 此冊原校著於明程榮《漢魏叢書》本, 爲先生手稿, 茲即從程本迻錄, 故卷第亦皆仍之, 其中糾摘疏失, 是正文字, 類證據鑿鑿, 確乎其不可易, 即黃門有知, 亦當囅然笑曰「吾言固如是, 特爲後人所亂耳」. 尚有疑涉錯簡, 未敢遽改, 則寧從蓋闕之義, 鉤乙以識其旁, 益可見先生之精審詳愼, 不肯輕改古書; 彼鹵莽從書者, 直自欺之人焉爾. 辛酉莫春, 得此書太原書肆, 狂喜者累日, 排此成冊, 得百二十餘條, 將以付之手民. 時晉城郭允叔夫子象升, 適由京返晉, 武昌張損菴先生長亦

潛蹤此邦, 同志諸君若龍門喬笙侶鶴仙·瀋陽曾望生邂·同里閻伯儒皆夙精比勘之學者, 平陸張貫三夫子籍藏書甚夥, 又屢以異本相叚, 始知所鉤乙者, 他本固未嘗誤, 因盡削去此層, 疑以傳疑, 固不足爲先生累也. 良師益友, 惠俄實多, 相與商搉數四, 始行付印, 將見黃門遺著, 召弓·敬夫而外, 又得一尠補攷證之善本, 諒亦海內人士所爭先樂覩者. 辛酉五月, 陽城後學田九德跋於山西省立圖書館. (《戊寅叢編》)

(4) 王大隆(跋)

右《顏氏家訓斠記》一卷, 清郝懿行撰. 懿行字恂九, 號蘭皋, 山東棲霞人, 嘉慶己未進士, 官戶部主事, 著有《郝氏遺書》, 此爲其讀書時評注眉端而未經付刻者. 陽城田九德得手稿條錄排印, 而流傳未廣, 校讎亦多舛譌, 今略爲校正, 俾可循誦. 據郭象升序, 謂此校但據明程榮本, 不復引及諸刻; 田自跋亦謂從程本迻錄. 今以程本勘之, 殊不相應, 而多合於鮑氏知不足齋重刻宋七卷本, 〈書證〉篇云: 「《後漢書》『鸜雀銜三鱓魚』, 多假借爲鱔鮪之鱔.」今據《大戴禮》·《山海經》注·《玉篇》諸書, 謂鱓本作魠, 俗人妄增爲鱔, 非鱓鱔可以假借. 又云: 「果當作魏顆之顆, 北土通呼物一凸, 改爲一顆.」今據《莊子》逍遙遊「腹猶果然」釋文: 「果, 徐如字, 又苦火反.」是果有顆音, 不須改字. 〈音辭〉篇譏「《戰國策》音刎爲免爲非.」今據《禮記》檀弓釋文: 「刎, 勿紛反, 徐亡粉反.」其免字, 《唐韻》「亡辨反」, 而〈檀弓〉及〈內則〉釋文並有問音, 則古音通轉, 未爲大失. 又謂: 「甫者, 男子美稱, 古書多假借爲父字, 惟管仲·范增之號, 當依字讀.」今據《詩》正義以「尚父之父亦男子之美稱」推之, 則仲父·亞父及魯哀公誄孔子曰尼父, 父與甫音義並同, 不得彊爲區別, 皆證佐分明, 確然無疑. 蓋郝氏熟精小學, 所撰《爾雅義疏》, 爲經苑不刊之作, 故偶然涉筆, 絕無模糊影響之談. 余先得《穆天子傳補注》, 重刊入〈學禮齋叢書〉, 聞其他未刊遺稿, 在清華大學, 他日得一一餉世, 跋余望之矣. 歲戊寅孟冬, 吳縣王大隆跋. (《戊寅叢編》)

24. 《顏氏家訓補注》序 ···李詳

　　抱經堂校定本《顏氏家訓注》七卷, 盧氏例言云:「涉獵之弊, 往往不求甚解, 自謂了然. 余於此書, 猶有不能盡知其出處者. 自愧竅啓, 尙賴博雅之士, 有教我焉.」趙敬夫先生〈後跋〉云:「年登髦耋, 前脫後忘, 必多闕略; 至於補厥挂漏, 俾臻完善, 不能無望于後之君子.」時盧先生年已七十有三, 敬夫年八十餘矣, 炳燭之明, 猶復治此, 刊行於世; 其意尙有未盡, 故余不揣固陋, 據其所見, 略不數番, 今特錄出, 以質海內君子, 其所不知, 則仍校兩先生云待後人矣. 李詳審言記. (《國粹學報》53期)

25. 嚴式誨《顏氏家訓補校注》序 ....嚴式誨

　　抱經堂刻《顏氏家訓注》最稱善本，刊成後，召弓學士自爲補注重校者再，
嘉定錢辛楣少詹又爲補正十餘事，仁和孫頤谷侍御《讀書脞錄》，海寧錢廣伯
《明經讀書記》亦續有校補，興化李審言復爲補注，而余所見遵義鄭子尹徵君
父子校本，又有出諸家外者．近榮縣趙堯生侍御・成都龔向農・華陽林山腴
兩合人皆篤嗜是書，各有箋識，戊辰孟春，余重刻盧本，凡學士補注重校各條，
悉散入本文，據以改補；又纂錢・孫諸家之說，錄爲一卷，咫聞所及，亦坿載之．
又宋沈揆本・明程榮本・遼陽傅太平本，文字異同，有可兼存，而原本未採者，
亦掇錄一二．於抱經所謂「不能盡知出處」者，補苴不能十一．亦冀博雅之士
有以教我也．庚午八月渭南嚴式誨記．（《渭南嚴氏孝義家塾叢書》）

26. 韞山堂詩集卷二以《顏氏家訓》
寄示兒子學洛並系以詩 ⋯⋯⋯⋯管世銘

吾將勖爾文, 必使攻苦勤. 吾將勖爾行, 必使天懷敦. 經箱富充棟, 浩瀚難其論. 平生不去手, 數種尤精勤. 丹筆發楹夢, 吾推劉捨人. 破碎千萬典, 囊括窮其垠. 微言入骨裡, 妙悟怦心魂. 洋洋五十篇, 日誦口自芬. 明德垂世範, 吾重顏黃門. 感槩俗媮薄, 發揮古人倫. 勸學逮支條, 厚意無不存. 拳拳二十則, 強半宜書紳. 《文心》既前授, 稍解窺清新. 今茲畀《家訓》, 更期勉恭溫. 譬彼佳服玩, 或乞常靳鄰. 若足利後嗣, 忍惟私厥身. 吾無枕中祕, 可以矜皇墳. 落莫此數冊, 貽比籯金珍. 六經・三史外, 相攜共朝昏. 爾行有心得, 還勖爾後昆.

27. 劉盼遂《顏氏家訓校箋及補證》題記 ⋯⋯⋯⋯劉盼遂

周法高云：「劉氏校箋及補證，二文均無序跋，但有一條而先後三易其稿者，可見其用力之勤，茲特表而齣之。」

〈正足〉篇：「顏俊以據武威見殺。」註：「未詳。」

盼遂按：俊當爲竣，形近音同，故爾致誤。《南史》顏竣傳：「宋孝武帝發尋陽，竣出入臥內，斷決軍機。踐阼後，歷侍中右衛將軍。義宣臧質反，兼領右將軍。後以懷怨免官，竣頻啟謝罪，上愈怒。及竟陵王誕爲逆，因賜死。」此竣倚恃武功見殺之事也，世人少見竣字，逐改作俊，注家因而束手矣。（《校箋》p.11）

補正〈戒兵〉篇顏俊一條

盼遂按：《資治通鑑》卷十三，「建安二十四年，威武顏俊，張掖和鸞·酒泉黃華·西平麴演等，各據其郡，自號將軍，更相攻擊。俊遣使送母及子詣魏王操，爲質，以求助。操問張旣，旣曰：『俊等外假國威，內生傲悖，計定勢足，後卽反耳。今方事定蜀，且宜兩存鬪之，猶卞莊子之刺虎，坐收其敝也。』王曰：『善。』歲餘，鸞遂殺俊，武威王祕又殺鸞。」此正《家訓》所謂顏俊據威武見殺之事也。曩者謂俊爲竣之誤字，遂不經矣。庚午六月望，記于日下邱祖胡同。（《校箋》p.20, 21）

顏俊據武威見殺

盼遂按：《三國志》魏志卷十五張旣傳云：「是時威武顏俊·張掖和鸞·酒泉黃華·西平麴演等，並舉郡反，自號將軍，更用攻擊。俊遣使送母及子詣太祖爲質，求助。太祖問旣。旣曰：『俊等外假國威，內生傲悖。計定勢足，後卽反耳。今方事定蜀，且宜兩存而鬪之。猶卞莊子之刺虎，坐收其敝也。』太祖曰：『善。』歲餘，鸞遂殺俊，武威王祕又殺鸞。」此黃門所本。《資治通鑑》繫此事於漢獻帝建安二十四年，盼遂前矤《家訓》時，據以爲證。及檢國誌，又須改削。信乎校書之難，如掃落葉，隨掃隨生也。辛未暮春立夏日（《補證》p.7）

28. 楊樹達 《讀顏氏家訓書》後序 ·····························楊樹達

　　顏黃門博學多通, 浮沉南北, 飫嘗世味, 廣接名流. 旣以身丁荼蓼, 思懲貽
訓子孫, 乃本見聞, 條其法戒. 言必有徵, 理無虛設, 故能親切有味, 亹亹動人.
篇中凡有褒贊, 必具姓名, 脫復譏訶, 恒從諱避. 夫彰善隱惡, 固君子之用心;
而旣事求眞, 又學者之先務也. 往讀杭大宗諸史然疑, 謂〈省事〉篇所譏「性多
營綜略無成名」之兩士者爲徐之才・祖珽, 輒嘆其用心之密. 余教授之餘, 喜披
陳簡, 效顰道古, 略得數端. 以爲盧(紹弓)趙(敬夫)郝(蘭皋)李(審言)諸君之
所具, 聊復述之, 以貽始學雲爾.

29. 周祖謨《顏氏家訓音辭篇注補》序 ·····················周祖謨

《顏氏家訓》，舊有趙曦明注，其中疏舛甚多．及經盧抱經爲增補，始臻完密．惟〈音辭〉一篇，盧氏不能盡解，頗賴段若膺爲之參定．而段氏者，則又精於考古，疏於審音，故箋校雖繁，猶未盡切．然黃門此製，專爲辨析聲韻而作，斟酌古今，掎摭利病，具有精義，實乃研求古音者所當深究；則舊注之闕誤者，豈可存而不論？故謹就所知，略加綴輯，發其隱奧，疏其滯疑，以爲談音韻者之一助．至如論內言外言之義，《說文》讀若之旨，皆有憑藉，非逞玄想．故不嫌冗贅，並著於篇．蓋方聞之士，或亦有取乎是也．民國三十二年七月，周祖謨識．

30. 王重民《勤讀書抄題記》 ··王重民

《勤讀書抄》2607

卷端有書題, 作「勤讀書抄示頵等」, 蓋隨手劄札記, 以示其子孫者也. 卷中基字缺筆, 似猶出於中唐人之手. 所引有《論語疏義》·《顏氏家訓》·《墨子》·《風俗通》·《抱朴子》之類, 望而知爲博雅之士, 與俗子不同. 開端引《論語》「吾嘗終日不食」節, 並引疏義云:「以思無益, 於天下之至理, 唯學益人, 餘事皆無益, 故不如學也」, 與皇疏知不足齋刻本微不同, 然當以此所引爲正. 又所引《家訓》勉學篇獨多, 茲以《家訓》無善本, 爲校於朱氏藏書本上, 因客中未見抱經堂本也. 二十七年九月十一日. (以上12～19等8條, 錄自周法高先生《顏氏家訓彙註附錄》三)

31. 民國 王利器《顏氏家訓集解》敍錄 ··················王利器

　　自從隋文帝楊堅統一南北朝分裂的局面以來, 在漫長的封建社會裏,《顏氏家訓》是一部影響比較普遍而深遠的作品. 王三聘《古今事物攷》二寫道:「古今家訓, 以此爲祖.」袁衮等所記《庭幃雜錄》下寫道:「六朝顏之推家法最正, 相傳最遠.」這一則由於儒家的大肆宣傳, 再則由於佛教徒的廣爲徵引, 三則由於顏氏後裔的多次翻刻; 於是泛濫書林, 充斥人寰,「由近及遠, 爭相秒式」, 豈僅如王鉞所說的「北齊黃門顏之推《家訓》二十篇, 篇篇藥石, 言言龜鑑, 凡爲人子弟者, 可家置一冊, 奉爲明訓, 不獨顏氏」而已!

　　唯是此書, 以其題署爲「北齊黃門侍郎顏之推撰」, 於是前人於其成書年代, 頗有疑義. 尋顏氏於〈序致〉篇云:「聖賢之書, 教人誠孝.」〈勉學〉篇云:「不忘誠諫.」〈省事〉篇云:「賈誠以求位.」〈養生〉篇云:「行誠孝而見賊.」〈歸心〉篇云:「誠孝在心.」又云:「誠臣殉主而棄親.」這些「誠」字, 都應當作「忠」, 是顏氏爲避隋諱而改;〈風操〉篇云:「今日天下大同.」〈終制〉篇云:「今雖混一, 家道罄窮.」明指隋家統一中國而言;〈書證〉篇「贏股肱」條引國子博士蕭該說, 國子博士是該入隋後官稱; 又〈書證〉篇記:「開皇二年五月, 長安民掘得秦時鐵稱權」; 這些, 都是入隋以後事. 而〈勉學〉篇言:「孟勞者, 魯之寶刀名, 亦見《廣雅》.」〈書證〉篇引《廣雅》云:「馬薤, 荔也.」又引《廣雅》云:「晷柱掛景.」其稱《廣雅》, 不像曹憲《音釋》一樣, 爲避隋煬帝楊廣諱而改名《博雅》, 然則此書蓋成於隋文帝平成以後, 隋煬帝卽位之前, 其當六世紀之末期乎.

　　此書既於入隋之後, 爲何又題署其官職爲「北齊黃門侍郎」呢? 尋顏之推歷官南北朝, 宦海浮沉, 當以黃門侍郎最爲淸顯.《陳書》蔡凝傳寫道:「高祖嘗謂凝曰:『我欲用義興主胥錢肅爲黃門郎, 卿意何如?』凝正色對曰:『帝鄉舊戚, 恩由聖旨, 則無所復問; 若格以僉議, 黃散之職, 故須人門兼美, 唯陛下裁之.』高祖默然而止.」這可見當時對於黃散之職的重視. 之推在梁爲散侍郎,

入齊爲黃門侍郎, 故之推於其作品中, 一則曰:「忝黃散於官謗」, 再則曰:「吾近爲黃門郎」, 其所以如此津津樂道者, 大概也是自炫其「人門兼美」吧. 然則此蓋如其自署如此, 可無疑義. 不特此也,《隋書》音樂誌中記載:「開皇二年, 齊黃門侍郎顏之推上言云云.」而《直齋書錄解題》十六又著錄:「《稽聖賦》三卷, 北齊黃門侍郎瑯邪顏之推撰.」則史學家, 目錄學家也都追認其自署, 而沒有像陸法言《切韻》序前所列八人姓名, 稱其入隋以後之官稱爲「顏内史」了.

在這南北朝分裂割據的年代裡, 長江旣限南北, 鴻溝又判東西, 戰爭頻繁, 兵連禍結, 民生塗炭, 水深火熱. 於斯時也, 一般封建士大夫是怎樣生活下去的呢? 王儉〈褚淵碑〉文寫道:「旣而齊德龍興, 順皇高禪, 深達先天之運, 匡贊奉時之業, 弼諧允正, 徽猷弘遠, 樹之風聲, 著之話言, 亦猶稷・契之臣虞・夏, 荀・裴之奉魏・晉, 自非坦懷至公, 永鑑崇替, 孰能光輔五君, 寅亮二代者哉!」這是當時一般士大夫的寫照. 當改朝換代之際, 隨例變遷, 朝秦暮楚, 「自取身榮, 不存國計」者, 滔滔皆是; 而之推殆有甚於焉. 他是把自己家庭的利益──「立身揚名」, 放在國家. 民族利益之上的. 他從憂患中得著一條安身立命的經驗:「父兄不可常依, 鄉國不可常保, 一旦流離, 無人庇蔭, 當自求諸身耳.」他一方面頌揚「不屈二姓, 夷・齊之節」; 一方面又強調「何事非君, 伊・箕之義也. 自春秋以來, 家有奔亡, 國有吞滅, 君臣故無常分矣.」一方面宣稱「生不可惜」, 「見危授命」; 一方面又指出「人身難得」, 「有此生然後養之, 勿徒養其無生也」. 因之, 他雖「播越他鄉」, 還是「覥冒人間, 不敢墜失」. 「一手之中, 向背如此」, 終於像他自己所說的那樣, 「三爲亡國之人」. 然而, 他還在向他的弟子強聒:「泯軀而濟國, 君子不咎.」甚至還大頌特頌梁鄱王世子謝夫人之罵賊而死, 北齊宦者田敬宣之「學以成忠」, 而痛心「侯景之難, ……賢智操行, 若此之難」; 大罵特罵「齊之將相, 比敬宣之奴不若也」當其興酣落筆之時, 面對自己之「予一生而三化」, 「往來賓主如郵傳」者, 吾不知其將自居何等? 如此訓家, 難道像他那樣, 擺出一副問心無愧的樣子, 說兩句「未獲殉

陵墓, 獨生良足恥」,「小臣恥其獨死, 實有媿於胡顏」, 就可以「爲汝曹後車嗎? 然而, 後來的封建士大夫卻有像陸奎勳之流, 硬是胡說什麼家訓流傳著, 莫善於北齊之顏氏, ……是皆修德於己, 居家則爲孝子, 許國則爲忠臣」. 這難道不是和顏之推一樣, 無可奈何地故作自欺欺人之語嗎?

顏之推的悲劇, 也是時代的悲劇. 唐人崔塗曾有一首〈讀庾信集詩〉寫道:「四朝十帝盡風流, 建業長安兩醉游; 唯有一篇楊柳曲, 江南江北爲君愁.」我們讀了這首詩, 就會自然而然地聯想到顏之推; 因爲, 他二人生同世, 形同倫, 他們對於「朝市遷革」所持的態度, 本來就是伯仲之間的. 他們一個寫了一篇〈哀江南賦〉, 一個寫了一篇〈觀我生賦〉, 對於身經亡國喪家的變故, 痛哭流涕, 慷慨陳辭, 實則都是爲他們之「競己棲而擇木」作辯護, 這正是這種悲劇的具體反映. 姚範跋《顏氏家訓》寫道:「昔顏介生遭衰叔, 身狎流離, 宛轉狄俘, 阽危鬼錄, 三代之悲, 劇於荼蓼, 晚著〈觀我生賦〉云:『曏使潛於草茅之下, 甘爲畎畝之民, 無讀書而學劍, 莫抵掌以膏身, 秀明珠而樂賤, 辭白璧以安貧, 堯・舜不能辭其素樸, 桀・紂無以汙其清塵, 此窮何由而至? 茲辱安所自臻?』玩其辭義, 亦可悲矣.」他「生於亂世, 長於戎馬, 流離播越, 聞見已多」, 於是他掌握了一套庸俗的處世祕訣, 說起來好像頭頭是道, 麵麵俱圓, 而內心實則無比空虛, 極端矛盾. 他再〈序致〉篇寫道:「每常心共口敵, 性與情競, 夜覺曉非, 今悔昨失, 自憐無教, 以至於斯.」這是他由衷的自白, 紀昀在他手批的黃叔琳節抄本一再指出:「此自聖賢道理. 然出自黃門口, 則另有別腸, ——除卻利害二字, 更無家訓矣. 此所謂貌似而神離.」「極好家訓, 隻末句一個費字, 便差了路頭. 楊子曰:『言, 心聲也.』蓋此公見解, 只到此段地位, 亦莫知其然而然耳.」「老世故語, 隔紙捫之, 亦知爲顏黃門語.」紀氏這些假道學的庸言, 卻深深擊中了眞雜學的要害. 當日者, 顏氏飄泊西南, 間關陝・洛, 可謂「侍宦不止車生耳」了. 他爲時勢所迫, 往往如他自己所說那樣,「在時君所命, 不得自專」. 梁武帝蕭衍好佛, 小名命曰阿練, 後又捨身同泰; 顏氏亦繼風慕義, 直至歸心. 梁元帝蕭繹崇玄,「至乃倦劇愁憤, 輒以

講自釋」；顏氏雖自稱「亦所不好」，然亦「頗預末筵，親承音旨」．當日者，梁武帝之餓死臺城，梁元之身爲俘虜，玄・釋二教作爲致敗之一端，都爲顏氏所聞所見，他卻無動於中，執迷不悟，這難道不是像他所諷刺的「眼不能見其睫」嗎？他徘徊於玄・釋之間，出入於「內外兩教」之際，又想成爲「專儒」，又要「求諸內典」．當日者，梁武帝手勅江革寫道：「世間果報，不可不信．」王褒著《幼訓》寫道：「釋氏之議，見苦斷身，證滅循道，明因辨果，偶凡成聖，斯雖爲數等差，而義歸汲引．」因果報應之說，風靡一時，於是顏之推也推波助瀾地倡言：「今人貧賤疾苦，莫不怨尤前世不修功業；以此而論，安可不爲之作地乎」又勸誘他的子弟：「汝曹若故俗計，樹立門戶，不棄妻子，未能出家；但當兼修戒行，留心誦讀，以爲來世津梁．人身難得，勿虛過也．」他這一席話，難道僅僅是在向他的子弟「勸誘歸心」而已嗎？不是的，他的最終目的是在「偕化黔首，悉入道場」．何孟春就曾經指出：「是雖一家之云，而豈姁姁私焉爲其子孫計哉？」南宋時，黃震在曉諭新城縣免讎殺榜寫道：「人生難得，中土難生．」這八個字，不是這個理學家平白無故地掇摭前人牙慧，而是封建統治階級的代言人，爲要熄滅如火如荼的階級鬥爭，而使用的釜底抽薪的亘古心傳．馬克思曾一針見血地指出：「宗教是人民的鴉片，宗教是苦難世界的靈光圈．」恩格斯尖銳的指出；「在歷史上各個時期中，絕對多數的人民都不過是以各種不同形式充當了一小撮特權者發財致富的工具．　但是所有過去的時代，實行這種吸血的制度，都以各種各樣的道德・宗教和政治的謬論來加以粉飾的；牧師・哲學家・律師和國家的活動家總是向人民說，爲了個人幸福，他們必定要忍饑挨餓，因爲這是上帝的意旨．」顏之推正是這樣的哲學家．

　　顏氏此書，雖然乍玄乍釋，時而說「神仙之事，未可全誣」，時而說「歸周・孔而背釋宗，何其迷也」，而其「留此二十篇」之目的，還是在於「務先王之道，紹家世之業」．這是封建時期一般士大夫所以訓家的唯一主題．但是，今天我們整理此書，誠能「剔除其封建性的糟粕，吸收其民主性的精華」，則此畫仍不失爲中國文化遺產中一部較爲有用的歷史資料．

此書涉及範圍, 比較廣泛. 那時, 河北‧江南, 風俗各別, 豪門庶族, 好尚不同. 顏氏對於佛教之流行, 玄風之復扇, 鮮卑語之傳播, 俗文字之盛興, 都作了較爲翔實的紀錄. 至如梁元帝之「民百萬而囚虜, 書千兩而煙煬」, 使寶貴的文化遺産, 蒙受歷史上最大的一厄; 以及「齊之季世, 多財貨託府外家, 誼動女謁」; 以及當時的「貴遊子弟, 多無學術, 至於諺云:『上車不落則著作, 體中何如則秘書.』」以及俗儒之迂腐, 至於「鄴下諺云:『博士買驢, 書券三紙, 未有驢字.』」這些, 都是很好的歷史文獻, 提供我們知人論世的可靠依據, 外此其餘, 顏氏對於研討中國豐富的文化遺産, 亦作出了一定的貢獻.

第一, 此書對於研究南北諸史, 可供參考. 顏氏作品, 除〈觀我生賦〉自注外, 像〈風操〉篇所言「梁武帝問一中土人, ……何故不知有族」, 這個人就是夏侯亶; 〈勉學〉篇所言「江南有一權貴」, 以羊肉爲蹲鴟, 這個人就是王翼; 〈文學〉篇言「并州有一士族, 好爲可笑詩賦」, 這個人就是姜質; 〈省事〉篇所言「近世有兩人, 郎悟士也, 性多營綜」, 這兩個人就是祖珽‧徐之才. 這些, 都可以補證南北諸史.〈教子〉篇所說的高儼,〈兄弟〉篇所說的劉璡,〈治家〉篇所說的房文烈和江祿,〈風操〉篇所說的裴之禮,〈勉學〉篇所說的田鵬鸞和李恕,〈文章〉篇所說的劉逖,〈名實〉篇所說的韓晉明,〈歸心〉篇所說的王克,〈雜藝〉篇所說的武烈太子蕭方等: 這些, 都可與南北諸史參證. 而〈風操〉篇所說的臧逢世,〈慕賢〉篇所說的丁覘,〈涉務〉篇所說的「梁世士大夫不能乘馬云云」, 這些, 更足補《梁書》之闕如.〈慕賢〉篇所說的張延儁,〈勉學〉篇所說的姜仲岳: 這些, 更足補《北齊書》之俄空. 又如〈雜藝〉篇所說常射如博士之分, 則提供我們弄通《南史》柳惲傳所言博射之事.

第二, 此書對於研究《漢書》, 可供參考.《舊唐書》顏師古傳寫道:「父思魯, 以學藝稱. ……叔父遊秦, ……撰《漢書決疑》書二卷, 爲學者所稱; 後師古注《漢書》, 亦多取其義.」大顏‧小顏之精通《漢書》, 或多或小地都受了《家訓》

的影響. 如〈書證〉篇言「猶豫」之「猶」爲獸名,《漢書》高后紀師古注卽以猶爲獸名; 同篇引太公六韜以說賈誼傳之「日中必熭」, 師古注亦引六韜爲說; 同篇又人司馬相如封禪書「導一莖六穗于庖」, 而訓導爲擇, 師古注亦從鄭氏說, 訓導爲擇. 這些地方, 師古都暗用之推之說, 尤足考見其遵循祖訓, 墨守家法, 步趨惟謹, 淵源有自也.

第三, 此書對於研究《經典釋文》, 可供參考.《經典釋文》是研究儒·道兩家代表作品的重要參考書. 纂寫《經典釋文》的陸德明, 是顏之推商量舊學的老朋友, 他門的意見, 往往在二書中可考見其異同. 如〈書證〉篇言「杕杜, 河北本皆爲夷狄之狄, 此大誤也」;《詩》唐風杕杜釋文則云:「本或作夷狄之狄, 非也.」〈書證〉篇言《左傳》『齊侯痎, 遂痁』……世間傳本多以痎爲疥, ……此臆說也」; 釋文則引梁元帝之改疥爲痎, 此尤足考見他們君臣間治學的相互影響之處.〈書證〉篇引王制「臝股肱」, 鄭注之「攐衣」, 謂:「蕭該音宣是, 徐爰音患非.」釋文則云:「攐舊音患, 今宜讀宣, 依字作攐,《字林》云:『攐臂也, 先全反』是.」〈音辭〉篇言:「物體自有精麤, 精麤謂之好惡; 人心有所去取, 去取謂之好惡.」釋文敍錄條例則云:「質有精麤, 謂之好惡; 心有愛憎, 謂之好惡.」至如〈書證〉篇言:「《詩》『黃鳥于飛, 集于灌木.』傳:『灌木, 叢木也.』」「近世儒生, 改菆爲𣗥」, 而有祖會·祖會之音之失, 更可訂正《釋文》所下祖會·祖會·亦外等反的錯誤.

第四, 此書對於研究《文心雕龍》, 可供參考. 如〈文章〉篇云:「夫文章者, 原出六經: 詔命策檄, 生於《書》者也; 敍述論議, 生於《易》者也; 歌詠賦頌, 生於《詩》者也; 祭祀哀誄, 生於《禮》者也; 書奏箴銘, 生於《春秋》者也.」《文心雕龍》宗經篇則云:「故論說辭序, 則易統其首; 詔策章奏, 則《書》發其源; 賦頌歌讚, 則《詩》立其本; 銘誄箴祝, 則《禮》統其端; 記傳盟檄(從唐寫本), 則《春秋》爲根.」與顏氏說可互參, 這是古代主張文章原本五經的代表作.

同篇又云:「自古文人, 多陷輕薄: 屈原露才揚己, 顯暴君過; 宋玉體貌容冶, 見遇俳優, 東方曼倩滑稽不雅; 司馬長卿竊貲無操; 王褒過章僮約; 揚雄德敗美新; 李陵降辱夷虜; 劉歆反覆莽世; 傅毅黨附權門; 班固盜竊父史; 趙元叔抗竦過度; 馮敬通浮華擯壓; 馬季長佞媚獲誚; 蔡伯喈同惡受誅; 吳質詆訶鄉里; 曹植悖慢犯法; 杜篤乞假無厭; 路粹隘狹已甚; 陳琳實號麤疎; 繁欽性無檢格; 劉楨屈強輸作; 王粲率躁見嫌; 孔融・禰衡誕傲致殞; 楊修・丁廙扇動取斃; 阮籍無禮敗俗; 嵇康凌物凶終; 傅玄忿鬭免官; 孫楚矜誇凌上; 陸機犯順履險; 潘岳幹沒取危; 顏延年負氣摧黜; 謝靈運空疎亂紀; 王元長凶賊自貽; 謝玄暉悔慢見及. 凡此諸人. 皆其翹秀者, 不能悉記, 大較如此.」《文心雕龍》程器篇則云:「略觀文士之疵: 相如竊妻而受金; 揚雄嗜酒而少算; 敬通之不循廉隅; 杜篤之請求無厭; 班固諂竇以作威; 馬融黨梁而黷貨; 文舉傲誕以速誅; 正平狂憨以致戮; 仲宣輕脆以躁競; 孔璋惚恫以麤疎; 丁儀貪婪而乞貨; 路粹餔啜而無恥; 潘岳詭譸於愍・懷; 陸機傾仄於賈・郭; 傅玄剛隘而詈臺; 孫楚狠愎而訟府. 諸有此類, 並文士之瑕累.」顏氏論證, 與之大同. 同篇又云:「文章當以理致爲心腎, 氣調爲筋骨, 事義爲皮膚, 華麗爲冠冕.」《文心雕龍》附會篇則云:「夫才量學文, 宜正體製, 必以情志爲神明, 事義爲骨髓, 辭采爲肌膚, 宮商爲聲色; 然後品藻玄黃, 摛振金玉, 獻可替否, 以裁厥中: 斯綴思之恆數也.」他們所持的文學理論, 都以思想性爲第一, 藝術性爲第二. 不過, 之推所謂事義偏重在事, 彥和所謂事義偏重在義, 故一爲皮膚, 一爲骨髓, 非有所牴牾也. 蕭統《文選》序寫道:「事出於沉思, 義歸乎翰藻.」很好地說明了二者的具體內容及其相互關係.

第五, 〈音辭〉一篇, 尤爲治音韻學者所當措意. 周祖謨《顏氏家訓音辭篇注補》序寫道:「黃門此製, 專爲辨析聲韻而作, 斟酌古今, 掎摭利病, 具有精義, 實爲研求古音者所當深究.」

外此其餘, 在重道輕器的封建歷史時期, 他對於祖暅之的算術, 陶弘景·皇甫謐·殷仲堪的醫學, 都給予應有的重視, 也是難能而可貴的.

這部《集解》, 是以盧文弨抱經堂校定本爲底本, 而校以宋本·董正功續家訓·羅春本·傅太平本·顏嗣愼本·程榮《漢魏叢書》本·胡文煥《格致叢書》本·何允中《漢魏叢書》本·朱軾朱《文端公藏書十三種》本·黃叔琳《顏氏家訓》節鈔本·《文津閣四庫全書》本·鮑廷博《知不足齋叢書》本·屛山聶氏《汗靑簃刊》本. 我所見到的還有嘉慶丁丑二十二年南省顏氏《通譜》本, 以其所據爲顏本, 無所異同, 且間有新出訛謬之處, 故未取以讐校. 其它援引各書, 亦頗夥頤, 不復一一覼縷了.

此書在唐代, 卽有別本流傳, 如〈歸心〉篇「儒家君子」條以下,《廣弘明集》卷二十八引作「誡殺」·「家訓」, 而《法苑珠林》卷一百十九且著錄之推《誡殺》一卷; 則唐代且以此單行了. 同篇之「高柴·折像」,《廣弘明集》「折像」作「曾晳」, 原注云:「一作『折像』.」凡此都是唐代有別本之證. 而《廣弘明集》卷三引〈歸心〉篇「欲頓棄之乎(今本『乎』作『哉』)」句下, 尙有「故兩疏得其一隅, 累代詠而彌光矣」兩句, 則本書尙有佚文; 這當是顏書之舊, 固非郭爲峽所引〈風操〉篇「班固書集亦云家孫」之下, 尙有「戴逵稱安道則家弟」一句之比, ……此乃郭氏妄爲竄入, 因爲乾隆時人所見《家訓》, 不會多於今本. 宋淳熙臺州公庫本, 今所見者, 係元廉臺田氏補修重印本, 故間有不避宋諱之處. 此本頗有影鈔傳世者,《知不足齋叢書》卽據述古堂鈔本重刻(無校刊名), 光緒間,《汗靑簃》又據以重刻. 盧文弨校定本所據宋本, 蓋亦鈔本, 故與宋本時有出入, 翁方綱譏其未見宋本, 是也. 我所據的, 尙有海昌沈氏《靜石樓藏影宋鈔本》及秦曼君校宋本. 此外, 又得見董正功《續家訓》宋刻殘本卷六至卷八共三卷, 此書除全引顏氏原文可供校勘外, 頗時有疏證顏書之處, 今亦加以甄錄. 惜錢遵王《讀書敏求記》所載之七卷本半宋刻反影鈔者, 今亦不可得而見矣. 外此其餘, 如敦煌卷子本《勤讀書鈔》(伯·1607)·劉淸之《戒子

通錄》・胡寅《崇正辨》・呂祖謙《少儀外傳》・曾慥《類說》等，亦頗引顏書，多爲前人所未見或未及徵引，今皆得而讎校之，於以是正文字，實已不無小補，不知能免於顏氏所譏之「妄下雌黃」否也？

爲了更全面地了解顏之推其人，除了把他的這部著作從事《集解》之外，我還把安之推傳和他流傳下來的作品，統統收輯在一起，加以校注，以供研究者參考．本書脫稿後，承楊伯峻先生撥冗審閱，謹此致謝．

1955年5月　初稿
1978年3月5日　重稿

Ⅲ. 顏氏家訓 佚文

『摎毒變嫪』

郭忠恕《佩觿》卷上:「雞尸虎穴之議, 妒媚提福之殊, 楊震之鱓非鱣, 丞相之林是狀, 摎毒變嫪, (摎音劉, 是; 作嫪, 郎到翻, 非.) 田肯云宵, 削柹施脯, 蕺木用最.」原注云:「自雞口已下,《顏氏家訓》說.」

案: 郭氏所擧, 俱見〈書證〉篇, 惟『摎毒變嫪』無文, 且亦不見於他篇, 則此乃〈書證〉篇佚文也, 卽括符內之音反, 亦當是顏氏原文.

『子弟固能累父兄, 父兄亦能累子弟也』

葉紹翁《四朝聞見錄》甲集請斬趙忠定:「《顏氏家訓》述盧氏事, 子弟固能累父兄, 父兄亦能累子弟也.」

Ⅳ. 顔之推集　輯佚

(1) 〈古意〉二首(《藝文類聚》26)

其一

十五好詩書，二十彈冠仕.
楚王賜顏色，出入章華裏.
作賦凌屈原，讀書誇左史.
數從明月讌，或侍朝雲祀.
登山摘紫芝，泛江採綠芷.
歌舞未終曲，風塵暗天起.
吳師破九龍，秦兵割千里.
狐兔穴宗廟，霜露沾朝市.
璧入邯鄲宮，劍去襄城水.
未獲殉陵墓，獨生良足恥.
憫憫思舊都，惻惻懷君子.
白髮闚明鏡，憂傷沒餘齒.

其二

寶珠出東國，美玉產南荊.
隨侯曜我色，卞氏飛吾聲.
已加明稱物，復飾夜光名.
驪龍旦夕駭，白虹朝暮生.
華彩燭兼乘，價值詎連城.
常悲黃雀起，每畏靈蛟迎.
千刃安可捨，一毀難復營.

昔爲時所重, 今爲時所輕.
願與濁泥會, 思將垢石幷;
歸眞川岳下, 抱潤潛其榮.

(2) 〈和陽納言聽鳴蟬篇〉(隋盧思道同賦)

聽秋蟬, 秋蟬非一處.
細柳高飛夕, 長楊明月曙; 歷亂起秋聲, 參差攪人慮.
單吟如轉簫, 羣噪學調笙; 風飄流曼響, 多含斷絶聲.
垂陰自有樂, 飮露獨爲淸; 短綾何足貴, 薄羽不差輕.
螗蜋翳下偏難見, 翡翠竿頭絶易驚; 容止由來桂林苑, 無事淹留南斗城.
城中帝皇里, 金・張及許・史; 權勢熱如湯, 意氣喧城市;
劍影奔星落, 馬色浮雲起; 鼎俎陳龍鳳, 金石諧宮徵.
關中滿季心, 關西饒孔子.
詎用虞公立國臣, 誰愛韓王游說士?
紅顔宿昔同春花, 素鬢俄頃變秋草.
中腸自有極, 那堪教作轉輪車.

(3) 〈神仙〉

紅顔恃容色, 靑春矜盛年;
自言曉書劍, 不得學神仙.
風雲落時後, 歲月度人前;
鏡中不相識, 捫心徒自憐.
願得金樓要. 思逢玉鈐篇.
九龍遊弱水, 八鳳出飛煙.

朝遊采瓊寶, 夕宴酌膏泉.
崢嶸不無地, 列缺上陵天;
擧世聊一息. 中州安足旋.

(4) 〈從周入齊夜度砥柱〉

俠客重艱辛, 夜出小平津.
馬色迷關吏, 雞鳴起戍人.
露鮮華劍彩, 月照寶刀新.
問我將何去? 北海就孫賓.

(5) 佚句

懸魚掩金扇.

(6) 〈稽聖賦〉

豪豕自爲雌雄, 決鼻生無牝牡.
黿鼈伏乎其陰, 鷸鸞孕乎其口.
魚不咽水.
雀奚夕瞽? 鴟奚晝盲?
雎鳩奚別? 鴛鴦奚雙?
蛇曉方藥, 鳩善禁呪.
蟭蟧行以其背, 螻蛄鳴非其口.
竹布實而根枯, 蕉舒花而株槁.
瓜寒於曝, 油冷於煎.

苓根爲蟬.

魏嫗何多, 一孕四十? 中山何夥, 有子百卄?

鳥處火而不燋, 兔居水而不溺(擬).

水母, 東海謂之蚝(音秅), 正白蒙夢如沫.

(7) 賦

歲精仕漢, 風伯朝周.

(8) 〈上言用梁樂〉

禮崩樂壞, 其來自久.

今太常雅樂, 並用胡聲;

請馮梁國舊事, 攷尋古典.

(9) 〈奏請立關市邸店之稅〉

文佚

(10) 〈失題〉

眉毫不如耳毫, 耳毫不如項條, 項條不如老饕.

逢逢之別, 豈可雷同.

임동석(苗浦 林東錫)

慶北 榮州 上苗에서 출생. 忠北 丹陽 德尚골에서 성장. 丹陽初中 졸업. 京東高 서울 教大 國際大 建國大 대학원 졸업. 雨田 辛鎬烈 선생에게 漢學 배움. 臺灣 國立臺灣師 範大學 國文研究所(大學院) 博士班 졸업. 中華民國 國家文學博士(1983). 建國大學校 教授. 文科大學長 역임. 成均館大 延世大 高麗大 外國語大 서울대 등 大學院 강의. 韓國中國言語學會 中國語文學研究會 韓國中語中文學會 會長 역임. 저서에《朝鮮譯 學考》(中文)《中國學術槪論》《中韓對比語文論》. 편역서에《수레를 밀기 위해 내린 사람들》《栗谷先生詩文選》. 역서에《漢語音韻學講義》《廣開土王碑研究》《東北民族 源流》《龍鳳文化源流》《論語心得》〈漢語雙聲疊韻研究〉 등 학술 논문 50여 편.

임동석중국사상100

안씨가훈 顔氏家訓

② 을

顔之推 撰 / 林東錫 譯註

1판 1쇄 발행/2009년 12월 12일
2쇄 발행/2013년 9월 1일
발행인 고정일
발행처 동서문화사
창업 1956. 12. 12. 등록 16-3799
서울강남구신사동563-10 ☎546-0331~6 (FAX)545-0331
www.dongsuhbook.com
잘못 만들어진 책은 바꾸어 드립니다.

*

*
사업자등록번호 211-87-75330
ISBN 978-89-497-0592-7 04080
ISBN 978-89-497-0542-2 (세트)